民國教育學術史論集

陶英惠　著

序言

民國五十三年七月，我自國史館轉到中央研究院近代史研究所工作，經過一段摸索後，決定以蔡元培及與其相關之教育、學術等問題作為研究範圍，陸陸續續寫了些文章，多半是圍繞著以蔡元培為主題的討論，茲擇其較有系統者編成本書。第一部分的三篇，探討自民國成立到抗戰前在教育方面的發展。

民國成立後，政體由專制改為民主，在此過渡時期，蔡元培曾兩度掌理全國教育行政，以新的觀念和新的作風，規畫教育文化大業，除舊布新，所做都是奠基礎、開風氣的重要工作。他又在民國五年底出任北京大學校長，推行了一連串重大而新穎的改革，使其成為一所現代化的大學，並帶動了政治的改革，在轉移風氣和啟迪民智上，發揮了重大功效。

第二部分的三篇，討論學術研究方面的情形，係為教育部主編的《中華民國建國史》所撰寫。其撰寫的經過有些曲折，茲作一簡單說明。

民國六十八年（1979），中共宣布要編撰《中華民國史》，並於翌年成立「中華民國史研究室」，正式開始工作。很明顯的是以為「前朝」修史的方式，將中華民國視為已經過去的「朝代」，不承認民國三十八年播遷到臺灣仍然屹立的事實。此舉引起史學界的不平，呼籲政府趕快搶救歷史。行政院在詳加斟酌後，乃令教育部推動編撰《中華民國建國史》。這部建國史，就如同北伐史、抗戰史一樣，只是記述建國七十年歷程的歷史，意在說明中華民國之歷史

並未終止，仍在不斷發展中。要藉此來與中共編撰的《中華民國史》相對抗。

教育部於六十九年八月邀請國史館、中國國民黨中央黨史會、中央研究院近代史研究所等史學機關首長和歷史學者開會，組成中華民國建國史編輯委員會，分別推薦專家進行撰寫工作。全書分為五篇：第一篇：革命開國時期，召集人李雲漢；第二篇：民國初期，召集人呂實強；第三篇：統一與建設時期，召集人蔣永敬；第四篇：抗戰建國時期，召集人許朗軒；第五篇：戡亂與復國，召集人許師慎。

民國六十九年十月十六日，我接到李雲漢、蔣永敬兩位先生分別來電話約稿，李先生囑寫「開國時期教育文化的創新」及「財經制度的改變」兩節；蔣先生則囑寫「統一與建設時期學術研究之成就」。而近史所呂實強所長，亦囑撰寫「民初時期的學術研究」。這四節因為都在自己平日所研究的範圍之內，不容推辭。十月三十日，第四篇的執行秘書呂芳上先生，又邀我撰寫「抗戰時期之學術研究」；十一月一日，前在國史館工作時的老長官許師慎先生，也囑寫「政府遷臺後之學術研究」。由於實在是力不從心，這兩篇皆未敢應命。

民國七十年暑假，我參加一個文化參訪團，赴歐旅遊一個月，作為對自己的一點慰勞，舒緩一下多年來的身心壓力。旅遊回來後，本想全力趕寫建國史稿，不料錢思亮院長忽然要調我去兼行政工作，而且不容推辭。我向錢院長說，我的研究工作尚未告一段落，現又參加中華民國建國史三個組的撰稿工作，業已簽約，並預付了一半的稿費，必須在年底交稿，實在無法再兼顧行政工作。錢院長則說晚上仍可繼續從事研究工作。那時電腦尚不普及，搜尋的功能

也沒有現在這麼強，而我根本不會用電腦，晚上如何到圖書館找資料？既然不能推脫，只有勉允暫兼。乃於九月十六日走馬上任。

更出乎意料的是，民國七十二年十月，第五篇之「學術研究」那一節，原已約好的撰稿人，因故未能終篇，編輯委員會臨時決定由我來寫。我本來就是因分身乏術，拒絕了許師慎先生的好意，這時更為案牘勞形的行政工作忙迫不堪，所以堅不答應。去參加編委會的呂實強所長對我說，他深知我的確忙不過來，已在會中再三替我開脫了，但是教育部朱滙森部長表示非請我寫不可，如果我不答應，他將親自來院面請。呂所長方允代達部長雅意，不必勞駕。我又是盛情難卻，勉強應允。俗語說債多人不愁，總有解決的辦法。適逢王紀霏小姐到院工作，承她慨允全力協助，方得以在限期內交稿。若不是她的幫忙，我真不知如何善其後。特在此向王小姐表達由衷的謝意！

上述這些文稿，當初撰寫時，曾經非常認真的下過一番工夫，付出不少心力，總不免有些敝帚自珍，深盼能夠結集出版，不致散失，並留個紀念；若偶爾還能供作同道的參考，則將更富意義。承秀威公司及蔡登山總編輯不棄，允為印行，多年心願得償，至為感激！又林秀娟小姐代為輸入電腦，建成電子檔，十分辛苦，一併誌謝！

陶英惠　謹識
民國九十七年雙十節於南港

【目次】

貳、學術研究

壹、教育發展

- 開國時期教育文化的創新
- 蔡元培與北京大學（1917-1923）
- 國民政府成立初期教育行政組織的變革
  ——大學院與大學區制試行的經過

開國時期教育文化的創新

一、前言

清宣統 3 年（1911）的辛亥革命，不但推翻了二百多年的滿清政府，同時也推翻了四千多年的君主專制，實為中國有史以來的一大創局。國家政體已自專制變為共和，掌理全國教育行政的機構也由學部改為教育部。首任教育部長為學貫中西的蔡元培（子民）。

在清末參加革命運動的知識分子當中，蔡元培是一位很特別的例子，他是已經獲得了傳統功名的人，在學而優則仕的時代，他以商家子弟，由鄉會試聯捷，在翰林院由庶吉士升補編修以後，仕路已通；可是卻毅然放棄了十年寒窗好不容易得來的成果，而獻身於革命活動。另一點值得注意的，就是他在獲得傳統功名後，仍不斷吸取新知，讀譯本書猶感不能滿足，再赴歐洲遊學，直接親炙西方文化，以擷取新知。由於他具備了這樣優越的條件，所以在中華民國開國之初，被孫中山先生任命為首任教育部總長，主持國家的教育大業，奠下了良好的基礎。

二、蔡元培出任教育總長的經過

武昌起義時，蔡元培正在德國留學，聞訊後，即趕赴柏林與留德學界人士每天聚集在同學會，致力於宣傳工作，並積極從事影響

德國輿論的工作，「以杜其干涉之漸，而為他日易於承認新政府之地。」[1]旋接陳其美（英士）電報，催其回國，乃取道西伯利亞東歸，於宣統 3 年 10 月 11 日（1911 年 12 月 1 日）抵上海。[2]

民國元年 1 月 1 日，孫中山先生由上海乘專車抵南京，午後十時，在舊兩江總督署宣誓就任臨時大總統職，中華民國正式誕生。

1 月 3 日，孫大總統頒布「中華民國臨時政府中央行政各部及其權限」五條，規定中央政府設置陸軍、海軍、外交、司法、財政、內務、教育、實業、交通等九部，各部設總長一人，次長一人。各省代表會即在這一天正式開會，討論孫大總統所提中央行政各部總長名單，由黃興出席代表會說明後，投票同意，一致通過。其中教育總長為蔡元培。蔡元培於 1 月 4 日晚到達南京。1 月 5 日，孫大總統舉行各部總長委任禮。

當時教育總長一席，黃興（克強）原準備推荐胡元倓（子靖）出任，後以胡不願作官，作罷。亦有推荐汪兆銘（精衛）及嚴修（範孫）者。而孫大總統於 1 月 2 日出席各省代表會時，依照臨時政府組織大綱提出之各部總長名單中，教育總長為章炳麟（太炎），因遭代表會反對，乃改提蔡元培。[3]據蔡元培自述其出任教育總長經過云：

> 孫先生果以十六票被舉為總統（湖南代表獨舉黃興），欲組織臨時政府，命薛仙舟〔頌瀛〕先生來招我，將以任教育總長，

---

[1] 蔡元培，〈復吳敬恆函〉，高平叔編，《蔡元培全集》，第 2 卷（北京，中華書局，1984 年 9 月，初版），頁 122；蔡元培，〈辛亥那一年〉，《越風》，第 20 期（民國 25 年 10 月 10 日出版），頁 1。

[2] 陶英惠，《蔡元培年譜》（上）（臺北，中央研究院近代史研究所，民國 65 年 6 月，初版），頁 218。

[3] 陶英惠，《蔡元培年譜》（上），頁 223-225。

我力辭之；薛先生說：「此次組閣，除君與王君亮疇〔寵惠〕外，各部均以名流任總長，而同盟會老同志居次長的地位；但諸名流尚觀望不前，君等萬不可推却。我今日還須約陳君蘭生〔錦濤〕同去，備任財長，如君不去，陳便無望了。」我不得已而允之。[4]

他所以能在各省代表會中獲得一致通過，可能與其翰林頭銜以及清末在上海的種種活動有關。在當時所設九部中，僅黃興、王寵惠、蔡元培三人代表同盟會，分長陸軍、外交、教育三部，其餘如海軍部黃鍾瑛、財政部陳錦濤、司法部伍廷芳、內務部程德全、實業部張謇、交通部湯壽潛等，則多為立憲派及新同情於革命的清末大官。論者或謂蔡元培之得以參加臨時政府，除代表同盟會外，實際上還又代表光復會一部分勢力。由此可見開國之初的規模，頗具有廣大包容的政治氣象。

　　南京臨時政府歷時三個月結束，南北和議告成，孫中山先生讓大總統位於袁世凱，由唐紹儀（少川）出任國務總理，蔡元培仍蟬聯教育總長。

　　當 2 月間蔡元培率專使團北上迎袁世凱南下就任總統職時，袁即請其續任教育總長，蔡力辭，並荐范源廉（靜生）以自代。范聞知後，謂「自維才力萬難勝任，蔡鶴卿〔元培〕先生學望優隆，眾所

4　蔡元培，《自寫年譜》，高平叔編，《蔡元培全集》，第 7 卷（北京，中華書局，1989 年 7 月，初版），頁 305。薛仙舟，廣東中山縣人。1901 年與陳錦濤、王寵惠同赴美國留學。1905 年到德國，任留學生監督。1907 年蔡元培留學時，薛仙舟為他講解德語文法。孫中山先生到德國時，經王寵惠介紹與薛仙舟相識，過從甚密。有此關係，薛仙舟勸蔡元培出任教育總長，自不便再推辭。

仰佩，今民國初建，必得為學界殷望之人，方足負主持學務之責。」[5]
故請袁務必設法慰留。詞意極為堅摯。而《民立報》名記者血兒（徐
天復）亦撰文挽留，謂教育為立國根本，「先生任之，則全國教育振
興、國基鞏固；先生而獨善其身，則全國青年俱將失學，以虛擲其
可貴之光陰。先生之進退，所關如此，責先生以大義，先生當恍然
不忍以清福自享矣。」[6]各方矚望既如此之殷，蔡元培在「外間不知
因由者，且謂中山怪子民不能迎袁南來，故褫其職。於是唐君仍商
於子民，子民不能不承認矣。」[7]

　　唐紹儀自就任國務總理後，因所抱政策，不克遂行，屢思引退。
至 6 月 15 日，因王芝貴督直問題，袁總統漠視國務員副署權力，遂
憤而離職赴津。而蔡元培與同盟會籍之國務員司法總長王寵惠、農
林總長宋教仁、工商次長王正廷等，亦聯袂辭職，不願任伴食之閣
員。他的辭呈中，沒有「才德不濟」或「體弱多病」之類舊官場中
假託之詞，直指政見不合，難有建樹。雖經袁總統再三懇切挽留，
並向蔡云：「我代四萬萬人堅留總長」。蔡即答以：「元培亦對於四萬
萬人之代表而辭職」，去志甚堅。蓋其所以決意連帶辭職，係基於認
識內閣制的真諦，決無總理去職而獨留之理。卒於 7 月 14 日獲准辭
職。[8]蔡元培素具「有所不為」的精神，一生難進易退，又自承「性
近於學術而不宜於政治」，這次涉身實際政治工作，所表現的政治家
進退風度，實開民國之先河。

5　《臨時政府公報》，第 49 號（民國元年 3 月 27 日出版），附錄，頁 2-3。

6　血兒，〈挽留蔡子民先生〉，《民立報》，上海，民國元年 3 月 26 日。

7　黃世暉記，〈蔡子民傳略〉，新潮社編，《蔡子民先生言行錄》（北京，北京大
　　學新潮社，民國 9 年 10 月，初版），頁 22-23。

8　陶英惠，《蔡元培年譜》（上），頁 345-366。

　　綜計蔡元培自 1 月 5 日被任命為南京臨時政府教育總長，至 7 月 14 日在北京臨時政府解職，在任僅半年多。其間又曾充當迎袁專使，調解南北意見，費去不少時間，真正在部任事，實甚短暫。然所做皆為對民國教育奠基礎、開風氣的重要工作，影響至鉅。其最大的特色，即一切與專制時代不同，充分表現出了民主作風。茲就其犖犖大者，分述於下。

三、對民國教育的重要措施

（一）擬訂教育宗旨

　　清末採行新教育之初，當局者只知道是為培養人才，並不知道教育有什麼宗旨。明確規定正式頒布之教育宗旨，係始自光緒 32 年（1906）3 月學部奏請宣示之「忠君，尊孔，尚公，尚武，尚實」五項。[9]

　　教育事業，自當隨時勢為轉移，國家政體既已自專制變為共和，教育宗旨自亦應隨之改變。值此新舊交替之際，各方對新教育的精神、制度與內容，頗多意見。蔡元培身負教育重任，於當時教育方針，不能不有所表示。於是他撰寫〈對於新教育之意見〉一文，於 2 月 8、9、10 日《民立報》中發表。[10]該文是為順應當時的教育思潮，並體察實際的需要而對民國教育所提出的具體主張，他認為我

---

[9]　教育部編，《第一次中國教育年鑑》，甲編，（臺北，傳記文學社，民國 60 年，影印本），頁 1。

[10]　以後題目改為〈對於新教育方針之意見〉。

國今後的教育宗旨應具備五項：（一）軍國民教育；（二）實利主義
教育；（三）公民道德教育；（四）世界觀教育；（五）美感教育。前
三者為隸屬政治者，是專制時代之教育家，循政府的方針制定的，
以教育為達成政治目的之工具；後二者為超軼乎政治者，是共和時
代之教育家，站在人民之地位制定的，以教育為完成最高理想而不
受現實政治的拘束。其中尤以超軼乎政治者為可貴，實開我國教育
之新紀元。他認為當時教育界所提倡的軍國民主義和實利主義，固
為救時之需，但不可不以公民道德教育為中堅。欲養成公民道德，
不可不使有一種哲學上的世界觀與人生觀。而涵養此等觀念，不可
不注重美育。這五項就是根據學部所頒教育宗旨加以修正的，前三
項與尚武、尚實、尚公略同，只是範圍或不免有廣狹之異；第四、
第五兩項，則係蔡元培所特別注意而為前所未道。至於學部所注重
的忠君與尊孔兩項，他基於前者與共和政體不合，後者與信仰自由
相違，所以刪去。[11]

　　蔡元培所提出的五項，不僅是開國的教育方針，同時對民國以
來的教育界，也影響甚大。茲分述其梗概，並加以研析。

1. 軍國民主義教育

　　軍國民教育思想來自德國，就個人言，在補自衛力之不足與強
弱之懸殊；就國家言，在求國家之強盛。在清末已經成為一種有力
的教育思潮，辛亥革命後仍繼續支配教育界。蔡元培以潮流所趨，
難於抹煞，故於發表意見時承認此種主張，於規定教育宗旨時採納
此種主張。但只是一時權宜之計，以迎合當時需要，而非其最後目
的。他所以採納的理由是：

---

[11] 蔡元培，〈對於新教育之意見〉。

> 夫軍國民教育者，與社會主義僻馳，在他國已有道消之兆。
> 然在我國則強鄰交逼，亟圖自衛，而歷年喪失之國權，非憑
> 藉武力，勢難恢復。且軍人革命以後，難保無軍人執政之一
> 時期，非行舉國皆兵之制，將使軍人社會，永為全國中特別
> 之階級，而無以平均其勢力。

其用意實與清季尚武中之所謂軍國民不同；第一，清末之所謂尚武，是對於軍國民教育全然肯定其為是，而用全力以提倡之；此次則為有條件的，並不認此種教育有絕對的價值。第二，前此之提倡軍國民教育，目的專在對外；此次則兼重對內。這個意見，終被採為教育宗旨的條目之一。就以後的事實演變看來，蔡元培好似一位預言家，在孫中山先生讓大總統位於袁世凱，到北伐成功的十餘年間，各省軍閥擁兵自重，禍國殃民，的確形成一特殊階級，為他不幸而言中；此雖為各國革命史上所常有之事，不過他能預先見得到，同時又提出以毒攻毒的辦法，即實行舉國皆兵之制，以平衡之，卻不是歷來講軍國民教育者所能企及。

2.實利主義教育

實利主義思想來自美國，就個人言，在補自存力之不足與貧富的不均；就國家言，在求國家的富裕。蔡元培說明實利主義云：

> 雖然，今日之世界，所恃以競爭者，不僅在武力，而尤在財
> 力。且武力之豐，亦由財力而孳乳。於是有第二隸屬政治者，
> 曰實利主義之教育，以人民生計為普通教育之中堅。其主張
> 最力者，至於普通學術，悉寓於樹藝、烹飪、裁縫及金木土
> 工之中。

當時提倡實利主義最力者為陸費逵（伯鴻），[12]他在〈民國教育方針
當採實利主義〉一文中強調實利主義云：

> 然萬事根本，實在乎財，吾國大患，尤在夫貧。苟一旦民窮
> 財盡，則國民皆不免於破產。國家破產，外侮立乘，國民破
> 產，盜賊愈甚，而皆不免於亡。況吾國人之習性，下等社會，
> 雖能耐勞，而知識缺乏，生活之力，遂以薄弱，上等社會，
> 文弱優柔，既無耐勞之筋力，又無謀生之能力，若長此以往，
> 恐全國皆遊民皆餓莩矣。今日教育方針，亟采實利主義，以
> 為對症之藥。[13]

事實上，當時教育界人士，莫不以為實利主義係一切教育主義的基
本，故在民國元年所定教育宗旨中居第二位。不過在教育實際上並
未發生何等重大的影響。因為一般人的思想尚未改變過來，仍然以
為學校是士大夫階級的養成所。學校既未脫離舊日的習氣，所有
教授、管理、訓練，只是態度的、身分的、文雅的、虛誇的，無
一事切於實際生活。學校與社會相隔日遠，學校教育盡歸無用，由
學校培養出來的青年，不僅沒有謀生的技能，而且反失掉了謀生
的能力。為挽救這種弊端，使受教育者真實獲得生活上必要的知
識與技能，實利主義不久即演化為實用主義，而再演化為職業教
育。[14]

---

[12] 鄭子展編，《陸費逵伯鴻先生年譜》，頁 64，油印本。

[13] 民國元年 4 月 16 日《民立報》，頁 12。

[14] 參陳青之，《中國教育史》（上海，商務印書館，民國 27 年 11 月出版），頁
662。

3. 公民道德教育

如上所述，「軍國民主義」及「實利主義」，是強兵富國的主義；但是兵強可變成私鬥，溢為侵略；國富不免智欺愚，強劫弱。所以蔡元培又採取法國的自由、平等、博愛思想，作為綱領，以求互相衛、互相存，更用我國儒家古義以充實之，成為公民道德教育。必須此三種教育完全具備，然後政治之目的始能達成，現世的幸福方得以實現。

4. 世界觀教育

蔡元培教育思想的博大精深處，不在他的軍國民教育、實利教育和道德教育，而是他的世界觀教育和美感教育。美感教育是達到世界觀教育的津樑，世界觀教育則是他教育理想的終極目標，這兩者才是他教育思想的主旨。

蔡元培的世界觀，是把世界分為現象的世界和實體的世界兩方面，現象的世界是政治家所從事的對象，實體世界則是宗教家所從事追求的。政治家與教育家的任務有什麼不同呢？政治家是以追求現象世界的現世幸福為目的，教育家則是在使人們通過教育具有實體世界觀念。但是現世幸福是淺顯的，短暫的，具有遠大眼光和高深見解的人，自不能以此為滿足；而教育的目的，更不能以此為其最終的目的，必須有一更高的觀念，才能建立起人類奮鬥前進的信仰，勇氣和信心。他指出：實體世界便是教育所要追求的最終目標。

實體世界本是宗教所從事追求的，但宗教家在追求實體世界方面和教育家也不相同。宗教家往往將現象世界的文明觀作罪惡之

源，為進入實體世界的障礙；所以一律加以排斥，或棄絕紅塵，或刻苦修行，放棄現世生活，以期進入實體世界。教育家則不然，他將現象世界和實體世界看作一個世界的兩方面，並不是互相衝突的兩個世界，所以也不像宗教家那樣一心追求「天國」而把現世幸福完全犧牲掉，反把現世幸福視為不幸福之人類到達於實體世界的一種作用。

為此，蔡元培認為教育家一方面要滿足政治上的要求，實施軍國民、實利主義及公民道德教育，以增進人類現世的幸福；另一方面要行進一種以提示實體觀念之教育。這種立於現象世界而有事於實體世界的教育，就是世界觀教育。

至如何建立此實體的觀念，他分為消極的與積極的兩種方法：

> 消極方面，使對於現象世界，無厭棄而亦無執著；積極方面，使對於實體世界，非常渴慕而漸進於領悟。循思想自由言論自由之公例，不以一流派之哲學、一宗門之教義梏其心，而惟時時懸一無方體無終始之世界觀以為鵠。

這就是他後來所主張的兼容並包、自由思想和自由教育的理論根據。

蔡元培的世界觀教育，實由他的世界觀哲學而來；而他的世界觀哲學，不但有類於柏拉圖、康德之理想主義，而且也是中國儒家的正統思想。因為他的陳義太高，而且在解釋時，引用康德的語意較多，不易為人所了解，所以在民元的教育宗旨中，沒有被採納。他既不以一流派之哲學自封，遂亦不復高談世界觀的哲學與教育，僅以美育調劑於科學與民治之間；不以一己高遠的理想，妨害整個國家教育事業的推行。

5.美感教育

世界觀教育既然是教育理想的終極目標，怎樣才能有效的貫徹世界觀教育？如何引導人們具有實體觀念從現實世界到達實體世界？蔡元培認為只有通過美感教育才能辦到。也就是說，美感教育是實現教育目的之手段。為什麼呢？他根據康德一派的哲學觀點，認為合美麗與尊嚴的美感，是介乎現象世界與實體世界之間的橋樑，借著美感教育就可導致人們從現象世界接觸於實體世界。

因為美感教育可以使人由美術的欣賞，而脫離一切喜怒哀樂愛惡懼相對的情感，成為渾然的美感，忘卻人我，與造物為友，與天地合一。換句話說，就是美感的普遍性，可以破人我彼此的偏見；美感的超越性，可以破生死利害的顧忌。到此境界，便已接觸到實體世界的觀念了。

他所以特別強調美感教育的重要，就是希望通過美感教育，提高人的品質，以實現他的理想。以美育來涵養性靈，以優美代替粗俗，即可化殘暴為慈祥。要是人生美育化，社會也美育化了，人類的心靈，何患不得平安？人類的道德，何患不得完成？大同之治，可以促進；世界觀的理想，也就可以實現。美感教育的意義在此，美感教育的功用也在此。[15]

據民國元年9月2日教育部所公布的教育宗旨為：「注重道德教育，以實利教育、軍國民教育輔之，更以美感教育完成其道德。」蔡元培的五項主張，除世界觀教育外，其餘四項都被採納。他在元

---

[15] 參方炳林，〈蔡元培教育思想〉，見《臺灣省立師範大學教育研究所集刊》，第5輯，民國51年11月，頁56-64。

年 2 月發表上述五項教育方針時，實含有公開徵求意見之意，當時確曾引起教育界的熱烈討論。他又在 7 月 10 日開幕的臨時教育會中正式提出，請各教育專家表示意見。其三種隸屬於政治的教育：軍國民教育、實利主義教育與公民道德教育，皆合乎國家當前的需要，都是為謀求人民的幸福，實為立國所必需；世界觀教育是教育的終極目標；美感教育則為實現上述教育理想的方法。他的主張，不僅博大精深，為國家百年樹人大計之最高原則；尤其重要的，是指出了共和時代所必須致力的方向。

（二）改造學校制度及課程

我國新教育，發軔於清同治初年，當時所辦京師同文館、算學館等，專以適應對外之需要，並無整個的計畫，故無學校系統可言。直至甲午戰敗以後，始漸有系統的採行西方學制，自幼稚園而小學，而中學，而大學；將舊日設館授徒，及學官、書院等制，一概改變，是謂新學制。新學制的組織，託始於光緒 28 年（1902）7 月 12 日頒布的「欽定學堂章程」，古楳認為「以一紙命令竟把數千年傳統的教育制度，遽然全部推翻，而反將異國的教育制度——資本主義的教育制度——全部移植過來，卻可算是一種驚人的舉動。」[16]但是頒布未及一年，即於翌年閏 5 月廢止，繼於 11 月 26 日頒行「奏定學堂章程」，此較欽定學堂章程更為詳細。至學部設立後，又曾陸續作小部分的修改。

---

[16] 古楳，《現代中國及其教育》，下冊（上海，中華書局，民國 25 年 10 月出版），頁 315、322-323。

　　蔡元培就任臨時政府教育總長伊始，深感辛亥革命後，教育思想及方法俱有所改變，清末所頒行的「壬寅學制」及「癸卯學制」，合乎帝制，而不適合於共和，自不能滿足國人的要求。各省所辦的學校，在新舊交替之際，將有無所適從的困難，認為亟需要做的，即應一面頒發通令，對牴觸國體之舊制，完全廢止，與國體不牴觸者，暫准行用，以維持目前現狀；一面從速草擬新學制，為根本之改革。乃令部員數十人，分頭擬定大中小各校的學制草案。時各省都督府或省議會，鑒於學校之急當恢復，發臨時學校令，以便推行，但省自為令，不免互有異同，將使全國統一之教育界，忽然分裂，至為可慮，教育部特擬普通教育暫行辦法 14 條，為各地方所不難通行者，於 1 月 19 日致電各省施行。至於完全新學制，當再徵集各地方教育家意見，折衷釐訂，正式宣布。當時所頒行的 14 條辦法為：

　　—　從前各項學堂均改稱學校。監督、堂長應一律改稱校長。

　　—　各州縣小學校應於元年三月四日（陰曆壬子年正月十六日）一律開學。中學校、初級師範學校視地方財力，亦以能開學為主。

　　—　在新制未頒行以前，每年仍分二學期。陽曆三月開學，至暑假為第一學期。暑假後開學，至來年二月底為第二學期。

　　—　初等小學校可以男女同校。

　　—　特設之女學校章程暫時照舊。

　　—　凡各種教科書，務合乎共和民國宗旨。清學部頒行之教科書，一律禁用。

　　—　凡民間通行之教科書，其中如有尊崇滿清朝廷，及舊時
　　　　官制、軍制等課，並避諱、擡頭字樣，應由各該書局自
　　　　行修改，呈送樣本於本部、及本省民政司、教育總會
　　　　存查。如學校教員遇有教科書中不合共和宗旨者，可隨
　　　　時刪改，亦可指出，呈請民政司，或教育會通知該書局
　　　　改正。
　　—　小學讀經科一律廢止。
　　—　小學手工科應加注重。
　　—　高等小學以上，體操科應注重兵式。
　　—　初等小學，算術科自第三學年起，應兼課珠算。
　　—　中學校為普通教育，文實不必分科。
　　—　中學校、初級師範學校，均改為四年畢業。惟現在修業
　　　　已逾一學期以上，驟難照改者，得照舊辦理。
　　—　舊時獎勵出身，一律廢止。初高等小學畢業者，稱初高
　　　　等小學畢業生。中學校師範學校畢業者，稱中學校師範
　　　　學校畢業生。[17]

這就是民國教育史之開場白。此項辦法，為陸費逵與蔣維喬所起草。
同時，教育部又頒行普通教育暫行課程標準 11 條，連同小學、中學、
師範學校各種暫行課程表（分學科、學年、及教授時數），一併印發，
著各校遵行。[18]此點亦以陸費逵之意見為根據。論者對於暫行辦法
及課程標準兩令，稱為民國教育史之絕續湯。[19]

---

[17]　《臨時政府公報》，第 4 號，民國元年 2 月 1 日，頁 1-3。
[18]　《臨時政府公報》，第 4 號，民國元年 2 月 2 日，頁 3-7；第 5 號，頁 3-6。
[19]　舒新城，〈陸費逵伯鴻先生生平略述〉，見鄭子展編，《陸費逵伯鴻先生年譜》，
　　　頁 10。

　　及臨時政府北遷，教育部又於 5 月間將應行變通普通教育辦法，擬定 9 條，通告京外各學堂一律遵辦。9 條之要點，與 1 月 19 日在南京教育部所頒布之普通教育暫行辦法 14 條大致相同。

　　在教育部所公布的普通教育暫行辦法中，初等小學、高等小學、中學校、及初級師範學校的修業年限均為四年，其與清末舊制最大不同之處有二：第一、初等小學可以男女同校。關於女子教育問題，清末推行新教育初期，對於女子教育沒有明文規定，根據奏定學堂章程，女子教育只包在家庭教育中，在學制方面尚無正式位置。直到光緒 34 年（1908）正月 24 日，才公布女子師範學堂及女子小學堂的章程，是為女子教育在學制上佔領位置的第一天。[20]但由於國家的貧窮，在大的都市或者還可以於設立男校之外，另設女校，以收女生；在鄉下或偏僻的地方，便無能力另設女校。似此男女分校而言，大多數女子受教育的機會便無形被剝奪了。所以教育部至是特別准許初小男女同校。這種廢止兩性的差別，形成法律上平等的單軌制，的確是一件值得稱道的大事。自此以後，男女同校制便逐漸普遍實行，男女教育機會平等一事，方得著了一個廣大的基礎。第二、小學讀經科一律廢止。由於中國社會是好古的，擁護聖道的，所以直到清朝末年，小學課程中的讀經、講經、讀古文辭等科目，佔了很重要的位置。論者謂終清之世，讀經一科竟未廢止，就是「尊孔」的表現。[21]臨時政府教育部，既然以尊孔與信仰自由相違為由，刪去了原來教育宗旨中的尊孔，則與尊孔有連帶關係的讀經，自然也加以廢止。

---

[20] 莊俞、賀聖鼐，《最近三十五年之中國教育》，卷上（上海，商務印書館，民國 20 年 9 月初版），頁 44-45；古楳，《現代中國及其教育》，頁 391-392。

[21] 古楳，《現代中國及其教育》，頁 405。

民國 4 年，又規定高等小學校每週讀經 3 小時，未及普遍施行而洪憲失敗，5 年 10 月，再明令廢止。讀經竟與帝制相始終，也是一件很可注意的事。[22]

此外，如：從前各項學堂均改稱為學校、中學廢止文實分科制、中學及初級師範修業年限由 5 年減為 4 年、以及廢止舊時出身獎勵等，都是與清末不同的地方。

自武昌起義後，各省教育財產多移作軍事及他項之用，學校陷於停頓狀態。教育部通電各省，希即設法一律歸還，趕速興辦學校。而北京各學堂，亦因受政治變動影響，教員學生均紛紛逃避，大半十校九空。袁世凱曾傳告學部首領張元奇，教育斷不容緩，急宜趕速整理，籌辦開學。[23]蔡元培至北京重組教育部後，特於 5 月 12 日在部開會討論關於京師內外各教育機關之振興及合併辦法：各省學校宜先收復教育上之財產，使即時開學；中央方面，先將京師督學局、八旗學務處裁撤合併為北京學務局；財政學堂、法律堂學、銀行學堂等合併為法政學堂；原有之八旗高等學堂及八旗各學堂仍准繼續設立，惟將八旗名目取消，五族皆可加入；其原有之貴胄法政學堂廢止，學生合併法政學堂；貴胄陸軍學堂廢止，學生入陸軍學堂。[24]至於所草擬的學制系統，因為南京臨時政府時間太短，對於學制的改革並未完成。元年 7 月，北京臨時政府教育部把先後所擬的學校系統四稿，提交臨時教育會議中通過時，蔡元培業已辭去教育總長職務，教育部於 9 月 3 日頒布，謂之「壬子學制」，事實上並未定案。迨後直至民國 2 年，又陸續頒布各種學校令，與前此之系

---

[22] 莊俞、賀聖鼐，《最近三十五年之中國教育》，頁 18-19。
[23] 《教育雜誌》，第 3 年，第 12 期（上海，民國元年 3 月 10 日出版），頁 89。
[24] 《政府公報》，第 23 號（北京，民國元年 5 月份），通告。

統略有出入，綜合起來成一系統，謂之「壬子癸丑學制」。民國學制
至是方正式改造成功。茲附其系統表如下：（見下頁）[25]

　　每次學制改革之後，課程總不免也要跟著改造。再者，由於地
方情形不同，學生程度各異，時代需要有別，課程也不得不略加改
造。其改革要點，不外以下四大項：（一）學科目；（二）課程綱要；
（三）教學時間；（四）教科書。教育部公布之普通教育暫行課程標
準中，規定初等小學校之學科目為：修身、國文、算術、遊戲、體
操，視地方情形，得加設圖畫、手工、唱歌之一科目，或數科目，
女子加課以裁縫。高等小學校之學科目為：修身、國文、算術、中
華歷史地理、博物理化、圖畫、手工、體操（兼遊戲），視地方情形，
得加設唱歌、外國語、農工商業之一科目，或數科。中學校之學
科目為：修身、國文、外國語、歷史、地理、數學、博物、理化、
圖畫、手工、法制、經濟、音樂、體操，女子加家政裁縫。師範學
校（即舊制之初級師範學堂）之學科目為：修身、教育、國文、外
國語、歷史、地理、數學、博物、理化、法制、經濟、習字、圖畫、
手工、音樂、體操、女子加家政裁縫，並視地方情形得加設農、工、
商業之一科目。[26]

　　其中，廢止讀經已於上段提及，其他如教科書中不合共和宗旨
者，規定逐一改正，以及小學手工科應加注重等，都是革命後很重
大的改革。手工、唱歌、圖畫等科，在清末稱為隨意科，可有可無，
至是均一律改為必修科，也是一種進步的徵象。

---

[25] 王鳳喈著，《中國教育史》（臺北，國立編譯館，民國 48 年 11 月，臺修訂 6
　　版），頁 297。

[26] 許師慎編，《國父當選臨時大總統實錄》，上冊（臺北，國史叢編社，民國 56
　　年 6 月，初版），頁 637-641。

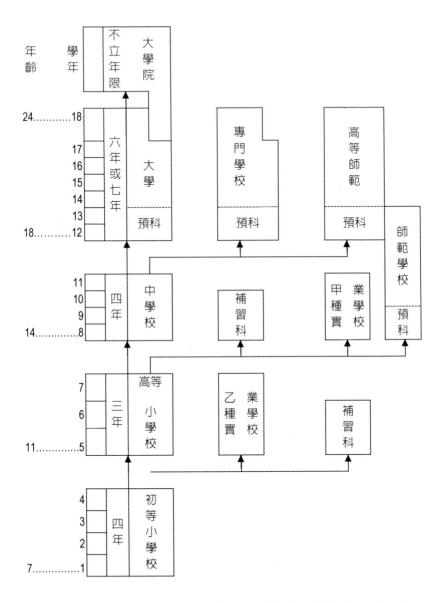

　　綜計蔡元培在兩任教育總長任內，對於各級學校的整頓，頗多足資記述者，茲引其一段自述，藉窺其實際情形：

我那時候，鑒於各省所辦的高等學堂，程度不齊，畢業生進大學時，甚感困難；改為大學預科，附屬於大學。又鑒於高等師範學校的科學程度太低，規定逐漸停辦；而中學師資，以大學畢業生再修教育學者充之。又以國立大學太少，規定於北京外再在南京、漢口、成都、廣州各設大學一所。後來，我的朋友胡君適之等，對於停辦各省高等學堂，發見一種缺點；就是每一省會，沒有一種吸集學者的機關，使各省文化，進步較緩。這個缺點，直到後來各省競設大學時，才算補救過來。清季的學制，於大學上，有一通儒院，為大學畢業生研究之所。我於大學令中改名為大學院，即在大學中，分設各種研究所，並規定大學高級生必須入所研究，俟所研究的問題解決後，始能畢業（此仿德國大學制），但是各大學未能實行。清季學制，大學中仿各國神學科的例，於文科外又設經科。我以為十三經中，如易、論語、孟子等，已入哲學系；詩、爾雅，已入文學系；尚書、三禮、大戴記、春秋三傳，已入史學系；無再設經科的必要，廢止之。

我認為大學為研究學理的機關，要偏重文理兩科，所以於大學令中規定：設法商等科而不設文科者，不得為大學，設醫工農等科而不設理科者，亦不得為大學；但此制迄未實行。[27]

其將經科併入文科，以及改格致科為理科、設預科、設大學院與大學注重文理兩科等，都是很重要的措施。在 10 月 24 日公布的大學令中，這些主張大部分都被採納。

---

[27]　蔡元培，〈我在教育界的經驗〉，高平叔編《蔡元培全集》，第 7 卷，頁 197-198。

（三）改訂中央教育行政官制

　　在光緒 24 年（1898）京師大學堂初成立時，曾設有管學大臣，管理大學堂事務，兼節制各省設立的學堂。這種以大學校長而兼教育總長職權的制度，可算是我國新式教育行政機關的濫觴。至光緒 29 年（1903），張之洞奏請專設總理學務大臣，統轄全國學務，惜未見諸實行。光緒 31 年（1905）明令停止科舉，設立學部，是為中國建立新式獨立的中央教育行政機關之始。可惜當時的人並不明瞭組織的作用，未能善用，學部只是一個官僚化的衙門而已。[28]宣統 3 年（1911）奏設中央教育會為中央教育議事機關，自此教育行政機關，方臻完備。

　　及民國建立，教育行政制度即作根本改革，南京臨時政府為時甚暫，首將學部改為教育部，以管理全國教育、學藝、曆象等事務；對地方教育行政，則尚無暇顧及。因各省情形至為複雜，大都因地制宜，不相統屬。而教育部的一切設施，也極為簡單。當時蔡元培曾託蔣維喬草擬教育部官制，但未能付諸實行。在法制院官制草案中，將宗教、禮俗歸內務部管理，而內閣會議復議決歸教育部管理；同時教育部亦在閣議提出草案，分為普通教育、專門教育、實業教育三種。蔡元培則提議改為學校教育司、社會教育司、曆象司；學校教育司分普通教育科、專門教育科、實業教育科；社會教育司分宗教科、美術科、編輯科；曆象司分天文科、測候科。與會諸人互相討論，均贊成。[29]實際上仍未定案。直至 3 月底，南京參議院正式制定了教育部官制八條，將清季的學部官制

---

[28] 古楳，《現代中國及其教育》，頁 376-378。

[29] 〈南京新內閣議案〉，《順天時報》，民國元年 2 月 28 日，第 4 版。

多所裁併，改學部之五司（總務、專門、普通、實業、會計）為三司，其最重要之一點為於舊設之普通教育、專門教育兩司外，蔡元培主張增設社會教育司。[30]因為他在歐洲多年，感於各國社會教育之發達，而我國年長失學之人佔全國之大多數，以此立國，危險很大，為提倡成人教育、補習教育起見，以為必有極廣泛之社會教育，而後人民無時不可以受教育，乃可謂教育普及。清末試行立憲，需要人民參與公共事務，雖然大家在熱心推行民眾教育，可是並沒有想到在教育行政方面給他一個比較重要的地位；民國成立，人民參與公共事務的機會更多，社會教育乃成為必要。社會教育司之增設，可以說是我國民眾教育在行政組織上確定地位之始。

　　及臨時政府北遷，各部官制頗多更改，蔡元培則依據南京參議院所制定之官制，積極重行組織教育部，並於 5 月 5 日以部令委任一廳三司各科科員。[31]

　　此時教育部之組織，是由專制過渡到民主時期，當然不夠完備。在同年 8 月 2 日所公布的修正教育部官制中，曾有部分改動。[32]

（四）用人惟才的延聘部員

　　前面提到開國之初的規模，頗具有廣大包容的政治氣象。這在教育部的人事安排方面，表現的尤為明顯。大致來說，教育部在南

---

[30] 蔡元培，〈我在教育界的經驗〉，頁 197。
[31] 《政府公報》，第 5 號（北京，民國元年 5 月份），部令。
[32] 丁致聘編，《中國近七十年來教育記事》（臺北，商務印書館，民國 50 年 5 月，臺一版），頁 39。

京臨時政府時期，係為事擇人，不多設冗員。當時各部人員，或多至百餘人，惟教育部連繕寫員在內僅有三十餘人，概稱部員，不授官職。當蔡元培於 2 月 21 日率特使團北上迎袁世凱南下就職時，代理部務之次長景耀月曾呈薦數十人，蔡元培返回南京後，以所薦者多為文學家而非教育行政家，未予接納，因此頗為黨中老同志所不滿。他說：

> 秘書長胡君漢民，深怪我此等舉動，對於本黨老同志不肯特別提拔。故政府北遷時，有人請胡君介紹入教育部，胡君對以「別部則可，教育部不能。」我那時只有能者在職的一個念頭，竟毫沒有顧到老同志的觸望。[33]

當時教育部的重要人員，如蔣維喬（竹莊）和鍾觀光（憲鬯），在清末時，蔡元培即與之共事於上海的中國教育會、愛國學社和愛國女學校，深知其在教育方面的長才。鍾觀光曾遊學日本，回國創辦科學儀器館、實學通藝館、理科傳習所等，因採辦儀器藥材方便，曾協助蔡元培試造炸藥，預備作為暗殺及暴動之用。及蔡元培辭去教育總長，鍾乃脫離政界，專心研究植物學，至全國各地採集植物標本，為國內用新方法研究植物分類之第一人。蔣維喬在民元教育部中，襄贊擘畫，對蔡之幫助至大。而許壽裳（季茀）與周樹人（豫才）私交甚篤，兩人均留學日本，並與蔡元培為紹興同鄉。其後蔡任大學院長時，許曾任大學院參事、秘書、及秘書長，蔡任中央研究院院長時，許任該院文書處主任，一直是他事業上的重要幫手。周之進教育部乃至入北京教育界，都是由於蔡

---

[33] 蔡元培，《自寫年譜》，頁 306。

之援引。他在教育部任僉事，並非重要職務，但其後却以筆名魯迅，馳名文壇。此外，被蔡元培延攬到教育部的人員中，也有素不相識者，最著名的例子就是王雲五。王氏當時的名字為之瑞，見報載蔡為新任教育總長，乃本其任教多年之經驗，將對民國高等教育意見寄蔡，蔡認為非常中肯，即覆函堅邀來部相助為理。時王氏已應邀出任臨時大總統府秘書，只為盡其言責，貢獻一點有關教育的意見，並無借此求職之意，想不到他對這位向未謀面的青年（時年僅 23 歲），僅憑其一紙意見書，竟特予拔擢。兩人從此締結了 30 年的深交。[34]當時因為尚未訂定官制，在部服務的人，工作上雖有差別，實際上也難免要分主辦和協辦的地位，但却沒有階級高低的區分，概稱部員。所領津貼，一律為每月 30 元。各部員均不計名義、不計待遇，日不暇給的分工任事，草擬各種規章，呈現着一片蓬勃的氣象。

及臨時政府北遷，蔡元培於 5 月 1 日薦請總統委任教育部之參事，秘書及司長各職，並於同月 5 日以部令委任一廳三司各科科員。蔡元培云：

> 部員七十人左右，一半是我所提出的，大約留學歐美或日本的多一點；一半是范君靜生所提出的，教育行政上有經驗的多一點。却都沒有注意到黨派的關係。[35]

在所羅致的部員中，不乏知名之士，如夏曾佑（穗卿）與吳震春（雷川）皆為前清進士：夏於 28 歲成進士，入翰林院，改禮部主事，曾

---

[34] 王雲五，《談往事》（臺北，傳記文學社，民國 53 年 6 月，初版），頁 175-176、204。

[35] 蔡元培，《自寫年譜》，頁 306。

參與嚴復所創《國聞報》事，嚴譯《天演論》、《原富》諸書，均與之反覆商榷而後成篇，而五大臣出洋考察憲政時，亦曾隨赴日本。吳在清末歷任翰林院編修、浙江高等學堂監督，民國成立後，除在教育部任僉事、參事及常任次長外，又曾擔任燕京大學副校長及校長等職。其最為人稱道的則是堅邀范源廉為次長一事。源廉字靜生，清末留學日本，曾任學部參事，籍隸共和黨，蔡元培要他撇開個人的偏見、黨派的立場，給教育立一個統一的智慧的百年大計。[36]他們合作無間，知無不言，言無不盡。蔡長於學術，范長於才能，且富實際經驗，兩賢相濟，真是難得的理想配合。在蔡辭職後，由范繼任教育總長，在蔡任內的重要決議案，如：教育宗旨、學校系統、學校管理規程、以及各級學校令等，多由後任陸續頒布。其後，范源廉又曾數度出任教育總長，足證他確是一位不可多得的教育家。而蔡元培用人惟才，不自限於黨派，其兼容並包的恢宏氣度，也可由此見其端倪。

（五）集思廣益的臨時教育會議

　　民國元年的教育部，除舊布新，一切草創，甚至在南京的官署，也需要教育總長自己去找。蔡元培在任的時間雖很短暫，但從他擬定教育宗旨、改造學制、以及安排人事的態度等方面看，有一很大的特色，即一切與專制時代不同，充分表現出了民主作風。他另一件與民主作風有關的大事，便是召開臨時教育會議。

---

[36] 梁容若，〈記范靜生先生〉，《傳記文學》，第 1 卷，第 6 期（臺北，民國 51 年 11 月 1 日出版），頁 13-14。

　　蔡元培在南京就任教育總長後，深感前清所定學校章程，多不適用，亟應改訂新制，期合共和政體，即有召開教育會議博採全國教育家意見，以謀教育事業發展之意。當時，因南北尚未統一，自無從進行，因與部中同人草擬學校法令，作為徵集高等教育會議之預備。及南北統一，臨時政府北遷，遂積極籌畫，於 7 月 10 日在北京正式開幕。蔡元培在致開幕詞中指出：「此次教育會議，即是全國教育改革的起點。」[37]繼則闡明民國教育與君主時代教育之不同，復重申其教育主張，將五項教育宗旨提交大會討論。

　　在這次會議中，教育部預備之議案有 48 件，與會之會員，亦提出議案 44 件，共 92 件。大會於 8 月 10 日閉幕，其間共開會 19 次，提案完全議決者 23 件，交付審查未經大會議決者 12 件，以時間關係未及開議者 57 件，[38]佔全部議案半數以上。但比較重要者，如教育宗旨、學校系統、各級學校令、採用注音字母等案，均已獲得圓滿結果。惟參加會議的莊俞，則頗有微辭，他認為：「會員……各抒所見，斤斤討論，所未合者，往往挾一人一省之情狀，以例全國，致議案時呈奇異支離之迹。」因而覺得「臨時教育會議，不當多此一舉。」[39]顯然是不太明瞭「會議」的性質，也缺乏容納不同意見的雅量。反觀蔡元培，他在光緒 29 年所舉行的張園演說會中，即明言：「演說為表己意，以決於眾，最貴有反對者之攻駁。」[40]是何等

---

[37] 〈教育部臨時教育會議選舉會議場速記錄〉，《政府公報》，第 80 號，北京，民國元年 7 月出版，附錄。

[38] 丁致聘編，《中國近七十年來教育記事》，頁 39。

[39] 莊俞，〈元年教育之回顧〉，《教育雜誌》，第 4 卷，第 10 號（民國 2 年 1 月 10 日出版），頁 187。

[40] 陶英惠，《蔡元培年譜》（上），頁 119。

襟懷！他主持教育部，正值開國未久，專制觀念仍很濃厚的時候，本可獨斷專行，照自己的意思去做；其所以聚全國教育家於一堂，乃是為集思廣益，以免有所缺失。這種開誠布公的態度，具見其真正懂得民主政治之精髓。他在教育會議歡迎茶話會中謙虛的說：「部中所備議案，因迫促之故，必多不詳不備，諸君如有意見，儘可提出。」[41]其豁達的氣度，在由專制驟改共和之初，的確令人有空谷足音之感！

綜觀這次臨時教育會議之籌開，雖然未盡理想，且中經教育總長辭職的波折（蔡元培於開幕後的第四天獲准辭職，未等閉幕即出京南下），不無影響。但蔡元培對於教育的崇高理想，却經由該會議而獲得實施。中華民國新教育的基礎，即從此奠立。其後在教育方面的若干成就，也均由此萌芽。

四、從事社會改良運動

民國元年2月，蔡元培、吳敬恆、李煜瀛、汪兆銘、唐紹儀等，先後發起了三個改良社會的團體：一為進德會（八不會），一為六不會，一為社會改良會。

當時，民國甫告成立，表面上頗有一番新氣象；但實際上，滿清所留下來的腐敗積習，如吃花酒、鬥麻雀、討小老婆等，仍很流行，並未隨滿清以俱亡；而各省軍人往來蘇滬者，頗縱情聲色；政客之獵官熱亦驟盛。蔡等認為：「若民國新建，承其流而不加注意，

將腐敗之根株不去，而凋敝之原氣難復。」遂發起組織「進德會」，希望「廣徵海內有道之士，相與邀約，為社會樹之風聲，庶新社會可以成立，而國風丕乎其變焉。」自 2 月 27 日起，在《民立報》特闢專欄，刊登進德會消息及會員名單。其會員分為四種，所定之戒約，分當然進德三條及自然進德五條，所謂當然進德，即：不狎邪、不賭博、不置妾。凡為會員（即普通會員），必須遵守上列三條。所謂自然進德，即：不作官使、不作議員、不吸烟、不飲酒、不食肉。這五條可由入會者自任。兩項共八條，故又名「八不會」。蔡元培列名普通會員。[42]

2 月 21 日，在進德會成立後不幾天，蔡元培以迎袁專使的身份，偕同歡迎員宋教仁、汪兆銘等自滬乘新銘輪北上，唐紹儀、李煜瀛等亦附船同行，在船上又共議進德會事，咸以官吏、議員兩戒為不便，乃去此兩戒，別組一會，名「六不會」，即以同船之 26 人為發起人。同時又將前項範圍推廣，發起「社會改良會」，其宗旨在以人道主義及科學知識為標準，改良社會上各種惡習，列舉應改良的項目多達 36 條，包括家庭、禮儀習尚、慈善、迷信等，或應排斥，或應改良，或應增設，所涉範圍相當廣泛。[43]

在新舊交替之際，經這些開明的知識分子登高一呼，確能使人耳目一新。事實上，旋因受政潮激盪，各發起人次第星散，並未能大力推行；又由於會員皆係就個人情況自任戒約遵守，並無積極的

---

[42] 〈進德會會約〉，《民立報》，民國元年 2 月 26 日，第 2 頁；〈進德會會員錄〉，《民立報》，民國元年 2 月 27 日，第 8 頁

[43] 中國國民黨中央黨史會藏，〈社會改良會宣言〉，石印原件，《革命文獻》，第 41 輯（臺北，中央黨史會，民國 56 年 12 月出版），頁 144-147；《民立報》，民國元年 3 月 29 日，第 2 頁及第 12 頁。

罰則，約束力有限，並沒有起若何作用。胡國樞認為：「從這裡我們
却可以看到蔡元培等革命志士，重視社會風氣、改革腐敗習俗的用
心；」[44]也反映了他們在取得政權之初生氣勃勃積極向上的精神面
貌；唐振常則以為：「這種組織，用意雖好，實是過於理想；且主次
不分，致成具文。自然，他們更沒有認識到，社會制度如此，求社
會風氣的轉變，不免徒托空言。」[45]

五、結語

　　民國成立後，政體由專制改為民主，掌理全國教育行政的機關，
也由學部改為教育部。在由專制過渡到民主時期，由冶新舊於一爐
的蔡元培負責規畫教育文化大業，的確是非常適當的人選。除舊布
新，一切草創，誠非易事；復因政局不穩，諸事均未上軌道，故又
為教育工作以外的事務費去了不少時間各心力。雖然如此，蔡元培
仍以其恢宏的氣度和敏銳的眼光，在極短的時間內，對全國教育進
行了一些重要改革，例如頒布教育宗旨、修正學校制度、大學特別
重視文理兩科、將經科併入文科、小學實行男女同校、廢除讀經、
取消舊時出身獎勵辦法、特設社會教育司以普及教育等，都是奠基
礎、開風氣的重要工作。

---

[44] 胡國樞著，《蔡元培評傳》（河南，河南教育出版社，1990 年 8 月，初版），
　　頁 320。

[45] 唐振常著，《蔡元培傳》（上海，上海人民出版社，1985 年 8 月，初版），頁 88。

　　在政治上，蔡元培則努力促進國家統一。當時，光復會與同盟會，因一、二首領政見稍殊，致使兩會之衝突漸趨激烈。他因與兩會都有關係，不願見其自相殘殺，頗盡調停之力。又於 2 月 18 日奉派為歡迎袁世凱南下就職專使，袁氏藉口兵變，託辭不行。蔡元培為求和平統一，反覆籌商，接洽一切，卒使南京臨時政府北遷，而免掉一場可能發生的戰禍。

　　蔡元培在開國之初所倡導的社會改良運動，當時雖未發生作用；然而他是言出必行的人，既然身為該運動之中心人物，其後便一直站在個人工作崗位上，奉行不渝，及接掌北京大學校政後，又在該校成立了「進德會」，重定進德會之等第為：甲種會員：不嫖、不賭、不娶妾。乙種會員：於前三戒外，加不作官吏、不作議員二戒。丙種會員：於前五戒外，加不吸烟、不飲酒、不食肉三戒。仍為八不。對會員入會以前之行為，均不過問；惟入會以後，於認定之戒律有犯者，罰之。並公定罰章，由糾察員執行。[46]對於整頓腐敗的北京大學，收到了相當的效果。

　　蔡元培辭去教育總長後，預料政治上的糾紛方興未艾，不是他一個書生所能挽救得了的，乃商請繼任教育總長之范源廉，給予公費留學名額，再以學生身份回到德國來比錫大學聽講，並在世界文明史研究所研究。[47]以卸任之教育總長，而能紆尊降貴去做一名留

[46] 蔡元培，〈北大進德會旨趣書〉，高平叔編，《蔡元培全集》，第 3 卷（北京，中華書局，1984 年 9 月，初版），頁 124-128。北大進德會於民國 7 年 5 月 28 日正式成立，當時已入會者，職員 92 人，教員 76 人，學生 301 人，共計 469 人，見蔡元培，〈致北大進德會會員函〉，《蔡元培全集》，第 3 卷，頁 172-173。

[47] 蔡元培，《自寫年譜》，頁 312-313。

學生，過着恬淡的生活，實非常人所及。也正因為他具有這種學不厭的精神，不斷充實自己，以後才能在教育、文化、學術等方面，為國家做了更多的貢獻。

（原刊：教育部主編，《中華民國建國史》，第一篇，革命開國（二），第十章，第五節，教育文化的創新，頁 1133-1147，民國 74 年 4 月，臺北，國立編譯館出版。民國 97 年 10 月修訂。）

蔡元培與北京大學（1917-1923）

一、前言

　　鴉片戰爭後，我國社會發生了巨大變動，文化呈現了失調現象，清廷在對外力的壓迫窮於應付下，漸漸產生了兩種覺悟：第一，外交重任，不能再假手無學而重利的所謂「通事」，急應培養翻譯人才；第二，震於西人船堅礮利，亟應培養製造船械和海陸軍的人才。所以，清末在對於新教育的設施，就從這兩方面入手。[1]

　　自同治元年（1862）至光緒 20 年（1894）三十多年間，清政府在各地所設立的新式學校不外三類：（一）外國語文學校。如：京師同文館，上海廣方言館，湖北自強學堂等。（二）實業學校。如：福建船政學堂，上海機器學堂，天津、上海電報學堂，湖北鑛業學堂、工程學堂等。（三）海陸軍學校。如：天津、廣東水師學堂，天津、湖北武備學堂，廣東、南京陸師學堂等。[2]這些學校，完全是基於當時外交、軍事失敗以來政治上的需要而創設，雖然可以說是我國新式教育的見端，但既無系統與計畫，更談不到專門的教育，所以成績極其有限，至甲午一役，其缺點便完全暴露出來。

　　甲午戰後，國人自夢中驚醒，一時維新圖強之呼聲高唱入雲，有識之士，恍然於從前模仿西法之不得其本，漸知要與外國爭強，

---

[1]　何炳松，〈三十五年來中國之大學教育〉，見莊俞、賀聖鼐編，《最近三十五年之中國教育》（上海，商務，民國 20 年 9 月出版），上卷，頁 54。

[2]　王鳳喈，《中國教育史》，頁 277-279。

不僅在槍礮和戰艦的設備，更不僅在外國語文的粗通，而在於學貫中西人才的培養。沒有新的教育，國家實難以圖存。於是，推廣學堂、創辦新式學堂，就成為一時的風氣。盛宣懷的創辦天津西學學堂（1895）、上海南洋公學（1897），以及李端棻的奏請推廣學校（1896），乃為中國的新教育別開了一個生面，從此轉入了比較有系統的新教育時代。

　　際此新潮流中，我國由國家建立的第一個近代式的大學——京師大學堂，便在歷經波折中宣告成立（1898）。及至民國成立，改名為國立北京大學。

　　從京師大學堂到北京大學，其間制度之沿革，人才之散聚，在在與我國教育、學術有關。京師大學堂的成立，是承受當時朝野企望維新圖強潮流的產物，亦即外應帝國主義之壓迫，內值新舊思想之衝突。因此，其最大的任務，是要把中西學術融為一爐，以革新國家和社會。不幸創立之初，先天條件即不充實，學生大多是為求升遷的小京官，並沒有誠心、決心、信心和虛心去學習世界新知識。民國成立後，以通曉中西文化的嚴復主持校政，也沒有能轉移風氣，來擔負起上述使命。直到民國 5 年底蔡元培入長北大，推行了一連串重大而新穎的改革，才使其正式成為一所現代化的大學，替中國教育學術界開闢一個新的紀元，使一所舊學府成為中國新文化運動的源頭，並帶動了政治的改革，在轉移風氣和啟迪民智上，發揮了重大的功效。

　　儘管蔡元培出長北大的時間並不算久，但他對高等教育的理想和措施，却一直為其以後的繼任者所奉行，並發生了極為深遠的影響！茲就其重要事蹟，分別加以研討。

二、北京大學的創立及其初期發展

（一）京師大學堂時代

京師大學堂係就京師官書局推廣而來，官書局的前身則是京師強學會。

京師大學堂的正式議設，係始於光緒 22 年（1896）5 月 2 日刑部左侍郎李端棻的「推廣學校以勵人才」摺。[3]在該摺中，他主張於京師建立大學堂，各省府州縣皆設學堂，並設藏書樓，創儀器院，開譯書局，廣立報館，選派遊歷。這種府州縣學、省學，和京師大學等小、中、大三等學堂並設的主張，是我國學校系統最初的提議。7 月 13 日，總署議覆，奉旨依議。謂：

> 該侍郎所請於京師建立大學堂，係為擴充官書局起見，應請旨飭下管理書局大臣，察度情形，妥籌辦理。[4]

管理官書局大臣孫家鼐隨即議覆開辦京師大學堂辦法六項。但事屬創舉，既無成例可循，又不能草率從事；而頑固權臣，復因循推諉，暗中阻撓，故雖疊奉明詔，仍遷延未辦。光緒 24 年（1898）正月25 日，御史王鵬運亦疏請興學。直至同年 4 月 23 日「定國是」詔中，再度嚴諭：

---

[3] 相傳此摺係梁啟超代擬。國立北京大學志編纂處編，《國立北京大學校史略》（北京，民國 22 年 12 月 17 日），頁 1 云：「刑部左侍郎李端棻疏請立大學於京師，御史王鵬運亦疏請興學。端棻疏尤明切有識見，說者謂稿出啟超手也。」

[4] 總署〈議覆李侍郎推廣學校摺〉，《時務報》第 7 冊，頁 7。

> 京師大學堂為各行省之倡，尤應首先舉辦，着軍機大臣、總
> 理各國事務王大臣，會同妥速議奏。[5]

這是創設大學的一件重要文獻。5 月 8 日，軍機大臣總理衙門即奏擬京師大學堂章程八十餘條，15 日，奉諭准照所議辦理。即將官書局及新辦之譯書局併歸管理，派工部尚書孫家鼐為管理大臣，余誠格為總辦，許景澄為總教習，美教士丁韙良（W. A. P. Martin, 1827-1916）為西總教習，朱祖謀、李家駒為提調。以景山下馬神廟四公主府為大學基址。醞釀多年的京師大學堂至此始正式定議。不意 8 月 6 日，發生了戊戌政變，新政悉被推翻，大學堂因萌芽較早，得不廢，但遲至 12 月 17 日，始草率開學。[6]當時學生分三種：凡進士、舉人出身之七品以上京官，稱仕學院學生。凡進士及舉、貢、生、監官不及七品，或未登仕版，而年在二十以上者，通稱學生，無專繫之名。年不滿二十，則稱小學生。

　　光緒 26 年（1900）春，改派許景澄為管學大臣。會拳亂作，景澄以極諫遭冤殺，師生紛散，校舍封閉，藏書損失殆盡，大學因是停辦兩年。27 年（1901）冬，詔復興大學，令同文館併歸辦理。派張百熙為管學大臣，吳汝綸為總教習。28 年（1902）正月，籌定辦法，先設立預備、速成二科，預備科別分政、藝二科，速成科別分

5　《大清德宗景皇帝實錄》，卷 418，頁 15。

6　關於京師大學堂開辦的日期，參閱鄒樹文，〈北京大學最早期的回憶〉（《北京大學五十周年紀念特刊》，民國 37 年 12 月 17 日出版）、胡適，〈京師大學堂開辦的日期〉（《民主潮》第 11 卷，第 1 期，民國 50 年 1 月 1 日出版）、莊吉發，《京師大學堂》（臺大文史叢刊之 33，民國 59 年 8 月出版），頁 19-22。〈國立北京大學校史略〉，頁 12 云：「以其年【光緒 24 年】12 月 17 日開學，是為本校成立紀念日。原是陰曆，後更正朔，遂用陽曆此日，以求捷便。切實推之，當是次年 1 月 28 日也。」

仕學、師範二館，至所併同文館學生，則為設英、俄、法、德、日五國語言文字專科。時宗室、覺羅、八旗官學改為中小學堂，亦附入辦理。7 月 12 日，張百熙奏進學堂章程，即所謂欽定學堂章程。9 月，出示招考，先開辦速成科，計錄取仕學館學生 57 名，師範館學生 99 名，於 11 月 18 日（西曆 12 月 17 日）重新開學。29 年（1903）春，命滿大臣榮慶同為管學大臣，隱為監督。更增辦進士館、譯學館及醫學實業館。11 月，頒行奏定學堂章程，管學大臣改為學務大臣，統轄全國學務，另設大學堂總監督，專辦大學，受學務大臣節制。凡譯學館、宗室、覺羅、八旗、中小學堂、進士館、醫學館等皆直隸於學務大臣，不再隸屬京師大學堂。30 年（1904）正月，改刊管學大臣印，為京師大學堂總監督印章，至是大學始成獨立機關。2 月，仕學館併入進士館。31（1905）年，改學務處為學部。宣統元年（1909）3 月，改預備科為高等學堂。5 月，籌辦分科大學，設經、文、法、政、醫、格致、農、工、商等八科，並委任各科監督。次年正月，舉行分科大學開學典禮，僅醫科未能開辦。3 年（1911）9 月，京師譯學館復歸併於京師大學堂內。民國元年（1912）3 月，改學部為教育部，任蔡元培為教育總長，嚴復為大學堂總監督。5月，命改大學堂為北京大學，嗣冠以「國立」二字，京師大學堂名稱從此取消。[7]

　　從上述京師大學堂的歷史看來，大致可分為兩個階段：自光緒 22 年至 26 年，為艱難締造時期。大學堂雖在戊戌政變後勉強開辦，

---

[7]　以上參考陳鐘凡：〈沿革一覽〉（《國立北京大學廿周年紀念冊》，民國 7 年 4月出版）、何基鴻，〈國立北京大學沿革述略〉（《國立北京大學卅一周年紀念刊》，民國 18 年 12 月出版）、〈國立北京大學校史略〉、莊吉發，《京師大學堂》，頁 9-58。

但各省學堂並未普遍設立為其基礎；設大學而不設中小學，則如無源之水。[8]此時學生固未足額，規制亦欠詳備，不過略存體制而已。自光緒27年至民國元年，為整頓開拓時期。大學堂在拳亂後，以新的面目出現，釐訂章程，擴建校舍，其規模制度方日臻完善。[9]

京師大學堂的設立，在我國係屬創舉，其一切措施，多含有因時制宜及試辦性質，故前後之組織及演變，相當複雜，可以說是清季新教育的縮影。

由初期學生的出身及素質來看，很清楚地顯示出，大學堂是為官吏而開辦的學校，目的在增進國家政治領導階級的品質。這些學生在傳統的國學方面，已有了相當的造詣，然後再在大學堂中使學習西學。[10]我國自同治元年（1862）開辦同文館以來，辦學的好像只知道研究西文，而不知道研究西學，同時又忽略了中學。至是始覺悟到中西應該並重，而且西文只是一種西學的發凡，不是西學的究竟。這兩種覺悟，實是我國大學教育史上一個絕大的進步。[11]在課程方面，不僅研讀西學的政治、格致、算學等，也注意到農、商、醫等學的實際應用，導致了以後各分科大學的設立，而師範館之開辦，意在培養師資，使教育能普及全國，立意更屬良美。

就教育行政言：大學堂成立之初，不僅為培養人才的最高學府，同時也是全國最高的教育行政機關。管學大臣不僅要經理大學堂本身的事務，也要經理全國一切學堂事宜。他的地位，好像是以大學

---

[8]　范源廉在北大二十周年紀念會演說詞，見《國立北京大學廿周年紀念冊》，頁7。

[9]　莊吉發，《京師大學堂》，頁142。

[10] Douglas Gordon Spelman, *Ts'ai Yuan-p'ei, 1868-1923*, pp.161-162. Unpub. disser. Harvard University, 1973.

[11] 何炳松，〈三十五年來中國之大學教育〉，頁37-74。

校長兼任教育部部長。這種學校與教育行政合而為一的情形，在各省學堂尚未普遍設立前，自然沒有問題；及各省普設學堂，便非管學大臣一人所能兼顧，所以才另設學務處，再改為學部，民國成立，更名為教育部。

就學校淵源言：大學堂融合了以前的官書局和同文館，而後來很多學校的設立，又是從大學堂這個系統蛻變出來的。如光緒 29 年增辦之醫學實業館，兼辦施醫局，嗣合為一體，入民國後的醫專和後來北平大學之醫學院，即肇基於此。32 年（1906）就進士館改設京師法政學堂，就是入民國後的法政專門和後來北平大學法學院的前身。宣統元年由師範館改變成的優級師範，即入民國後的高等師範以及後來的北平師範大學。[12]

至於大學堂的貢獻若何？說法不一，龍德（Renville Lund）在其博士論文〈京師大學堂〉（*The Imperial University of Peking*）的結論中，則給予相當高的評價。他認為那些學生們對中西功課都有濃厚的興趣，以後在中國各界都曾擔任過重要角色，發生了很大的影響。[13]茲引用一段曾在大學堂初期讀過書的俞同奎的話為證：

> 當年我們……對於朝政得失，外交是非，和社會上一班風俗習慣的好壞，都喜歡研究討論。……每天功課完畢，南北樓常開辯論會，熱鬧非常。……果然蛟龍終非池中物，後來所謂交通系、研究系、安福系，以及雲南起義、廣東護憲，都有我們同學參加，且都是重要腳色。極右傾和極左傾人物，

---

[12] 〈國立北京大學校史略〉，頁 3-6。毛子水，〈國立北京大學〉（其二），見《中華民國大學誌》（臺北，民國 42 年 9 月出版），頁 27。

[13] Lund, Renville C., *The Imperial University of Peking*. Unpub. disser. University of Washington, 1956.原文未見，係參考 D. G. Spelman 前述之論文。

無所不有。至於在司法界、教育界、財政界以及某界某界有
所建樹者，亦有多人。這班人是非功罪，可以不談，不過他
們各有主義，各有政見，不是庸庸碌碌的一輩人，却也值得
稱道。[14]

凡此，均足以顯示京師大學堂在當時地位之重要，以及影響民國教
育之深遠。

（二）民國初年的概況

宣統 3 年 10 月，清廷派勞乃宣為大學堂總監督。12 月，乃宣
請假，命劉經繹代。時革命軍聲勢日盛，京師震恐，大學學務實已
停頓。[15]民國元年 2 月，大學堂監督事務令由嚴復（又陵）暫行管
理。3 月，南北統一，南京臨時政府北遷，改學部為教育部，以蔡
元培蟬聯教育總長。元培於 4 月 15 日自滬啟程北上，20 日抵北京，
24 日正式就職。即積極重行組織教育部。[16]

蔡元培素極注意高等教育，就任伊始，即呈請將大學堂更名為
「北京大學校」，以嚴復署理校長，內部組織及職稱，亦多更動，這
是北大校史上的重要文件之一，茲錄原呈於下：

為薦任大學校校長事：北京大學堂前奉大總統令京師大學堂
監督事務由嚴復暫行管理等因，業經該監督聲報接任在案。

---

[14] 俞同奎，〈四十六年前我考進母校的經驗〉，見《北京大學五十周年紀念特
刊》，頁 14。

[15] 〈民國二十三年度國立北京大學〉，「沿革」，頁 3。

[16] 陶英惠，《蔡元培年譜》，上冊，頁 308-309。

竊維部務甫經接收，大學法令尚未訂定頒布，北京大學既經
開辦，不得不籌商目前之改革，定為暫行辦法。查從前北京
大學堂職員，有總監督、分科監督、教務提調，各種名目，
名稱似欠適當，事權亦覺紛歧。北京大學堂今擬改稱北京大
學校；大學堂總監督改稱為大學校校長，總理校務；分科大
學監督改稱為分科大學學長，分掌教務；分科大學教務提調
即行裁撤；大學校校長須由教育部於分科大學學長中薦一人
任之，庶幾名實相符，事權劃一，學校經費亦得藉以撙節。
現已由本部照會該總監督任文科大學學長，應請大總統任命
該學長署理北京大學校校長。其餘學科除經科併入文科外，
暫仍其舊。俟大學法令頒布後，再令全國大學一體遵照辦理，
以求完善而歸統一。謹呈。[17]

5月3日，經袁世凱總統批准，並任命嚴復為北京大學首任校長（署
理）。[18]24日啟用新刊關防。[19]

　　蔡元培於民國元年教育總長任內，對於大學的改革，據其自述云：

民國元年，我長教育部，對於大學有特別注意的幾點：一、
大學設法商等科的，必設文科。設醫農工等科的，必設理科。
二、大學應設大學院（即今研究院），為教授、留校的畢業生
與高級學生研究的機關。三、暫定國立大學五所，於北京大
學外，再籌辦大學各一所於南京、漢口、四川、廣州等處（爾
時想不到後來各省均有辦大學的能力）。四、因各省的高等學

---

[17] 民國元年5月份《政府公報》，呈文，第5號。
[18] 民國元年5月份《政府公報》，命令，第4號。
[19] 民國元年5月份《政府公報》，通告，第26號。

堂，本仿日本制，為大學預備科，但程度不齊，於入大學時
發生困難，乃廢止高等學堂，於大學中設預科。（此點後來被
胡適之先生等所非難，因各省既不設高等學堂，就沒有一個
薈萃較高學者的機關，文化不免落後，但自各省競設大學後
就不必顧慮了。）[20]

清季學制，大學中仿各國神學科的例，於文科外又設經科。
我以為十四經中，如易、論語、孟子等，已入哲學系；詩、
爾雅，已入文學系；尚書、三禮、大戴記、春秋三傳，已入
史學系；無再設經科的必要，廢止之。

我認大學為研究學理的機關，要偏重文理兩科，所以於大學
令中規定：設法商等科而不設文科者不得為大學，設醫工農
等科而不設理科者亦不得為大學；但此制迄未實行。[21]

合經文二科為文科，改格致科為理科，設預科，設大學院及大學注重
文理兩科等，都是很重要的措施。蔡元培於 7 月 14 日因政見不合而辭
職，而大學令到 10 月 24 日才公布，但其對預科（第四條）、大學院（第
六條）及文理兩科（第三條）的主張，均在該大學令中被採納。[22]

　　民國元年 5 月 15 日，北京大學開學。9 月，財政學堂學生併入
北大上課。[23]10 月，因嚴復離京，無法兼顧校務，以章士釗（行嚴）
繼，士釗因署浙江教育司長，未能到校，[24]乃於 10 月 18 日任命馬

---

[20] 蔡元培，〈我在北京大學的經歷〉，見《蔡元培自述》（臺北，傳記文學社，
　　民國 56 年 9 月出版），頁 9-33。

[21] 蔡元培，〈我在教育界的經驗〉，見同上書，頁 35-47。

[22] 民國元年 10 月份《政府公報》，命令，第 178 號。

[23] 丁致聘，《中國近七十年來教育記事》（上海，商務，民國 24 年 5 月出版），
　　頁 38、41。

[24] 中華民國史料研究中心，《中華民國史事紀要》，民國元年 7 至 12 月份（臺

良（相伯）代理。[25]馬良於 10 月 21 日就職視事。[26]不久，即被學生所攻逐。[27]12 月 27 日，士釗免職；而馬良辭職，改派何燏時（錫侯）署理。[28]民國 2 年 11 月，燏時辭職，以胡仁源（次珊）署理。時教育總長汪大燮，屢欲併北大於北洋大學，卒未果行。[29]3 年 2 月，改農科為農業專門學校，離北大而獨立，即後來北平大學農學院。4 年 11 月，設大學評議會，為商決校政最高機關。5 年 12 月，仁源辭，任命蔡元培為校長。民國以來之歷任校長，或為署理，或為代理，至是始有正式實任之校長。

截至民國 5 年底，北大可說是我國唯一之國立大學。[30]在這段時間，國內的政治固未上軌道，而北京大學，似乎也無若何發展，

北，民國 61 年 4 月出版），頁 788，附表。

[25] 民國元年 10 月份《政府公報》，命令，第 171 號。張若谷編，《馬相伯先生年譜》（長沙，商務，民國 28 年 12 月出版），頁 221 謂民國 2 年馬良之任北大校長，係「從教育部長蔡孑民先生之請也」，此時蔡元培早已辭去教育總長。

[26] 民國元年 10 月 23 日上海《民立報》。

[27] 民國元年 12 月 16 日上海《民立報》云：「嚴氏去位，馬良繼之，而為學生所攻逐，至今校長之位虛懸，尚未得人。」

[28] 郭廷以，《近代中國史事日誌》（民國部分）。

[29] 〈民國二十三年度國立北京大學〉，「沿革」，頁 3。劉紹唐編，《民國大事日誌》，第 1 冊（臺北，傳記文學社，民國 62 年 7 月出版），頁 43 謂胡仁源於民國 3 年 1 月 4 日署北大校長。

[30] 范源廉在北大二十周年紀念會演說，謂吾國公立大學有三：北大、天津之北洋大學、山西之山西大學。山西大學係特就晉省而設，北洋大學初歸北方各省公立，近幾與北大連為一體，故北大為吾國惟一之國立大學。（見《國立北京大學廿周年紀念冊》，頁 6。）民國 9 年秋，蔡元培出國前在湖南的第一次演講〈何謂文化？〉中說：「就全國而言，只有國立北京大學，稍為完備，如山西大學、北洋大學，規模都還很小。尚有外人在中國設立的大學，也是有名無實的居多。」（原刊民國 10 年 2 月 14 日〈北京大學日刊〉，第 806 號，見中華書局編，《蔡元培選集》，頁 156-161，北京，1959 年初版）於此也可看出北大的重要性。

由其校長更動之頻繁，證明內部也不安定，且為校長問題，時生風潮。據曾任預科學長之徐崇欽云：

> 二年春，為校長問題，全校學生宿於教育部者二日，鄙人不忍坐視學生之學業荒廢，以師生之感情，竭力勸導，幾至舌敝唇焦，歷八小時之久，而學生等於是相率回校。無何，馬相伯先生辭職。[31]

民國 2 年 5 月底，北大預科二、三年級學生據章要求免行升學考試，引起嚴重風潮；學生以校長何燏時蔑視法律，摧殘教育，且以穢語詈人，軍警盤踞校舍，要求校長辭職，且迫立悔過書，並至教育部請願。何燏時老羞成怒，獲得教育部次長暫行代理部務之董鴻禕支持，以部令開除秦汝翼等八人，風潮更形擴大。6 月 16 日，教育部又有將全體學生盡行解散之令。參議院以大學為全體觀瞻所繫，斷不宜遽肆摧折，曾提出嚴重質問。[32]直到胡仁源繼何燏時署理校長後，才漸趨於安定。而北大之真正發展成為現代化的大學，隱然為全國文化的領導，則是蔡元培擔任校長以後的事。

---

[31] 徐崇欽，〈八年回想〉（《國立北京大學卅一周年紀念刊》，頁 47）。此事可能係指民國 2 年 5 月底預科學生要求免試風潮，而將何燏時誤記為馬相伯。

[32] 參民國 2 年 6 月 2 日、4 日、5 日、6 日、9 日、13 日、19 日、20 日，7 月 3、4 日、11 日等日上海《民立報》之〈大學校之風潮〉等報導。此次風潮，雖導因於預科學生要求免試，骨子裏仍為校長問題，學生欲嚴復回任校長，教育部不允。如代部長接見學生代表時，即明謂：「此事遠因，我固審悉汝等前次對馬相伯，今又用之以對何〔燏時〕者，無非有意搞亂，非得嚴幾道返不止也。此事望爾等不必妄想，有我董鴻禕在教育部一日，嚴幾道斷無重長大學之望。嚴幾道終日吞吐雲霧〔英惠案：指吸鴉片〕，毫無表率全堂資格，安能用為校長？」（6 月 4 日《民立報》）。

三、蔡元培出長北大經過及其對高等教育的理想

（一）出長北大的經過

　　民國元年 7 月，蔡元培辭卸教育總長時，就有人建議聘他為北大校長，並由教育部向袁世凱商量。袁氏以元培既是國民黨員，又力倡革命思想，如再讓他在臥榻之旁培養革新人才，定會使自己政權發生動搖，故堅決拒絕。[33]民國 5 年 6 月，袁死，黎元洪繼任總統，7 月 12 日，特任范源廉為教育總長（31 日到任），8 月 4 日，命袁希濤為次長（16 日到任）。[34]在民元蔡元培任教育總長時，源廉任次長，希濤任普通教育司司長，二人對元培的教育理想有深刻認識；他們認為像北大這樣一所國家最高的學府，需要像蔡元培這樣開明的人士來領導，特拍電報請他返國出任北大校長。[35]時蔡元培

---

[33] 蔡尚思，《蔡元培學術思想傳記》（上海，棠棣出版社，1950 年 10 月出版），頁 145 云：「蔣維喬氏又告訴我道：『當民元時，先生辭去教育總長，我在教部，便提議委先生為北京大學校長，並由教育部向袁世凱商量。當時袁氏極力反對，說：先生既係國民黨員，又力倡革命學說，目前許多反動事件，已多和他有關；如再給他做北京大學校長，大培養起革新人才來，政府定會弄到沒有辦法，使我不安於位了。旁的都可商量；只有此事，是絕對辦不到的。結果只能籌點經費給先生到歐洲去留學。」傅斯年在〈「五四」偶談〉一文中說：「猶憶『五四』以後有人說，北洋政府請蔡先生到他的首都去辦學，無異豬八戒肚子中吞了一個孫悟空。」（民國 32 年 5 月 4 日重慶《中央日報》）。

[34] 劉壽林編，《辛亥以後十七年職官年表》（臺北，文海，民國 63 年 7 月影印本），頁 60。

[35] 關於推薦蔡元培出長北大的說法不一。張星烺編，《泗陽張沌谷居士年譜》（收入張相文《南園叢稿》中），頁 27 云：「秋，新內閣成立，范源廉為教育部總長，袁希濤（觀瀾）為次長，北京大學校長闕人，范、袁等商求一適當人

正旅居法國西南部，於習法語外，編書，且助李煜瀛（石曾）、汪兆銘（精衛）等辦理留法儉學會，組織華法教育會，並當選為會長，從事中法文化交流工作。[36]接教育部電後，於 10 月 1 日啟程返國，11 月 8 日抵上海。[37]

　　當時他的友好同志，對其出長北大，有兩種意見：一種贊成他北上就職，一種不贊成。孫中山先生認為北方當有革命思想的傳播，像蔡元培這樣的老同志應當去那歷代帝王和官僚氣氛籠罩下的北京，主持全國性的教育，所以主張他去；[38]而馬君武則絕對反對。[39]蔡元培卒毅然前往。據他在〈我在北京大學的經歷〉文中說：

> 民國五年冬，我在法國，接教育部電，促回國，任北大校長。
> 我回來，初到上海，友人中勸不必就職的頗多；說北大太腐
> 敗，進去了，若不整頓，反於自己的聲名有礙。這當然是出

選，先君（張相文）極言蔡子民先生中西兼通為最宜，教部乃電法國請蔡先生回國，主持北大。自是凡十餘年，影響中國學界最大。」馬敘倫，《我在六十歲以前》（上海，民國 36 年出版），頁 62-63 謂：最初由馬敘倫向湯爾和建議請元培任北大校長，湯將此意轉告范源廉，時胡仁源剛辭職，范正在物色替人，同意元培為適當人員，乃向黎元洪推薦，因任元培為校長。1956年秋，胡適告訴周策縱說，他曾看過湯爾和的日記，內中留有關於蔡出長北大及湯與蔡元培、陳獨秀的關係之記載，認為馬敘倫的話靠不住。見 Chow Tse-tsung, *The May Fourth Movement* (Harvard University Press, 1960), pp.138-139.

[36] 黃世暉記，〈蔡子民先生傳略〉，見《蔡元培自述》，頁 49-76。（以下簡稱《口述傳略》）

[37] 民國 5 年 10 月 4 日《順天時報》第 2 版；民國 5 年 11 月 11 日上海《時報》第 7 版。

[38] 羅家倫，〈蔡元培先生與北京大學〉，見羅家倫，《逝者如斯集》（臺北，傳記文學社，民國 56 年 9 月出版），頁 55。

[39] 羅家倫，〈五四的真精神〉，見北大臺灣同學會編，《五四愛國運動四十周年紀念特刊》（臺北，民國 48 年 5 月 4 日出版），頁 33。

於愛我的意思。但也有少數的說，既然知道他腐敗，更應進
去整頓，就是失敗，也算盡了心。這也是愛人以德的說法。
我到底服從後說，進北京。

12 月 26 日，蔡元培被正式任命為北大校長，民國 6 年 1 月 4 日到
校就職。[40]

（二）對高等教育的理想

蔡元培之決心獻身教育，是自光緒 24 年始。戊戌政變發生後，
他認為康、梁失敗的最大原因，是由於不先培養革新人才，所以返
里從事教育工作，最先接辦紹興中西學堂，又到上海創辦中國教育
會、愛國女學校及愛國學社。民國成立後，他的注意力更集中在高
等教育方面。吳敬恆（稚暉）曾說蔡元培：

> 他畢生最致力的是辦大學。他為什麼主張辦大學？彷彿是一
> 個國家，只要有大學問家出來，民族就可以之而貴，一班人
> 即可以之而尊。[41]

他欲以教育救國的意願，在接長北大後的〈致汪精衛君書〉中，表
示的非常清楚：

> 在弟觀察，吾人苟切實從教育著手，未嘗不可使吾國轉危為
> 安。而在國外所經營之教育，又似不及在國內之切實。弟之

---

[40] 民國 5 年 12 月 27 日《政府公報》，第 351 號；民國 6 年 1 月 7 日《政府公
報》，第 357 號。

[41] 吳敬恆，〈蔡先生的志願〉，民國 33 年 1 月 11 日重慶《中央日報》。

所以遲遲不進京，欲不任大學校長，而卒於任之者，亦以此。
昔普魯士受拿破崙蹂躪時，大學教授菲希脫為數次愛國主義
之演說，改良大學教育，卒有以救普之亡。而德意志統一之
盛業，（普之勝法，群歸功於小學校教員；所以有此等小學校
教員者，高等教育之力也。）亦發端於此。[42]

　　蔡元培是一位中國學問很深、民族意識極強、於中年以後再到
歐洲留學多年的人。在他留德期間，對比較著名的大學，如柏林大
學、門興大學及來比錫大學，留有非常深刻的印象。他對大學的觀
念，無疑地也深受十九世紀初期建立柏林大學的馮波德（Wilhelm
Von Humboldt）和柏林大學那時代若干大學者的影響。[43]他們主張學
術獨立，將大學自由視為金科玉律，教授有充分的講授自由，只要
確信為真理，任何人不得干涉；學生有學習的自由，以培養獨立研
究的能力；對學生的生活，也不強為干涉。[44]這些特色，都為蔡元
培所潛接而默受，成為他辦理北京大學時的借鏡。他希望北京大學
能與柏林大學相頡頏、以及力爭世界學術地位的雄心，在北大二十
周年紀念會時他的演說詞中，表示得非常清楚。[45]

---

[42] 新潮社編，《蔡孑民先生言行錄》（北京大學新潮社，民國 9 年 10 月初版），
頁 291。

[43] 羅家倫，《逝者如斯集》，頁 56-57。

[44] 天民，〈各國大學之特色〉一四、德國大學，見《教育雜誌》第 9 卷，第 12
號（民國 6 年 12 月 20 日出版），頁 125-132。

[45] 蔡元培演詞云：「本校二十年之歷史，僅及柏林大學五分之一，來比錫大學
二十五分之一，苟能急起直追，何嘗不可與為平行之發展。……所望內容以
漸充實，能與彼國之柏林大學相頡頏耳。」（《國立北京大學廿周年紀念冊》，
頁 5-6。）

　　民國 7 年，北大製定了校旗，右邊是橫列的紅藍黃三色，左邊
是縱列的白色，又於白色中間綴點黑色的「北大」兩篆文，並環一
黑圈。蔡元培解釋說：「這是借作科學、哲學、玄學的符號。」他又
進一步指出：

> 世界事物，雖然複雜，總可以用科學說明他們；科學的名目，
> 雖然也很複雜，總可以用三類包舉他們。那三類呢？第一、
> 是現象的科學，如物理、化學等等；第二、是發生的科學，
> 如歷史學、生物進化學等等；第三、是系統的科學，如植物、
> 動物、生物學等等。我們現在用紅藍黃三色，作這三類科學
> 的符號。

又因為哲學可以算是科學的總和，故用總和七色的白色來表示哲
學，而玄學是不能用科學的概念證明的，故用沒有顏色的黑來代表
玄學。蔡元培又說：

> 大學是包容各種學問的機關；我們固然要研究各種科學，
> 但不能就此滿足，所以又研究根據科學而又超絕科學的玄
> 學。[46]

　　蔡元培一再強調：大學是純粹研究學問的機構，不可視為養成
資格之所，亦不可視為販賣知識之所。至於應該研究那些學問，在
上面引述他的文字中，已經有了明確的交代。凡此，均充分顯示出
他辦理北京大學以及對高等教育的理想。

---

[46] 以上參考蔡元培，〈國立北京大學校旗圖說〉一文，見《蔡孑民先生言行錄》，
頁 355-358。

四、重要的改革措施

　　民國初年的北京，是頑固勢力和腐敗思想的核心，帝制、復辟
運動，此起彼伏，環境至為惡劣。這種風氣之形成，與袁世凱有著
莫大的關係。民國 5 年 6 月，袁氏憤恚卒，但他所留下的罪惡，並
未隨之以俱去。蔡元培曾為文謂袁世凱曰：

> 彼實代表吾國三種之舊社會：曰官僚、曰學究、曰方士。畏
> 強抑弱、假公濟私、口蜜腹劍、窮侈極欲，所以表官僚之黑
> 暗也；天壇祀帝、小學讀經、復冕旒之飾、行跪拜之儀，所
> 以表學究之頑舊也；武廟宣誓、教院祈禱、相士貢諛、神方
> 治疾，所以表方士之迂怪也。今袁氏去矣，而此三種社會之
> 流毒，果隨之以俱去乎？[47]

民國 5 年底，上海中西報紙，且盛傳袁世凱未死之說。陳獨秀則憤
然曰袁氏未死，因為「吾耳日聞袁世凱之發言，吾目日見袁世凱之
行事。」[48]社會風氣如此，北京大學處於舊勢力籠罩之下，自然也
受到了感染。如何將這種沉悶的局勢翻造過來，必需德望俱高的人
士及無比的勇氣。蔡元培之毅然出長北大，顯然是想以此艱鉅自任，
吾人今日檢討他在北大所推行的一連串重大而新穎的改革，於轉移
風氣和啟迪民智上確實收到了很大的功效，所以黃季陸譽之謂：「這
是一次真正的文化的首都革命。」[49]茲將他在北大的重要改革措施，
分項述之於下。

---

[47] 蔡元培，〈對於送舊迎新二圖之感想〉，見《蔡孑民先生言行錄》，頁 459-463。
[48] 陳獨秀，〈袁世凱復活〉，刊《新青年》2 卷 4 號，民國 5 年 12 月 1 日出版。
[49] 黃季陸，〈蔡元培先生與國父的關係〉，刊《傳記文學》5 卷 3 期，民國 53

（一）提高教員素質

　　民國 5 年底，蔡元培到了北京，首先訪問醫專校長湯爾和，詳詢北大近年實況。湯因推介主編《新青年》雜誌的陳獨秀（仲甫）為文科學長。蔡在清末時即對陳有一種不忘的印象，今聞湯爾和言，又翻閱了《新青年》，便決意聘他。而原任理科學長夏元瑮（浮筠），一仍舊貫。乃相與商定整頓北大的辦法，次第執行。[50]

　　在延聘教員方面，蔡元培認為不但是求有學問的，還要求於學問上有濃厚研究興趣的，這樣才可以引起學生的研究興趣。因此，到校之後，便聲應氣求，先後為各科請到了不少積學而熱心的教員。據蔡元培回憶說：

> 北大的整頓，自文科起。舊教員中如沈尹默、沈兼士、錢玄同諸君，本已啟革新的端緒；自陳獨秀君來任學長，胡適之、劉半農、周豫才、周豈明諸君來任教員，而文學革命、思想自由的風氣，遂大流行。理科自李仲揆、丁巽甫、王撫五、顏任光、李書華諸君來任教授後，內容始漸充實。北大舊日的法科，本最離奇；因本國尚無成文之公私法，乃講外國法，分為三組：一曰德日法，習德文日文的聽講；二曰英美法，習英文的聽講；三曰法國法，習法文的聽講。我甚不以為然，主張授比較法，而那時教員中能授比較法的，只有王亮疇、羅鈞任（文榦）二君。二君均服務司法部，只能任講師，不能任教授，所以通盤改革，甚為不易。直到王雪艇、周鯁生

　　年 9 月出版。

[50] 蔡元培，〈我在北京大學的經歷〉。

諸君來任教授後，始組成正式的法科，而學生亦漸去獵官的
陋見，引起求學的興會。[51]

　　蔡元培對聘請教員的原則，是抱人才主義，只問學問、能力
之有無，而不問其思想、派別、年齡、資格，和國籍為何。因為
人才至為難得，若求全責備，學校就很難成立。現就這幾項略作
分析說明：

甲、不問思想派別

(1)就政黨言：帝制復辟中有名震海外而持復辟論的辜鴻銘，拖著長
　　辮子，在英文系教英國文學，但未講過一句復辟。而新帝制派的
　　劉師培，是清議所指責為罪人者，在國文系教古代文學，也從不
　　曾講過一聲帝制。此外，尚有籍隸國民黨的王寵惠、無政府主義
　　派的李石曾等，及以後變成共產黨的李大釗、陳獨秀等。

(2)就史學言：信古派，有陳漢章等。疑古派，有錢玄同、胡適、沈
　　尹默等。甲骨考古派，有王國維等。

(3)就文學言：文言派，有黃侃、陳介石、劉師培、林損等。改良派，
　　有朱希祖等。白話派，有胡適、陳獨秀、周作人、周樹人、劉復
　　（半農）等。

(4)就語言文字學言：舊派有章太炎的弟子黃侃（季剛）等。新派有
　　錢玄同、劉復等。

(5)就經學言：今文學派有崔適等。古文學派有陳漢章等。

　　要之，新派以胡適、陳獨秀等為首，舊派以劉師培、黃侃等為
首。將這些人聚攏在一起，誠非易事。

---

[51] 蔡元培，〈我在教育界的經驗〉。

乙、不問年齡

據〈北大廿周年紀念冊〉所列教職員名錄的記載：徐寶璜 25
歲，梁漱溟 26 歲，朱家驊 26 歲，劉文典 28 歲，胡適 28 歲，辜
鴻銘 62 歲。時蔡元培 51 歲，他對這些 20 多歲的青年教員，也都
一樣敬重。例如梁漱溟在民國 6 年應聘到北大講學時，據梁自己
說，實際上只有 24 歲，與學生年齡相若，有的比他還大兩歲。蔡
元培之所以聘他，是因為看了他在《東方雜誌》發表的〈究元決
疑論〉，認為他富於研究興趣，是個好學深思的人，故請他去開印
度哲學。梁謙辭，謂對印度哲學所知有限。蔡仍堅請說：「你不是
愛好哲學的嗎？我自己是愛好哲學的，我們還有一些愛好哲學的朋
友。我這次辦大學就是要將這些朋友，乃至在未知中的朋友，都
引在一起，共同研究，彼此切磋。你怎可不來呢？你不要當是老
師來教人；你當是來研究來學習好了！」[52]這是何等器局，何等
識見！

丙、不問資格

民國元年，蔡元培曾拔擢過一位未進過大學門的青年王雲五，
到教育部專門教育司任第一科科長，第一科即大學科，負責大學令
和專門學校令的起草。在他主持北大時，教授中從舊時代的進士，
新時代的博士，到新舊任何資格都沒有的人，只要有學問，也都被
同樣禮遇。

---

[52] 梁漱溟，〈紀念蔡先生〉，刊《文化雜誌》，第 2 卷，第 1 號，民國 31 年 3 月
25 日出版。

丁、不問國籍

蔡元培在〈我在北京大學的經歷〉一文中說過一段故事：

> 那時候各科都有幾個外國教員，都是托中國駐外使館或外國
> 駐華使館介紹的。學問未必都好，而來校既久，看了中國教
> 員的闌珊，也跟著闌珊起來。我們斟酌了一番，辭退幾人，
> 都按著合同上的條件辦的。有一位法國教員要控告我，有一
> 位英國教員竟要求英國駐華公使朱爾典來同我談判，我不答
> 應。朱爾典出去後，說：「蔡元培是不要再做校長了。」我也
> 一笑置之。

在近代中國歷史上具有這種膽量的人，實不多見。他既非盲目的排
外，也不盲目的崇洋。他始終認為學術文化的貢獻是大學應當着重
的任務。因為時代的劇變，更覺得灌輸新知、融會中西文化工作的
迫切。像上述這些隨便由使館裏私人關係請來的外籍教授，大都以
此為傳教等項工作的副業，或一意敷衍，實不能達成這項任務。他在
心目中所要聘請的，是外國各大學裏真有學問的大師。民國 8 年 5
月，北大請到了大哲學家杜威（John Dewey）來講學一年多，實開西
洋第一流學者來華講學的風氣。以後如羅素（Bertrand Russell）[53]、
杜里舒（Hans Driesch）、泰戈爾（R. Tagore）均相繼而來。地質學
家葛利普（Grabau）長期留在中國，尤其能領導中國地質學界不斷
作有價值的科學貢獻。

　　由以上四項用人的標準來說，充分顯示出蔡元培的胸襟是多麼
開闊！但同時，他對教員也有相當的約束：甲、本校專任教員，不

---

[53] 羅素於民國 9 年 10 月 12 日來華抵滬。

得再兼他校教科；乙、本校教員擔任教科鐘點以二十小時為度；丙、
教員中有為官吏者，不得為本校專任教員；丁、本校兼任教員，如
在他校兼任教科者，須將擔任鐘點報告本校；戊、本校兼任教員，
如在本校已有教科鐘點十二小時者，兼任他校教科鐘點，不得逾八
小時以上；己、教員請假過多，本校得扣其薪金或辭退。[54]旨在培
養專業及敬業的精神。這些規定，顯然是受了德國教育方面的影響。
德國大學中的教授，教課與研究是並重的，其教課的時間不多，並
且不兼其他雜務，[55]以免影響研究工作。在這種情形下，才真能做
到教學相長。

（二）糾正學生陋習與錯誤觀念

　　民國初年，北京大學的腐敗是出了名的，茲引述當時兩個北大
學生的話為證。
顧頡剛說：

> 那時的北大實在陳舊得很。一切保存著前清「大學堂」的形
> 式。教員和學生，校長和教員，都不生什麼關係。學生有錢
> 的儘可天天逛妓院、打牌、聽戲，校中雖有舍監也從不加干
> 涉。[56]

---

[54] 〈蔡孑民整頓大學之辦法〉，見《教育雜誌》，第9卷，第2號（民國6年2
月20日出版），頁11，記事。

[55] 天民，〈各國大學之特色〉一四、德國大學，頁126。

[56] 顧頡剛（以筆名「余毅」發表）、〈悼蔡元培先生〉，刊《責善》半月刊，1
卷1期，民國29年3月16日出版。

羅家倫說：

> 民國初年，北京出名的八大胡同裏，談到光顧的客人，則首
> 稱「兩院一堂」。兩院是參議院和眾議院，一堂便是京師大學
> 堂。[57]

　　再者，當時社會上仍留有科舉時代的遺毒，認為上大學是謀個
人入仕途的出身，出身則以法科為宜。由於視法科為干祿之終南捷
徑，所以入法科者特多，入文科者甚少，而入理科者尤少。因此，
北大對願入文科的人，特別放寬入學考試的尺度，對報考法科的人，
則規定必須有大學預科畢業的文憑。民國 4 年，馮友蘭拿著預科文
憑去報考北大文科時，主持報考的人就很替他惋惜，勸他先報考法
科，如果考取了，仍願入文科，可以請求轉科。因為從法科轉文科
一定會准，從文科轉法科就相當困難。[58]一般人的觀念既然如此，
也就難怪學生視學校為變相的科舉了。

　　北京大學之所以日趨腐敗，種因甚早，在京師大學堂成立之初，
所收的學生，多為京官，差不多每個學生都有當差。上課鈴打了，
由當差來請「老爺上課」。充滿了官僚的習氣。他們平日對學問並沒
有什麼興會，只要年限期滿，便可得到一張文憑。上課之外，又沒
有高尚的娛樂和自動的組織，遂不得不於學校以外，競為不正當的
消遣。教員也不知用功，年年發舊講義，在講壇上唸。到考試時，
學生就要求教員告知出題的範圍，甚至所出的題目。教員為了避免
學生的懷恨與顧全自身的體面起見，往往把題目或範圍就告訴學
生；於是學生不用功的習慣，便得到一種保障。

---

[57] 羅家倫，《逝者如斯集》，頁 2。
[58] 馮友蘭，〈北大懷舊記〉，刊《北京大學五十周年紀念特刊》，頁 23。

在光緒 32 年，蔡元培曾任過譯學館[59]的教員，所以對於學生的這些壞習氣，知道得很清楚。這些學生，他們的目的不僅在畢業，而尤重在畢業以後的出路。所以專門研究學術的教員，他們不見得歡迎。較為認真一點的，便被藉口反對。對於在政府有地位的人來兼課，雖時時請假，年年發舊講義，也表歡迎。因為有此師生關係，畢業後可為奧援。這種科舉時代遺留下來的劣根性，是於求學很有妨礙的。所以，蔡元培第一要改革的，便是學生這種錯誤的觀念。他於民國 6 年 1 月 9 日發表到校後第一次對學生的演說時，就開宗明義的說明：大學是研究高深學問的地方，學生進大學不當「仍抱科舉時代思想，以大學為取得官吏資格之機關」。大學生應當有新的「世界觀與人生觀」，「當以研究學術為天責，不當以大學為升官發財之階梯。」[60]必須抱定為求學而來之正大宗旨，才能步入正軌。這種精闢、勇敢、誠摯而富於感動性的呼聲，震開了當時北京八表同昏的烏煙瘴氣，廓清了多年來深入人心的遺毒，不但給北京大學一個靈魂，也給全國青年一個新啟示。

他又黽勉學生「砥礪德行」，因為「方今風俗日媮，道德淪喪；北京社會，尤為惡劣。敗德毀行之事，觸目皆是。」而「國家之興替，視風俗之厚薄」，大學學生，地位甚高，責任重大，故「不惟思所以感己，更必有以礪人。」尤須「敬愛師友」。[61]他如此毫無保留揭穿當時北大腐敗的情形，具見革新整頓之決心。

---

[59] 譯學館於光緒 29 年 9 月開館（其前身為同文館），是京師大學堂的附屬機關之一，是年底，脫離大學堂，改屬總理學務大臣，至宣統 3 年 9 月停辦，又併入大學堂，其址即為北大之第三院。詳見陶英惠，〈京師譯學館校友錄的史料價值〉，刊《新知雜誌》第 4 年第 3 期，民國 63 年 6 月出版。

[60] 蔡元培，〈就任北京大學校長演說詞〉，見《蔡子民先生言行錄》，頁 292-296。

[61] 《蔡子民先生言行錄》，頁 292-296。

　　在敦品勵行方面，可舉一件小事為例。北大學生當時還有一種壞習慣，喜歡在牆壁上貼一些匿名揭帖攻擊自己不滿意的人，蔡元培在一次演說中痛斥此事，大意謂：在牆上貼匿名揭帖，受之者縱然有過，也不易改悔，而施之者則為喪失品性之開端。如對某人不滿，可以規勸；若以為不可規勸，儘可對學校當局說，不此之圖，而在牆壁上攻擊，是不合做人的道理的。傅斯年當時也是寫匿名揭帖人之一，他聽了這一番話，便大徹大悟，從此做事，決不匿名。而北大匿名壁報文學，也就從此絕跡。[62]

　　蔡元培洞悉北大學生沒有高尚的娛樂與自動的組織，是走向腐敗、對學術沒有興會的重要原因之一，便對症下藥，除廣延積學與熱心的教員，認真教授，以提高學生研究學問的興會外，並提倡課外的高尚娛樂，如組織進德會，有不賭、不嫖、不娶妾三條基本戒；及不作官吏、不作議員、不飲酒、不食肉、不吸煙的五條選認戒，以挽奔競及遊蕩的舊習。又助成體育會、音樂會、書法研究社、畫法研究會、辯論會、靜坐會，使學生多作有益的課外活動；助成消費會社、學生銀行、校役夜班、平民學校、與平民講演團等，以發揚學生自動的精神，養成服務社會的能力。這種做法，也是受了德國的影響。德國大學生的生活，非常自由，難免有違紀情事。他們補助的辦法是：校中社團非常發達，舉凡同鄉會、體操會、競舟會、音樂會以及以研究學問、藝術等為目的之組織，應有盡有，凡是學生，大率必隸屬於某社團，即受該社團規約之束縛。而學生的社團成立時，必須先定規則，連同幹部及會員名冊送校長核定，有害學校風紀之團體，自不會獲准設

---

[62] 傅斯年，〈我所景仰的蔡先生之風格〉，民國 29 年 3 月 24 日重慶《中央日報》。

立。[63]因此，學生們可以藉其所參加的社團來互相砥礪，不致過分墮落。

在蔡元培主持北大校政期間，校中各種社團如雨後春筍，紛紛成立，其中除小部分為教員發起、主持，或指導外，大部分為學生所組織。茲根據手頭現有資料，將北大各種社團彙成下表。以資醒目。[64]由各社團成立的宗旨及其主要活動，不難看出這時的北大，確已呈現出蓬勃的朝氣：

名稱	成立年月	發起人	宗旨	負責人	主要活動	備考
進德會	7年1月	蔡元培	建立新道德觀念			淵自民元的進德會及社會改良會
哲學會	6年3月	陳鐘凡黃建中馮友蘭孫本文等10餘人	商榷東西諸家哲學瀹啓新知	幹事：陳鐘凡	每月開演講會1次，每年刊行會刊2-4冊	
理科化學演講會	6年12月		集合同學練習文化演講方法，而收觀摩之益		每星期舉行演講常會1次	

---

[63] 天民，〈各國大學之特色〉一四、德國大學，見《教育雜誌》第9卷，第12號（民國6年12月20日出版），頁130。

[64] 本表參考北大20、31周年紀念冊、蔡元培全集等編成，挂漏在所難免。有些學會，北大的教員學生雖為主要分子，但也有校外人士參加，如民國10年元月成立的「文學研究會」（其創始之12人中，周作人、朱希祖是北大教授，孫伏園、郭紹虞、沈雁冰是北大畢業生，其後加入之徐志摩、朱自清、俞平伯、顧頡剛、周樹人【魯迅】、易君左等，也多為北大教授。）及民國7年7月成立的「少年中國學會」（如李大釗為北大圖書館主任，許德珩、康白情、易君左、雷國能、徐彥之、蘇甲榮等為北大學生）等，則暫不列入。

雄辯會（分國語及外國語兩部）	6年11月	雷國能毛準（子水）等	修繕辭令，發展思想	會長：雷國能	每兩週舉行常會1次，每學期舉行比賽大會1次	由預科之文學會改組而成
音樂會（分西樂國樂二部）	6年春	周文燮等10餘人	研究音樂，陶冶性情	會長：夏宗淮	每週舉行常會1次，編印音樂雜誌	由5年秋北大音樂團更名而成
書法研究社	6年12月	羅常培等	昌明書法，陶養性情	執事：薛祥綏 楊湜生	每週任寫各體書呈教員評定	
畫法研究會（分本國畫外國畫二部）	7年2月	蔡元培	研究畫法，互相觀摩	幹事：狄福鼎（膺）陳邦濟	每月開會1-2次	初羅常培發起圖畫會，狄福鼎發起書畫會，本合二者為一，迨書法研究社成立，善書者入書社，善畫者入畫會。
體育會	6年12月	夏宗淮等10人	練習各種運動技術，強健身體	會長：楊濟華	每年開常會1次	
靜坐會	7年2月	計　照	修養身心	幹事：計　照	講習靜坐，以3月為1期	
技擊會	6年10月		強壯身體，研究我國固有之尚武學術	名譽會長：蔡元培 會長：徐械	每日課餘練習	由預科體育會拳術部演變而來
閱書報社	不詳（在7年4月之前）	徐章垿（志摩）等	聚集同志購閱書報	幹事：毛以亨 吳　澄		
學生儲蓄銀行	7年3月	徐寶璜	獎助學生儲蓄，並練習銀行業務	總經理：葉淵		

消費公社	7年3月	李宏增60餘人	出售教職員學生日常消費物品	董事：李宏增等7人		由胡鈞（千之）教授指導
成美學會	7年3月	胡　適鄭陽和	捐集基金以津貼可以成才而無力求學之學生	暫由發起人經理		
哲學研究會	8年1月	陳大齊馬敘倫胡適等	研究東西諸家哲學、瀹啓新知	幹事	講演、編輯、調查	
哲學研究會	14年2月	陳大齊胡　適徐炳昶等28人	研究哲學	常務幹事2人	研討：討論會每月1次公開演講每年8次；出版發行不定期刊物、翻譯西洋哲學名著重印中國哲學名著。	
教育研究會	11年	楊　廉盧逯曾等	研究教育學理及實際問題		分庶事、研究、調查三部	至15年改稱北大教育學會
行知社	12年12月	梁漱溟楊世清等	注重實際生活	書記1人	每月集會1次	
新聞研究會	7年春	徐寶璜	介紹歐美新聞學本吾國新聞界之經驗以印證學理	主任：徐寶璜	編印新聞週刊	
社會主義研究會	7年10月	陳獨秀李大釗				10年12月改名馬克斯學說研究會
學術講演會	6年12月	蔡元培	傳布科學引起研究興趣	幹事長1人	每週請人講演1次	該會為北京各校教職員及各界名流之聯合組織，暫附設北大。

　　除此之外，蔡元培更在校中倡辦各種刊物，以提高學術研究的
興趣。在他接長北大以前，校中除了規程以外，很少有出版品之刊
布，全校師生，沒有聯絡感情和交換意見的地方，不免有所隔膜。
學生有事和學校接洽，須寫呈文，校長批了貼在布告欄中，儼然是
一座衙門。蔡元培就任之初，即公布：此後學生對校長應用公函，
不得再用呈文。這種謙虛作風，頗使一般學生摸不着頭腦。[65]

　　歷年與北大有關的刊物，可分為三種：一、學校刊物；二、教
授私人組織的刊物；三、學生私人組織的刊物。

　　學校刊物最先創辦的是《北京大學日刊》，民國 6 年 11 月 16 日
出版，以徐寶璜為編輯主任，陳獨秀、沈尹默、胡適、孫國璋為編
輯，除星期一外，日出一張。[66]除了發表校中消息，報告學校現狀
於全國教育界外，又收登師生的論文及討論駁難的文字，無形中增
高了學術研究的風氣。學生對學校有所建議，也送登《日刊》，學校
當局擇其可行者立即督促有關部門實行。學生與學校間的意見得以
溝通，便不再有若何隔膜。

　　但《日刊》的篇幅有限，不能刊載長篇學說，到了民國 8 年 1
月 25 日，蔡元培又創辦《北京大學月刊》。他在《月刊》發刊詞中
解釋發行《月刊》的目的有三：一、盡吾校同人力所能盡之責任；
二、破學生專己守殘之陋見；三、釋校外學者之懷疑。[67]《月刊》
發起之初，定由九個研究所各任一期之編輯，因組織不統一，故徵
稿頗多困難，繼以各研究所之歸併與改組，常常衍期。至 11 年春，
乃決計廢止《月刊》，改為四個季刊：一、國學季刊；二、自然科學

---

[65] 顧頡剛（以筆名「余毅」發表），〈悼蔡元培先生〉。
[66] 《國立北京大學廿周年紀念冊》，沿革一覽，頁 32；一覽表，頁 6。
[67] 蔡元培，〈北京大學月刊發刊詞〉，見《蔡孑民先生言行錄》，頁 226-230。

季刊；三、社會科學季刊；四、文學季刊。[68]其中《國學季刊》於
12 年 1 月出版，《社會科學季刊》於 11 年 11 月出版，都是學術性
的刊物。胡適在〈國學季刊發刊宣言〉提出：(1)用歷史的眼光來擴
大國學研究的範圍，(2)用系統的整理來部勒研究的資料，(3)用比較
的研究來幫助材料的整理與解釋。以後國內的國學研究能有成績，
這篇文章所提示的正確方向與具體方法，實為主要因素。《社會科學
季刊》為顧孟餘所編，內分政治、經濟、法律、教育、倫理、史地
等欄。又有《歌謠週刊》一種，為研究歌謠與方言的專家園地，其
中搜集各地民歌、方言及研究論文頗多。編輯人有常惠（維鈞）、顧
頡剛、魏建功、董作賓等。第 1 期於 11 年 12 月 17 日出版，至 14
年 6 月 28 日第 97 期停刊。後曾一度復刊。

　　教授私人組織的刊物，則有《新青年》、《每週評論》、《努力週
報》及《讀書雜誌》等。其中以傳布新思想的《新青年》所發生的
影響最大。《新青年》原名《青年雜誌》，乃陳獨秀於民國 4 年 9 月
15 日在上海所創辦，至 5 年 9 月 1 日第 2 卷起改名為《新青年》。
民國 6 年，陳獨秀被聘為北大文科學長，即於 1 月間將《新青年》
總部遷至北京。7 年 1 月，北大教授錢玄同、胡適、李大釗、劉復、
沈尹默、高一涵等先後加入編輯部，與陳獨秀輪流主編。內容偏重
學術，不談政治，提倡白話文，擁護民主與科學，反對孔教、國粹
及舊文學。8 年 6 月 11 日，陳獨秀因散發傳單在北京被捕，拘留 80
餘日，獲釋後即辭卸北大教職赴上海，《新青年》亦旋移上海出版，
開始宣傳布爾什維克主義，「差不多成了 Soviet Russia 的漢譯本」，
而與北大諸人脫離了關係。

---

[68] 〈北京大學月刊特別啟事〉，刊《東方雜誌》，19 卷 6 號，民國 11 年 3 月 25
日出版。

　　當《新青年》改組時，由於胡適等主張不宜討論實際政治，而陳獨秀與李大釗則認為談論政治的條件已經成熟，陳、李乃另創《每週評論》，於 7 年 12 月 22 日發行。在「五四」前後，《每週評論》對時局常有詳細的報導與批評，頗具鼓盪作用。及陳獨秀被捕，李大釗遠走故鄉，改由胡適主編，至 8 年 8 月 31 日停刊。

　　民國 11 年，胡適與丁文江倡議約集有職業而不靠政治吃飯的朋友，組織一小團體，作為公開的批評政治或提倡政治革新的準備。乃於 5 月 7 日創刊《努力週報》，號召「好人政治」，為對北京政府當頭一棒。《努力》共出 75 期，於民國 12 年 10 月停刊。

　　《讀書雜誌》（月刊）是《努力週報》的增刊，每月第一週出版，第 1 期於民國 11 年 9 月出版。《努力》停辦後，《讀書雜誌》仍繼續出版，至 14 年 10 月停刊。

　　此外，如周作人等所創辦的《語絲週刊》（以周作人的小品文及周樹人的雜文為代表，13 年 11 月 17 日創刊）、王世杰、陳源（西瀅）、周鯁等所辦的《現代評論》（為討論時事的刊物，態度較溫和，13 年 12 月創刊）、徐旭生、李宗侗等所辦的《猛進週刊》（14 年 2 月創刊，批評時事，態度頗激烈）等，也都是繼之而起的重要刊物，但在創刊時，蔡元培已經離校了。

　　教授們的學術論文或研究著作，多在各著名刊物發表，或印行專書，成為一時的風氣，國內學術的水準遂因之而提高。

　　至學生私人所組織之刊物，則以《新潮》月刊為代表。《新潮》於 8 年元旦正式出版，以表現批評的精神、科學的主義及革新的文詞為最高原則。其主幹人物多為習文史者，計有：傅斯年、羅家倫、顧頡剛、康白情、毛子水、俞平伯、孫伏園、葉紹鈞、楊振聲、馮友蘭、朱自清、張松年等。這些學生，在五四愛國運動時，多半是

領導人物，在以後的教育、學術、文化、及政界方面，也都扮演了重要角色。[69]

　北大師生的刊物，在民國 8、9 年創刊的尚有：《國民月刊》、《國故雜誌》、《新生活週刊》、《奮鬥旬刊》及《家庭研究》等，[70]彼此爭奇鬥艷，各抒所見。凡此皆為蔡元培提高學術研究興趣的結果，也是北大師生坐言起行、努力扭轉學風的事實表現。

（三）培養自由研究學風

　蔡元培認為大學是囊括大典，包羅眾家之學府。所以在他主持北大時，對於各家學說，是依照各國大學的通例，循思想自由原則，取兼容並包主義，無論何種學派，苟其言之成理，持之有故，尚不達自然淘汰之運命，即使彼此相反，也聽他們自由發展。由前述他聘請教授標準及所請到之教授來看，的確已經做到了這一步。因為他素信學術上的派別是相對的，不是絕對的；而真理愈辯愈明，只有使各種不同的主張並存，才能使學生有自由選擇的餘地，不致抱專己守殘之陋見。他指陳我國過去學生的毛病為：

---

[69] 以上參考李書華，《碣廬集》（臺北，傳記文學社，民國 56 年 1 月出版），頁73-77。吳相湘，《民國百人傳》（臺北，傳記文學社，民國 60 年元月出版），第一冊，〈蔡元培無所不容有所不為〉（頁 13-50）、〈蔣夢麟振興北大復興農村〉（頁 51-111）、〈胡適「但開風氣不為師」〉（頁 113-213）、〈傅斯年學行並茂〉（頁 215-236）、第三冊〈陳獨秀悔誤晚矣〉（頁 85-96）等篇。

[70] 係自《五四時期期刊介紹》（北京，1959 年出版）及《全國中文期刊聯合目錄，1833-1949》（北京，1961 年出版）兩書中查得。恐怕尚有遺漏，如民國10 年 2 月，京畿衛戍司令部查得北大校內刊發《先驅》半月刊一種，咨呈國務院查禁，據北大回復稱：「查本校各種印刷物並無《先驅》之名，且該刊編者係屬匿名，亦不知何人所辦。」即為一例。見陰法魯，〈北洋軍閥對進步刊物的摧殘〉一文，收在《五四運動文輯》（湖北，1957 年出版），頁 98。

> 以學校為書院，媛媛妹妹，守一先生之言而排斥其他：於是
> 治文學者，恆蔑視科學，而不知近世文學全以科學為基礎；
> 治一國文學者，恆不肯兼涉他國，不知文學之進步，亦有資
> 於比較；治自然科學者，局守一門，不肯稍涉哲學，而不知
> 哲學即科學之歸宿，其中如自然科學一部，尤為科學家所需
> 要；治哲學者，以能讀古書為足用，不耐煩於科學之實驗，
> 而不知哲學之基礎，不外科學，即最超然之玄學，亦不能與
> 科學全無關係。[71]

要革除這種弊病，開拓學生的眼界，惟有培養自由研究的學風，使
各種學說自由發展。例如在文學方面，胡適、錢玄同等，絕對的提
倡白話文學，劉師培、黃侃等，仍極端維護文言的文學，而陳介石、
陳漢章一派的文學，與沈尹默一派的也不相同，蔡元培就讓他們分
庭抗禮，各行其是。

　　他所以具有這樣的襟懷與識見，除了先天的稟賦以外，當然與
他豐富的閱歷有關。他所接觸的人物，所聞見之事故，所觀摩之學
術，流派類別極其複雜，因之思想才不受時地之限，而能融會貫通。
他青年時期曾從事考據之學，於理學有深厚的造詣，是從中國傳統
的博學風氣裏面陶鎔出來的一個人，對學問的興趣非常廣泛；中年
以後，復留學歐洲，在著名的大學及研究所致力於精深之研討，而
所從學之人，又皆宏深博大之輩，故對其治學治事有極大的影響。[72]
學術自由是為歐洲學者所歷來擁護的，蔡元培雖然和他們一樣主張
學術研究自由，可是並不主張假借學術的名義，作任何違背真理的

---

[71] 蔡元培，〈北京大學月刊發刊詞〉。
[72] 顧孟餘，〈憶蔡子民先生〉，民國 29 年 3 月 24 日香港《大公報》。

宣傳，不但不主張，而且反對。例如馬克思的思想，他以為在大學裏是可以研究的；可是研究的目的決不是為共產黨作宣傳，而是為學生解惑去蠱；因為有好奇心而無辨別力，是青年被誘惑誤入歧途的根源。他曾特別解釋這一點說：

> 今人以反對中國共產黨之故，而不敢言蘇俄，不敢言列寧，馴致不敢言馬克思，此誤會也。吾人研究中國共產黨所由來，或不能不追溯馬克思；而研究馬克思，不必即與中國共產黨生關係。且研究與盲從不同，研究馬克思，不必即信仰馬克思。[73]

由於他這種休休有容的態度，的確使北大，特別是文科所在地的漢花園，氣象為之一新，同時也成為守舊人士非議的目標。蔡元培為釋群疑，特在〈北京大學月刊發刊詞〉中予以闡解：

> 大學者，囊括大典，網羅眾家之學府也。禮記中庸曰：萬物並育而不相害，道並行而不相悖，足以形容之。如人身然，官體之有左右也，呼吸之有出入也，骨肉之有剛柔也，若相反而實相成。各國大學，哲學之唯心論與唯物論，文學美術之理想派與寫實派，計學之干涉論與放任論，倫理學之動機論與功利論，宇宙論之樂天派與厭世觀，常樊然並峙於其中，此思想自由之通則，而大學之所以為大也。吾國承數千年學術專制之積習，常好以見聞所及，持一孔之論。聞吾校有近世文學一科，兼治宋、元以後之小說曲本，則以為排斥舊文

---

[73] 蔡元培，〈李季著《馬克思傳》序〉，上海，神州國光社，民國 22 年 4 月 15 日出版。

學，而不知周秦兩漢文學，六朝文學，唐宋文學，其講座固
在也；聞吾校之倫理學，用歐美學說，則以為廢棄國粹，而
不知哲學門中，於周秦諸子，宋元道學，固亦為專精之研究
也；聞吾校延聘講師，講佛學相宗，則以為提倡佛教，而不
知此不過印度哲學之一支，藉以資心理學、論理學之印證，
而初無與於宗教，並不破思想自由之原則也。論者知其一而
不知其二，則深以為怪。今有月刊以宣布各方面之意，則校
外讀者，當亦能知吾校兼容並收之主義，而不至以一道同風
之舊見相繩矣。

儘管蔡元培這樣辯解，仍舊無法平息外界的攻擊，因為中國素無思
想自由之習慣，每好以己派壓制他派，執持成見，加讓嘲辭。民國
8 年 3 月 26 日，北京政府總統徐世昌令教育總長傅增湘致函蔡元培，
對《新潮》雜誌的批評態度，頗有微詞，原函云：

自《新潮》出版，輦下耆宿，對於在事員生不無微詞。……
近頃所慮，乃在因批評而起辯難，因辯難而涉意氣，倘稍逾
學術範圍之外，將益啟黨派新舊之爭，此則不能不引為隱憂
耳。……凡事過於銳進，或大反乎恆情之所習，未有不立蹶
者。時論糾紛，喜為抨擊，設有悠悠之辭，波及全體，尤為演
進新機之累。甚冀執事與在校諸君一揚摧之，則學子之幸也。

蔡元培復信說：

敝校一部分學生所組之《新潮》出版以後，又有《國故》之
發行，新舊共張，無所缺畸。在學生則隨其好尚，各尊所聞，
當事之員，亦甚願百慮殊途，不拘一格以容納之。……據《新

潮》編輯諸生言，辦此雜誌之初心，原以介紹西洋近代有益之學說為本。批評之事僅屬末節。……《新潮》持論，或有易致駭怪之處。元培自必勉以敬慎將事，以副盛情。……大學兼容並包之旨，實為國學發展之資。[74]

蔡元培這種支持反對舊勢力青年的態度，以及在北大採取「兼容並包」的用心，自不能為外界諒解。在同月 18 日，林紓（琴南）則在北京《公言報》發表致蔡元培的公開信，嚴詞指責北大，其要點為：

晚清之末造，慨世者恆曰：去科舉，停資格，廢八股，斬豚尾，復天足，逐滿人，撲專制，整軍備，則中國必強。今百凡皆遂矣，強又安在？於是更進一解，必覆孔孟，剷倫常為快！嗚呼！因童子之羸困，不求良醫，乃追責其二親之有隱療逐之，而童子可以日就肥澤，有是理耶？……若云死文字有礙生學術，則科學不用古文，古文亦無礙科學。英之迭更，累斥希臘、拉丁、羅馬之文為死物，而今仍存者。……須知天下之理，不能就便而奪常，亦不能取快而滋弊。……且天下唯有真學術、真道德，始足獨樹一幟，使人景從。若盡廢古書，行用土語為文字，則都下引車賣漿之徒所操之語，按之皆有文法，不類閩廣人為無文法之啁啾，據此則凡京津之稗販，均可用為教授矣。若水滸紅樓皆白話之聖，並足為教科書；不知水滸中辭吻多采岳珂之金陀萃篇，紅樓亦不止為

---

[74] 傅增湘致蔡元培原信及蔡元培復信底稿，均存北京大學。此處引自陰法魯，〈北洋軍閥對進步刊物的摧殘〉一文，頁 95。

> 一人手筆，作者均博極群書之人。總之非讀破萬卷，不能為
> 古文，亦並不能為白話。……
>
> 乃近來尤有所謂新道德者，斥父母為自感情慾，於己無
> 恩，……用為講學者。人頭畜鳴，辯不勝辯，置之可也。……

最後又說：「今全國父老以子弟托公，願公留意以守常為是。」同日，
蔡元培即覆一長函，說明辦理北大方針及對新文化運動之主張，針
對林氏所提諸點，一一據實加以駁斥。對於「覆孔孟」，蔡元培的答
覆是：

> 大學講義，涉及孔孟者，惟哲學門中之中國哲學史。已出版
> 者，為胡適之君之《中國上古哲學史大綱》，請詳閱一過，果
> 有「覆孔孟」之說乎？特別講演之出版者，有崔懷瑾君之《論
> 語足徵記》、《春秋復始》。哲學研究會中，有梁漱溟君提出「孔
> 子與孟子異同」問題，與胡默青君提出「孔子倫理學之研究」
> 問題。尊孔者多矣，寧曰覆孔？

至大學教員在校外自由發表意見，自與學校無涉；即偶有對於孔子
學說有批評之《新青年》雜誌，亦惟對孔教會等託孔子學說以攻擊
新學說者而發，初非直接與孔子為敵。至於「剷倫常」之說，尤與
事實不符，蔡說北大：

> 近來於教科以外，組織一進德會，其中基本戒約，有不嫖、
> 不娶妾兩條。不嫖之戒，決不背於古代之倫理。不娶妾一條，
> 則且視孔孟之說尤嚴矣。至於五常，則倫理學中之言仁愛、
> 言自由、言秩序、戒欺詐，而一切科學，皆為增進知識之需。
> 寧有剷之之理歟？

對於林紓謂北大盡廢古文而專用白話一點，他也據實指出其不確：

> 大學預科中有國文一課，所據為課本者，曰模範文，曰學術
> 文，皆古文也。其每月中練習之文，皆文言也。本科中有中
> 國文學史、西洋文學史、中國古代文學史、中古文學、近世
> 文學；又本科預科皆有文字學，其編成講義而付印者，皆文
> 言也。於《北京大學月刊》中，亦多文言之作。所可指為白
> 話體者，惟胡適之君之《中國古代哲學史大綱》而其中所引
> 古書，多屬原文，非皆白話也。

即使教員所編講義為文言，上講壇後，仍須用白話講演，決不能以
背誦講義塞責。再者，白話與文言，只是形式不同，內容仍是一樣
的。引車賣漿者固有能操流利之語者，然其言並無若何價值。北大
善作白話文者，如胡適、錢玄同、周作人等，都是博極群書，並非
不能作古文而僅以白話文藏拙的。最後更申述其在北大的兩種主
張：（一）對於學說，仿世界各大學通例，循思想自由原則，取兼容
並包主義。（二）對於教員，以學詣為主，在校講授，以無背於第一
種之主張為界限。其在校外之言動，悉聽自由，本校從不過問，亦
不能代負責任。[75]

　　這是兩篇為文化方面之攻擊與辯護的文字。林紓的論點頗為錯
亂，蔡元培的答覆，則義正辭嚴，分剖事理，至為明白，使林紓啞
口無言。事實上，不能「以守常為是」的不是蔡元培，而是林紓自
己，他本着所謂衛道的熱忱，在8年的2、3月間，曾在上海的《新
申報》上發表過兩篇小說，一篇是〈荊生〉，一篇是〈妖夢〉，[76]兩

[75] 兩函均見蔡元培，〈我在北京大學的經歷〉。

[76] 〈荊生〉收入趙家璧主編，《中國新文學大系》（上海，良友圖書公司，民國

篇的意思很相同，都是影射和誹謗蔡元培、陳獨秀、胡適、錢玄同諸人，不過一望之俠士，一托之鬼神而已；他希望有一種外力來制裁，來壓伏新思潮的含義，却是兩篇一致的精神。當時是安福系當權執政，謠言很多，時常有人散布政治勢力將干涉北大的消息，北大處於北洋軍閥勢力圈中，顯已成為眾矢之的，然蔡元培與惡勢力奮鬥的決心，並未稍減，有人向他建議：解除陳獨秀聘約，並約制胡適言論，以保全北京大學。蔡元培為了維護學術自由，毅然表示：

> 這些事我都不怕，我忍辱至此，皆為學校，但忍辱是有止境的。北京大學一切的事，都在我蔡元培一人身上，與這些人毫不相干。[77]

（四）革新學校行政組織

我國新教育興辦之後，學制多模仿日本，至蔡元培接長北大時，已發現弊病，故就任伊始，即於民國6年1月27日所舉行的國立高等學校校務討論會中，提出大學改制之議案，商請改革。至於學校內部之行政組織，亦逐步着手革新。茲分數項說明如下：

1. 改革預科

光緒28年京師大學堂重開時，因為驟辦大學，各省府州縣學堂尚未遍設，一時尚無具有入學資格的學生，特定一權宜辦法，先設預備科，以為過渡。宣統元年3月，學部奏請改預備科為高等學堂。

---

24 年 10 月 15 日出版）。

[77] 傅斯年，〈我所景仰的蔡先生之風格〉，民國29年3月24日重慶《中央日報》。

民國元年蔡元培任教育總長時，鑒於各省的高等學堂程度不齊，於入大學時發生困難，乃廢止高等學堂，於大學中設預科，於是，以前從權添設的大學預科，至此反成為學校系統中必不可少的一個階段。由於各省高等學堂的停辦，而分設大學案又沒有實現，乃造成各省高等教育青黃不接的局面。[78]

　　蔡元培到北大後，又發現預科因歷年校長的放任及預科學長的誤會，產生不少弊端：[79]第一、預科一部二部之編制及年限，並未盡善。舉一部為例，既兼為文、法、商三科預備，於是文科所必須預備，而為法、商科所不必設者，或法、商科所必須預備，而為文科所不必設者，不得不一切課之。這樣一來，多費學生之時間及心力於非要之課，則重要之課反為所妨。第二、預科既不直隸各科，乃演成獨立狀態，甚至自設「預科大學」名義；其一切課程，並不求與本科銜接，而與本科競勝；取本科第一年應授之課，於預科之第三年授之，使學生入本科後，以第一年之課程為無聊，不僅減少其對於學問上之興趣，而且浪費一年寶貴光陰，實屬可惜。[80]同時預科又因受了教會的影響，完全偏重英語及體育兩方面，其他科學均形落後，畢業後若直升本科，發生困難。針對此弊，蔡元培從兩方面進行改革：一方面解散獨立組織，決定於 6 年暑假後廢止現設預科及預科學長，使分隸各科，直接受本科學長的管理，預科中的主要功課，亦由本科教員兼任；另一方面改訂大學修業年限，本科

---

[78]　《最近三十五年之中國教育》，頁 96、104。

[79]　民國 2 年夏，北大預科由西齋北部移至譯學館舊址，內設二部，稱一類二類，一類即文科，復分英、法、德三系；二類即理科，均三年畢業，俱有文官考試資格。學生初時僅二百餘人，至 6 年夏竟達九百餘人。（見徐崇欽，〈八年回想〉。）

[80]　〈北京大學啟事〉，刊《新青年》3 卷 6 號，民國 6 年 8 月 1 日出版。

及預科原來均為三年，蔡元培初擬將大學均分為三級，預科一年，本科三年、研究科二年，凡六年。當提至教育部所召開的國立高等學校校務討論會討論時，則多以預科一年之期為太短，又以研究科之名為不必設，決定大學均分為二級，預科二年，本科四年，凡六年；合六年課程，通盤計畫，不使重複。教育部乃於 6 年 3 月 14 日指令各校照此決議案辦理。[81]9 月 27 日，教育部公布修正之大學令中，正式規定：「大學本科之修業年限四年，預科二年。」（第八條）「大學預科須附設於大學，不得獨立。」（第十六條）直到民國 18年，才將預科制完全廢止，一面提高中學的程度，一面延長大學的年限，來彌補取消預科的缺憾。[82]

2.「學」與「術」分校

蔡元培認為大學的文理兩科，專研學理，是「學」，農工醫法商等科，重在應用，是「術」；但「學必借術以應用，術必以學為基本」，[83]而學習者的旨趣亦不同，故應以「學」為基本，以「術」為支幹，而又不可不求其相應。可是當時除北大外，其他公私立大學，多為法商等科，很少兼及文理兩科，主要的原因是升官發財的思想太濃厚，遂致重「術」而輕「學」。所以蔡元培提議「學」與「術」

81　蔡元培，〈大學改制之事實及理由〉（見《蔡孑民先生言行錄》，頁 573-579），〈我在北京大學的經歷〉。民國 6 年 11 月，北大廢預科學長，以文、理、法、工預科事務分歸各本科學長管理。（見《國立北京大學建校五十周年大事年表》。）

82　《最近三十五年之中國教育》，頁 96、104。

83　蔡元培，〈在愛丁堡中國學生會與學術研究會歡迎會演說詞〉，原刊民國 10年 8 月 30 日《北京大學日刊》，第 831 號，見中華書局編《蔡元培選集》，頁 184-187。

分校。他以為一個完全的大學，應各科並設，有互相關聯的便利。如果沒有並設的能力，則不妨有一大學專辦文理兩科，名為本科，而以農工醫法商等科為分科大學，所謂分科，就是可以獨立為農科大學、醫科大學等，不是像文理科必須並設，以表示「學」與「術」的區別。大學研究以「學」為範圍，而分科大學則以「術」為範圍，一在培養學者，一在培養專門職業人才，兩者性質雖然有別，但不必有年限和程度之差。這比他在民國元年修改學制時，主張「設法商等科者，不可不兼設文科；設醫農工各科者，不可不兼設理科」之見解又進一層。在提請校務會議討論時，獲得通過，教育部於民國 6 年 9 月 27 日公布之修正大學令中，也承認這種制度，但未用本科、分科之名，規定大學但設一科者，得稱某科大學，修業年限，則仍為本科四年，預科二年。

3.避免科系與他校重複

蔡元培既認識文理兩科為農工醫法商等應用科學之基礎，而北大校舍與經費，亦實難有兼辦各種應用科學的可能，不如集中精力辦文理法三科，以免與他校科系重複。同時，他一向注重學術界的互助與合作，而極端反對妒忌與排擠；認為學術的研究，要有集體的合作；就是校與校之間，也應當互相合作，一個學校不必包攬一切。他在〈我在北京大學的經歷〉一文中說：

> 我沒有本校與他校的界限，常為之通盤打算，求其合理化。是時北大設文理工法商五科，而北洋大學亦有工法兩科；北京又有一工業專門學校，都是國立的。我以為無此重複的必要，主張以北大的工科併入北洋，而北洋之法科，尅期停辦。

> 得北洋大學校長同意及教育部核准，把土木工與礦冶工併到
> 北洋去了。把工科省下來的經費，用在理科上。我本來想把
> 法科與法專併成一科，專授法律，但是沒有成功。我覺得那
> 時候的商科，毫無設備，僅有一種普通商業學教課，於是併
> 入法科，使已有的學生畢業後停止。

北大與北洋大學，一在北京，一在天津，相去甚近，在教育尚不普
及的情形下，實無重複設置科系之必要，故將北大之工科併入北洋，
北洋之法科，併入北大。[84]其好處是在學術上分工合作，各有專長，
可免雷同。再者，當時學校尤其是大學的設置，不甚普遍，蔡元培
又主張各大學的設立，在空間上也不要集中，可使各地方的人，都
同樣有享受高等教育的機會。

4. 溝通文理兩科

　　蔡元培一方面雖力主「學」與「術」分校，文理與法商工農醫
隔離；但在另一方面，他也反對專己守殘之習，力主文理互修，兼
涉他科，俾互相糾正，以免過失。他在〈口述傳略〉中說：

> 子民又發現文理分科之流弊，即文科之史學、文學，均與科
> 學有關，而哲學則全以自然科學為基礎。乃文科學生，因與
> 理科隔絕之故，直視自然科學為無用，遂不免流於空疏。理
> 科各學，均與哲學有關，自然哲學，尤為自然科學之歸宿。
> 乃理科學生，以與文科隔絕之故，遂視哲學為無用，而陷於

---

[84] 《教育大辭書》，頁259「北洋大學」條，謂北大工科於民國6年歸併該校，
其法科則移併北大。又見〈國立大學近訊〉，刊《教育雜誌》第9卷，第9
號（民國6年9月20日出版），頁65-66，記事。

機械的世界觀。又有幾種哲學，竟不能以文理分者：如地理學，包有地質、社會學等學理。人類學，包有生物、心理、社會等學理。心理學，素隸於哲學，而應用物理、生理的儀器及方法。進化學，為現代哲學之中樞，而以地質學、生物學為根柢。彼此交錯之處甚多。故提議溝通文理，合為一科。

他認為：「文理二科之劃分，甚為勉強；一則科學中如地理、心理等等，兼涉文理；一則習文科者不可不兼習理科，習理科者不可不兼習文科。」所以提議溝通文理，合為一科。經專門以上學校會議，及教育調查會之贊成，由北大試辦，把文、理、法三科界限撤去，分為十四系（後增為十八系），廢學長（即今之院長），設系主任。此與第二次世界大戰後，美國大學實行「通才教育」頗多相似。

5.各學系的歸納聯絡

民國 8 年初，蔡元培又在北大實行大學本科組織的新計畫，廢止文、法、理等科名目，改用學系制，分大學本科為五組十七系：
第一組：數學、物理學、天文學三系；
第二組：化學、地質學、生物學三系；
第三組：心理學、哲學、教育學三系；
第四組：中國文學、英國文學、法國文學、德國文學四系；
第五組：經濟學、史學、政治學、法律學四系。
第一、二組為甲部；第三、四組為乙部。甲部偏重數學、物理等；乙部偏重歷史、地理等。一屬於理，一屬於文。預科二年畢業，就甲乙兩部中習一部的共同科學，畢業升入本部，本部第一年仍習共

同科，至第三年，乃習分組，選修科四年畢業。其各系之組，蓋就
文理二科所列之科目，而益以其他之基礎科學，並融通文理兩科
界限，目的在使學者能夠得到完全明確之精深學術。[85]此專為培養
學者起見。在關於實用方面，則另立分科大學。除以上各科外，並
增美術一門，專授音樂、圖畫、雕刻、建築等科，亦得為分科大
學之一。

至民國 12 年，又把上述五組合併為三組：即第一組與第二組合
併，第三組與第五組合併，第四組增設俄文學系，共有十八系，惟
小部分學系，如教育、心理、生物、天文、俄文等，尚附在他系之
中，未能獨立。

這個研究學術的新計畫，有兩個特色：第一是使本系之外還有
「組」（系際）的聯絡，本組之外還有「部」的關係。第二是應分應
合，均頗適當。[86]

6.廢「年級制」，採「選科制」

蔡元培在政治上信仰民主、自由，所以對於大學學制，也贊成
選科制，而反對年級制。民國 6 年 10 月，教育部召集在北京各專
門以上學校校長會議，北大即提出大學廢去年級制，採用選科制議
案，[87]當經與會諸代表通過。蔡元培事後追述此項改制的理由及趨
勢說：

---

[85] 靜觀，〈國立北京大學之內容〉，刊《東方雜誌》16 卷 3 號，民國 8 年 3 月
出版。

[86] 蔡尚思，《蔡元培學術思想傳記》，頁 107-108。

[87] 〈北京大學着手修改學制〉，刊《教育雜誌》第 9 卷，第 12 號（民國 6 年 12
月 20 日出版），頁 89-90，記事。

蓋世界為有機的組織，有特長者不可強屬之以普通；世界有
進化的原則，有天才者尤當利用之以為先導。此後新教育，
必將漸改年級制，而為選科制。又如美國普通學校之大組織，
與二重學年制，亦漸近選科制，而可以採用者也。[88]
又發現年級制之流弊，使銳進者無可見長；而留級者每因數種
課程之不及格，須全部複習，興味毫無，遂有在教室中瞌睡、
偷閱他書，及時時曠課之弊，而其弊又傳染於同學。適教員中
有自美國留學回者，力言美國學校單位制之善。遂提議改年級
制為單位制，亦經專門以上學校會議通過，由北京大學試辦。[89]

自民國 8 年起，北大即正式仿美國大學辦法，改採學系制和選科制。
不但辦學者可以根據社會需要以及人力和財力來增減學系和學科，
就是學生也可以就自己性之所近來選擇學系和學科。但所謂選科，
是「學生只有相對的選擇，無絕對的選擇，除必修科以外的科學，
才有選擇權。」[90]到了民國 11 年，政府正式承認大學校應用選科制。
這也是我國大學教育上一個很大的進步。[91]

（五）創辦各科研究所

　　清末的學制，在大學之上設一通儒院，為大學畢業生繼續研究之
所。蔡元培在民元教育總長任內的大學令中，改通儒院為大學院，於

---

[88] 蔡元培，〈歐戰後之教育問題〉，見《蔡子民先生言行錄》，頁 247-255。
[89] 《口述傳略》。
[90] 蔡元培，〈對於師範生的希望〉（在湖南第六次講演），原刊民國 10 年 2 月 24
日《北京大學日刊》，第 815 號，見中華書局編《蔡元培選集》，頁 176-178。
[91] 《最近三十五年之中國教育》，頁 104-105。

大學中分設各種研究所，為教授的研究機關；並仿德國大學制，規定大學高級生必須入所研究，俟所研究的問題解決後，才能畢業。但各大學並未實行。大學中有正式的研究所，係始於民國 7 年的北大；[92]有獨立而相當完備的研究所，則始於 16 年的中央研究院。兩者皆為蔡元培所開創與主持。民國 7 年初，北大擬設之研究所有九個：(1)國文學，(2)英文學，(3)哲學，(以上文科)(4)數學，(5)物理學，(6)化學，(以上理科)(7)法律學，(8)政治學，(9)經濟學。(以上法科)各研究所之任務規定如下：(1)研究學術，(2)研究教授法，(3)特別問題研究，(4)中國舊學鈎沈，(5)審定譯名，(6)介紹新書，(7)徵集通訊研究員，(8)發行雜誌，(9)懸賞徵文。研究所之主任教員，均為知名之士：

> 文科　哲學：胡適；中國哲學：胡適；心理學：陳大齊；論理學：章士釗；國文：沈尹默；古文：黃侃；文字學：錢玄同；國語：錢玄同；英文：黃振聲；文學：辜鴻銘。
>
> 理科　數學：秦汾；物理：張大椿；化學：俞同奎。
>
> 法科　法律：黃右昌；憲法：王寵惠；政治：張耀曾；經濟：馬寅初。[93]

這是北大初設研究所的計畫與情形。自民國 9 年起改組為自然科學、社會科學、外國文學、國學四種研究所；而其中的國學研究所先於 10 年 11 月正式成立，以沈兼士為主任。所內分設編輯室、考古研究室、歌謠研究會、風俗調查會、明清檔案整理會、方言調查會等。[94]後來各大學亦相繼有研究所之設立，如清華國學研究院、燕京大學國學研究所等。當時北大國學研究所有幾個特點：第

---

[92] 何基鴻，《國立北京大學沿革述略》。

[93] 〈北京大學研究所之內容〉，刊《東方雜誌》15 卷 3 號，民國 7 年 3 月出版。

[94] 〈國立北京大學建校五十週年大事年表〉。

一、所招取的研究生，只問學力，而不問資格。非大學畢業不得投考研究所的規定，是以後的事。第二、實行導師制，自由研究，不必按時上課。第三、報名填寫研究項目，呈送著作，經委員會審查合格者得領「研究證」到所研究，如不能常川到所研究，得以通信研究行之。期限由研究生自定，可以隨時延長，無所謂畢業，亦不給文憑。

（六）實行男女同校

關於男女同校問題，在民國5、6年間，教育界已視為重要問題之一，曾引起討論，其主張大約分為急進與緩進兩派。急進者認為：我國是個貧國，在大都市中，或可於男校之外，另立女校，但在偏僻縣市，就無力於男校之外另立女校，假若男女必須分校，則大多數女子受教育的機會便無形被剝削了。所以主張自國民學校至大學，皆宜男女學生並收，使受教育之機會平等。緩進派則認為：男女學生同校，只應限於大專及小學，因為小學生年齡尚幼，男女兩性區別未明；至高等教育時期，則學生已有相當之修養，惟在中等教育，則適屆青春時期，生理之變化至劇，道德之觀念未明，男女生斷不能使之同校。

北大對此問題，也表示重視，因為北京已有高等女子師範學校，本科學生不久即將畢業，畢業後，必有一部分志願再求深造之學生，屆時一定提出考升大學之要求，所以不能不預為籌計。蔡元培素來是主張男女平等的，民國9年2月，他為廣育人才計，首先在北大招收兩名女生為旁聽生。因為在此兩年，已有少數女學生直接致書蔡元培，詳論男女同校之理由，並述個人願入大學之志趣，蔡元培

極表同意。教員方面，也多數贊成，而女生也有陸續請求男女同校之舉，因此決定暫行試辦。此為我國高等教育學校男女同校之嚆矢。[95]

蔡元培於〈我在北京大學的經歷〉一文中敘述其經過云：

> 我是素來主張男女平等。九年，有女學生要求進校，以考期已過，姑錄為旁聽生。及暑假招考，就正式招收女生。有人問我：「兼收女生是新法，為什麼不先請教育部核准？」我說：「教育部的大學令，並沒有專收男生的規定；從前女生不來要求，所以沒有女生；現在女生來要求，而程度又夠得上，大學就沒有拒絕的理由。」這是男女同校的開始，後來各大學都兼收女生了。

他又於〈我在教育界的經驗〉一文中說：

> 那時候，受過中等教育的女生，有願進大學的，各大學不敢提議於教育部。我說：一提議，必通不過。其實學制上並沒有專收男生的明文；如招考時有女生來報名，可即著錄；如考試及格，可准其就學，請從北大始。於是北大就首先兼收女生；各大學仿行，教育部也默許了。

那麼一個重大的、久經醞釀而未能實現的問題，就這樣輕易解決了。男女同校在今日已不足為奇，但當時我國社會對男女之防範綦嚴，實行此制，是需要相當勇氣的。

---

[95] 〈北大收納女生之由來〉，見《教育雜誌》12卷3號，民國9年3月20日出版。

（七）組織評議會，實行教授治校

　　蔡元培一向醉心合議制，不願大權獨攬。他在民元教育總長任內，已有近於「教授治校」的規定；如大學令第十六條至十九條，明定全校的評議會和各科的教授會設置。及長北大，便把從前的規定完全付諸實行。他在民國 6 年主持設立了評議會，為商決校政之最高機關。校長和各科學長為當然評議員，教授代表，係按文、理、法、工各科的本科和預科分別推舉兩人。[96]次成立各科教授會、教務會議、行政會議、總務處等。他於五四運動後回任北大校長在全體學生歡迎會上演講時說：

> 我初到北京大學，就知道以前的辦法，是一切學務都由校長與學監主任、庶務主任少數人辦理，並學長也沒有與聞的。我以為不妥。所以第一步組織評議會，給多數教授的代表，議決立法方面的事，恢復學長的權限，給他們分任行政方面的事。但校長與學長，仍是少數，所以第二步組織各門教授會，由各教授與所公舉的教授會主任分任教務。將來更要組織行政會議，把教務以外的事務，均取合議制，並要按事務性質，組織各種委員會，來研究各種事務。

民國 8 年，廢各科學長，設教務長一人，由各系主任公推一人擔任。當時北洋軍閥當政，政治不上軌道，為政者往往不能久於其任，蔡元培深恐為了校長一人的更迭，而牽動學校校務，妨礙學生學業，

---

[96] 梁柱，《蔡元培與北京大學》，頁 34，北京市，北京大學出版社，1996 年出版。《國立北京大學校史略》，頁 6，謂民國 4 年 11 月曾設立評議會。各系教授會於民國 7 年次第成立。

故決定實行合議制。照他的辦法，學校的內部組織完備，無論何人來作校長，都不能任意辦事，意在防止軍閥干涉校政。即使一年換一個校長，也不受影響。在他長北大期間，由於政治環境關係，在校之日少，離校之日多，而離校時，校務不但不陷停頓，且仍能依照計畫進行者，不能不歸功於這種制度。

五、改革效果的剖視

民國成立後，北伐成功前的十餘年間，北方一直是在北洋軍閥勢力籠罩之下，而為國民革命的勢力所不能及，帝制及復辟運動，此伏彼起，兵連禍結，迄無寧日。蔡元培入長北大時，正是第一次世界大戰將了，好多舊東西於此行將結束，而人類一種新機運初步展開。在此新舊勢力相搏之際，他以教育家的地位，企圖以教育文化的革新，來達成武力革命所不易達成的任務。在北大經營的結果，不僅使北大面目一新，成為一所現代化的大學；更重要的是影響所至，使整個社會、文化、政治等方面，都起了顯著的變化，一切的傳統思想，均遭到了嚴重的衝擊，分別予以重行估價。這可由下述的幾件事情得到證明。

（一）對新文學運動的影響

新文學運動又被稱為白話文或國語文學運動，是一種有意識的文學解放運動，來改良表現情感與思想的工具，也就是要打破古典文字的枷鎖，以現代人的話，來傳達現代人的思想，表現現

代人的感情。這是文字和文學的解放，也從而引起了思想上的解放。[97]

在光緒 29 年（1903），蔡元培在上海辦報時，即曾主張作白話文，但那時的白話文，「是專為通俗易解，可以普及常識，並非取文言而代之。主張以白話代文言，而高揭文學革命的旗幟，這是從《新青年》時代開始的。」[98]民國 6 年 1 月，胡適在《新青年》發表〈文學改良芻議〉，主張改良文學須從八事入手，可以說是這次文學革命的第一次正式宣言書。同年 2 月，陳獨秀接着發表了〈文學革命論〉，高舉文學革命的大旗，為胡適聲援，揭出了「推倒雕琢的、阿諛的貴族文學；建設平易的、抒情的國民文學。推倒陳腐的、舖張的古典文學；建設新鮮的、立誠的寫實文學。推倒迂晦的、艱澀的山林文學；建設明瞭的、通俗的社會文學。」由於陳、胡二人相繼到北大任教，所以北大便成了新文學運動的大本營，這大本營的最高領導者就是蔡元培。他以為「文學是傳導思想的工具」，而「白話文為文學革命的條件」，更舉出東西洋與中國的史實證明由文言到白話是共同的趨勢，斷定白話派一定佔優勢，所以對新文學大力贊助。由於聲應氣求，同事的教授們如錢玄同、沈尹默、劉復（半農）、李大釗、周作人、周樹人（魯迅）等，也和他們互相呼應，互相討論；而北大的學生傅斯年、羅家倫等，也起而和之。他們所主辦的刊物，除了上述的《新青年》之外，他如《每週評論》、《新潮》、《努力週報》等，也都是新文學運動的急先鋒。起初，他們也曾遭到強烈的反

---

[97] 羅家倫，〈五四的真精神〉。
[98] 蔡元培，〈中國新文學大系總序〉，趙家璧主編，《中國新文學大系》第一集〈建設理論集〉。

對，可是，他們的言論和主張，也隨着反對者們的突起而更為進步，更為堅定。及至「五四」愛國運動發生，新文學更是得到長足的發展。[99]結果，教育部於民國 9 年 3 月，即通告國民學校文體教科書，分期作廢，逐漸改用語體文。在過去，知識原是士大夫階級的專利品，各雜誌的作者，僅限於少數學者，但由於這一思想工具的改變，知識普及了，原來是文言的雜誌，也大都改變成了白話，任何人都可以寫文章發表。於是全國各地產生了無數的青年作家，各種新文藝、新思潮的刊物，紛紛應運而生。據當時的統計，民國 8、9 年之間，全國各地的白話新期刊至少有四百種之多。[100]因此，不僅擴大了讀者群，也擴大了雜誌的影響力和文化運動的成果。

---

[99] 鄭振鐸在為其編選的《文學論爭集》所撰的〈導言〉中，對新文學運動的發展有扼要的評述。他認為第一期是新文化運動和白話文運動。在此期中，一方面對舊的文化，傳統的道德，反抗，破壞，否認，打倒；一方面樹立起言文合一的大旗，要求以國語文為文學的正宗。就文學上說，這初期運動者所要求的祇是「文學」的形式上的改革。第二個時期（「五四」以後），也就是「文學研究會」和「創造社」時代，是新文學的建設時代；在這時所討論的不完全是攻擊舊的，乃是更進一層的如何建設新文學，或新文學向那裏去的問題。及至五卅慘案發生，又轉入另一時期，即從文學革命而產生了革命文學。見趙家璧主編《中國新文學大系》第二集《文學論爭集》，頁 1-22。鄭學稼所著的《從文學革命到革文學的命》（香港，亞洲出版社，民國 59 年 9 月 3 版）一書，對以後左派作者霸佔文壇的情形，有很詳細的敘述。

[100] 胡適，〈「五四」的第二十八週年〉，見《胡適選集——歷史》（臺北，文星書店，民國 55 年 6 月出版），頁 127。另據第一屆世界報紙大會紀錄所載，民國 10 年我國的定期刊物是：週刊 154 種，旬刊 46 種，雙週刊 5 種，半月刊 45 種，月刊 303 種，季刊 4 種，半年刊 1 種，年刊 1 種，共 713 種。見曾虛白主編，《中國新聞史》（臺北，國立政治大學新聞研究所，民國 55 年 4 月出版），上冊，頁 318。

（二）對新文化運動的影響

至於新文化運動，簡單的說，就是以科學的方法，來整理中國固有的文化，分門別類的按照現代生存的需要來重新估定其價值。若是國粹，自然應當保留；若是國糟，便應當揚棄。[101]何者為國粹，何者為國糟，要用科學的態度，現代的眼光，也就是合理的標準去區別。凡是不合理的舊道德、舊思想、舊制度，都要加以批評，於是嚴重的觸怒了衛道的先生們。凡是一種新運動的興起，舊社會的人們總是不易接受的。於是他們視北大為「洪水猛獸」，更運動軍閥以暴力來壓迫、來摧殘。蔡元培於是發表了一篇光芒萬丈的短文：〈洪水猛獸〉。[102]他「以為用洪水來比新思潮，很有幾分相像。他的來勢很勇猛，把舊日的習慣衝破了，總有一部的人感受痛苦。」「至於猛獸，恰好作軍閥的寫照。」「現在軍閥和要人，都有幾百萬幾千萬的家產，奢侈的了不得；別種好好作工的人，窮得餓死；——這不是率獸食人的樣子麼？」因此，他主張不可壅塞新思想的洪水，却要先驅逐軍閥的猛獸。他絲毫不隱諱自己是站在「洪水」一邊，來對抗「猛獸」的。

當時攻擊舊文化、提倡新文化最力的刊物，大家都知道是《新青年》；但事實上，《新青年》這反對舊文化、提倡新文化的工作，乃是以保衛共和政治為主眼，則往往為一般讀者所忽略。[103]關於此點，陳獨秀曾說過一段辯護的話：

---

[101] 羅家倫，《逝者如斯集》，頁 60。

[102] 《新青年》第 7 卷，第 5 期，民國 9 年 4 月 1 日出版。

[103] 周弘然，〈《新青年》雜誌關於文化問題之主張〉，刊《中華雜誌》第 2 卷，第 5 期，頁 31-36，民國 53 年 5 月 16 日出版。

　　如今要鞏固共和，非先將國民腦子裏所有反對共和的舊思
　　想，一一洗涮乾淨不可。因為民主共和的國家組織、社會制
　　度、倫理觀念，和君主專制的國家組織、社會制度、倫理觀
　　念，全然相反。一個是重在平等精神，一個是重在尊卑階級，
　　萬萬不能調和。若是一面要行共和政治，一面又要保存君主
　　時代的舊思想，那是萬萬不成。[104]

陳獨秀提倡民主，主要是維護民國，維護共和，反對帝制復辟和軍
閥；他提倡科學，主要是反對當時祭天、孔教、看相算命。胡適對
這個說法還有商榷，他積極提出的是「整理國故」、「介紹思潮」。這
都無打倒傳統之意。[105]

　　新文化運動是從新文學運動範圍的擴大而產生的，當時北大新
文學運動中的健將，也都是新文化運動中的中堅分子。他們為近代
中國做下了斬荊披棘的工作，開闢了一條思想的大路。所以，有人
以為新文化運動是中國的啟明運動，等於歐洲十八世紀的啟明運動
（Enlightenment Movement），也有人說是歐洲文藝復興運動
（Renaissance）與啟明運動合而為一的運動。羅家倫說：「就人本主
義和對於古代文化重行評價一方面來說，則新文化運動頗似文藝復
興運動。就披荊斬棘，掃除思想和制度上的障礙，及其在政治社會
上的影響來說，則頗似啟明運動。」[106]

---

[104] 《新青年》第 3 卷，第 3 號。

[105] 胡秋原，〈五四運動及中國近代史研究綱要〉（三），刊《中華雜誌》第 2 卷，
　　　第 7 期，頁 46，民國 53 年 7 月 16 日出版。

[106] 羅家倫，〈新文化運動的時代和影響〉，見所著《文化教育與青年》（臺北，
　　　民國 41 年重印本），頁 55。

（三）與五四愛國運動的關係[107]

　　光緒 29 年，京師大學堂的學生曾有過一幕轟轟烈烈的抗俄運動，然後要求清廷資送出國留學，是為北大學生爭取自由的第一幕。[108]在同年的「奏定學堂章程」中，遂對學生的行為，定有種種禁令，嚴密防止學生運動的發生。[109]直至民國 8 年，才有大規模的五四愛國運動出現。胡適說過：

> 在變態的社會國家裏面，政府太卑劣腐敗了，國民又沒有正
> 式的糾正機關（如代表民意的國會之類），那時候，干預政治
> 的運動一定是從青年的學生界發生的。[110]

---

[107] 胡適認為羅家倫用「毅」的筆名於民國 8 年 5 月 26 日刊行的《每週評論》第 23 期上發表〈五四運動的精神〉一文，是「五四運動」這一名詞最早的創始者。事實上，北京學生聯合會於 5 月 18 日所發表的罷課宣言巧電中，即已用「五四運動」一詞了。（見蔡曉舟、楊景工〔為「楊量工」之誤，即前考試院長楊亮功之化名）合編之《五四》一書，民國 8 年 7 月出版，現收入《近代史資料》雙月刊，1955 年第 2 期，頁 39-90。）其含義係指民國 8 年 5 月，北京學生為山東問題中國在巴黎和會失敗了，於是集合了幾千人示威遊行，要求「外抗強權、內除國賊」的青年愛國運動。國內的記載在提及「五四運動」時，多半是指此意。近年來有些學者（特別是國外的學者），則稱此為「五四事件」（The May Fourth Incident），而其所稱之「五四運動」是廣義的，包括此前之新文化運動等。（周策縱在其 *The May Fourth Movement* 一書之導言中，有詳細的討論。）本文所引用的資料，多係曾參與此事者的記載，為免名詞混淆，對「五四運動」一詞之含義，仍沿用前者，以便與「新文化運動」等詞有所區別。

[108] 俞同奎，〈四十六年前我考進母校的經驗〉。

[109] 《奏定學堂章程》（光緒 29 年，湖北學務處刊本），第 5 冊，各學堂管理通則，學堂禁令章第九規定學生：不准干預國家政治及本學堂事務，不准離經畔道，妄發狂言怪論，以及著書妄談，刊布報章，不准聚眾要求，藉端挾制，停課罷學等事，不准聯盟糾眾，立會演說，甚至連報館主筆也不得充任。

[110] 胡適，〈黃梨洲論學生運動〉，《胡適作品集 9》，頁 9，臺北，遠流出版公司，

五四愛國運動就是最好的例子。至於它的發生，追根溯源，不能不
歸功於蔡元培在思想界所投下革命的石子。

在民國 7、8 年之間，北京政府由安福系執政，他們和日本軍閥
財閥合作，成立了西原借款和中日軍事協定。在強鄰的勢力和金錢
的庇護之下，黑暗的政治勢力安如泰山。當時在北方的新勢力中心
只有一個北京大學。蔡元培最初在北大的種種改革措施，尚不至於
和政治勢力作直接衝突。但等到他們將注意力投射到政治的改善問
題時，大的風潮便不可避免了。

民國 7 年 5 月 21 日，北大及各專門學校學生二千餘人往總統府
請願廢止中日軍事協定，並要求宣布條文。當北大學生出發時，蔡
元培曾力加勸阻，學生不聽，乃引咎辭職，經慰留而罷。因為他素
有一種見解，以為學生在校應以求學為最大目的，不應有何等政治
的組織。其有年在二十歲以上，對於政治有特殊興趣者，可以個人
資格參加政府團體，不必牽涉學校。[111]事實上，這時北大的基礎尚
不甚穩固，他不便出面對學生此舉作強有力的支持，以免引起當局
的注意，而使革新之功毀於一旦，破壞了他對北大的希望。但是到
了這年的 11 月 11 日，當歐戰終了的消息傳來時，蔡元培便不再保
持沉默了，他和北大的年輕教授們，對於國內的政治和國際的現狀，
都不滿意，都渴望起一種變化，都渴望有一個推動現況的機會，他
們將歐戰的結束，認作世界大變局的起點，也想抓住它作為推動中
國社會政治的起點。在天安門舉行慶祝協約國戰勝的演說會中，[112]蔡
元培所講的題目是〈黑暗與光明的消長〉，在這篇演詞裏，他說：「現

1986 年 3 月一版。

[111] 蔡元培，〈我在北京大學的經歷〉。

[112] 自民國 7 年 11 月 28 日起，舉行大會三天。

在世界大戰爭的結果，協約國占了勝利，定要把國際間一切不平等
的黑暗主義都消滅了，別用光明主義來代他。」

> 第一是黑暗的強權論消滅，光明的互助論發展。
> 第二是陰謀派消滅，正義派發展。
> 第三是武斷主義消滅，平民主義發展。
> 第四是黑暗的種族偏見消滅，大同主義發展。

在結語中他說：

> 世界大勢，已到這個程度，我們不能逃在這個世界以外，自
> 然隨大勢而趨了。我希望國內持強權論的，崇拜武斷主義的，
> 好弄陰謀的，執著偏見想用一派勢力統治全國的，都快快拋
> 棄了這個黑暗主義，向光明方面去呵！

這是一篇很明顯的向黑暗政治勢力的公開宣戰詞。胡適說：「從這一
天起，北京大學就走上了干涉政治的路子，蔡先生帶着我們都不能
脫離政治的努力了。」[113]

在上面這篇演詞中，蔡元培滿懷樂觀，他期望美國威爾遜總統
十四原則及公理戰勝強權的實現，一般青年學生也懷著同樣的期
望。不意8年4月底，巴黎和會的惡消息傳來，威爾遜的理想主義
完全被現實政治的妥協主義打消了！強權主義終於勝利了！日本人
自由支配山東半島的要求居然到手了！原來的樂觀頓形幻滅。這個
打擊是青年人受不住的，他們熱血沸騰，於是赤手空拳的做出一個
壯烈的愛國運動。

---

[113] 胡適，〈紀念「五四」〉，收在《五四愛國運動四十周年紀念特刊》，頁22-30。

　　蔡元培既憤於國際的無公理，而對北京政府的無能，尤表厭惡。因此，他對 5 月 4 日的青年愛國運動，不但表示贊同，而且竭力支持。在當天晚上，北大學生齊集法科大禮堂會商營救被捕學生時，蔡元培出席致詞，即謂「今日所發生的事，乃屬愛國運動，此種運動在各國是最平常的事，大家不必驚慌，我當負責營救。」[114]幾經交涉，被捕學生終在 5 月 7 日獲得釋放。

　　「五四」最初的重心雖在北大，但迅即瀰漫到全國，他們以「外爭主權，內除國賊」為目標，動機非常純潔。但在親日派方面，則以此事全由北大所主持，必係出於蔡元培之嗾使。既集矢於北京大學，更遷怒於蔡元培個人，再加上政客的推波助瀾，想乘機奪取此一教育機關。而少數以衛道自命的人士，亦欲去蔡以打擊新文化運動。一時風聲鶴唳，蔡元培不得不於 5 月 9 日留書辭職出京。他在出京途中致函北大學生云：

> 僕深信諸君本月四日之舉，純出於愛國之熱誠。僕亦國民之一，豈有不滿意於諸君之理？惟在校言校，為國立大學校長者，當然引咎辭職。……惟恐諸君或不見諒，以為僕之去職為有不滿於諸君之意，故特在途中匆促書此，以求諒於諸君。[115]

　　自蔡元培出京後，北京各大學又行罷課，而全國其他各地學生也紛起聲援，風潮益形擴大。至 6 月 10 日，北京政府罷免曹汝霖、陸宗輿、章宗祥三人職務，始稍緩和。在 6 月 28 日，各國簽訂對德和約時，我國代表因五四運動的爆發，國內外的堅決反對，遂不出席簽字，直到 10 年底，召開華盛頓會議，11 年中日簽訂「解決山

---

[114] 〈五四愛國運動紀要〉，《五四愛國運動四十周年紀念特刊》，頁 5。
[115] 《蔡元培先生全集》，頁 1108-1109。

東懸案條約」，規定日本將德國在山東各種權利交還中國，這是全國各界在「五四」所共同力爭的結果。

　　蔡元培在各方挽勸下，不願再為個人的去留問題而牽動學校，遂同意回任。在這次運動中，他認為學生的確表現出有自治的能力和自動的精神，目的既已達到，便應該轉移心力於學術研究上，作救國的長遠打算，不要再浪費寶貴的光陰去罷課、遊行、示威。他說：「自今以後，願與諸君共同盡瘁學術，使大學為最高文化中心，定吾國文明前途百年大計。」[116]

（四）與國民革命運動的關係

　　新文學運動、新文化運動與五四愛國運動，三者的性質雖不盡相同，但精神却是一貫的。新思想可以激起政治的變動，政治變動，也可以釀成新思想。新思想藉新文學而傳播，新文學運動又是新文化運動的先鋒，也是推動它的主流。「五四」一部分是受新文化運動的影響，而新文化運動和新文學則因「五四」而波濤洶湧，瀰漫全國。彼此互有關聯，而且都與蔡元培以及他在北大進行革新的措施，有着莫大的關係。

　　蔡元培是一個革命者、愛國者，從這方面他給予青年們一種打破當時政治現狀的感召；他又是一個強烈的知識追求者，從這方面他做了青年們向思想文化方面努力的一個引路人。[117]蔡元培認在「五

[116] 蔡元培，〈告北京大學學生暨全國學生聯合會書〉，見《蔡子民先生言行錄》，頁341。

[117] 左舜生，〈五四運動與蔡子民〉，見所著《中國現代名人軼事》（香港，自由出版社，民國40年9月出版），頁44。

四」之後，全國學生界空氣為之一變，有四點可喜的新現象、新覺悟：(1)一變前此荒嬉暴棄的習慣，自己尊重自己；(2)化孤獨的生活為共同的生活；(3)對自己學問能力有了切實的了解，一改從前滯鈍昏沈的習慣，變為隨時留心，遇事注意的習慣；(4)深知有計畫的運動，才能成功。[118]他還說學生有兩種最可寶貴的覺悟：「一是自己覺得學問不足，所以自動的功用；二是覺得教育不普及的痛苦，所以盡力於平民教育。」[119]這是他在「五四」之後，對整個的情形所作的持平之論。但他也不諱言，由於社會上重視學生，也生出許多流弊，主要是學生以自己為萬能，常常想去干涉社會上的事和政治上的事。他認為：

> 不求學專想干涉校外的事有極大的危險。國家的事不是學生可以解決的，學生運動不過要提醒外界的人，不是能直接解決各種問題。所以用不着常常運動。[120]

可是，在以後的若干年，罷課、遊行、示威之風，越來越盛，學潮層出不窮，許多人便歸罪於「五四」。其實，這是由於野心家和政黨的利用學潮，才使原來單純的青年運動變質的。

於此，值得令人注意的是：當蔡元培在北方大力提倡新文學、新文化而釀成五四愛國運動時，領導國民革命的孫中山先生，也把

---

[118] 蔡元培，〈對於學生的希望〉（在湖南第七次講演），原載民國 10 年 2 月 25 日《北京大學日刊》第 816 號，見中華書局編《蔡元培選集》，頁 179-183。

[119] 蔡元培，〈五四運動最重要的紀念〉，原載民國 11 年 5 月 4 日《晨報》，見《蔡元培選集》，頁 195-196。

[120] 蔡元培，〈對於師範生的希望〉（在湖南第六次講演），原載民國 10 年 2 月 24 日《北京大學日刊》第 815 號，見《蔡元培選集》，頁 176-178。

握潮流趨勢，命戴季陶等集合同志在上海創辦《星期評論》（8 年 6
月 6 日創刊），完全用白話文刊行，俾與北大幾個有力量的刊物如《新
潮》、《每週評論》等相呼應。又命胡漢民等在滬創辦《建設》雜誌
（8 年 8 月 1 日創刊），從精神上、物質上研討建設國家之具體問題，
並提供方案。又命廖仲愷等將其英文原著《實業計畫》譯成中文，
在《建設》雜誌中分期發表，以期喚醒民眾。[121]由此，可以很清楚
地看出這一南一北的兩大運動，是在殊途同歸！也可以為民國 5 年
冬中山先生為何贊成蔡元培出任北大校長一事，找到真正的答案。

　　至中山先生對新文化和五四運動的重視，可由他於民國 9 年 1
月 29 日〈致海外同志書〉中看出：

> 自北京大學學生發生五四運動以來，一般愛國青年無不以革
> 新思想，為將來革新事業之預備，於是蓬蓬勃勃發抒言論，
> 國內各界輿論，一致同倡，各種新出版物為熱心青年所舉辦
> 者，紛紛應時而出，揚葩吐豔，各極其致，社會遂蒙絕大之
> 影響。雖以頑劣之偽政府，猶且不敢攖其鋒，此種新文化運
> 動，在我國今日誠思想界空前之大變動。推原其始，不過由
> 於出版界一二覺悟者從事提倡，遂致輿論界大放異彩，學潮
> 瀰漫全國，人皆激發天良，誓死為愛國之運動。倘能繼長增
> 高，其將來收效之偉大且久遠者，可無疑也。吾黨欲收革命
> 之成功，必有賴於思想之變化，兵法攻心，語曰革心，皆此
> 之故。故此種新文化運動，實為最有價值之事。[122]

---

[121] 參羅家倫，〈新文化運動的時代和影響〉，頁 52-54。
[122] 《國父全集》，第 3 冊，頁 9-453。

信中所說，最可以表示當時一位深思遠慮的政治家對於「五四」的前因後果的公允評價。中山先生是位革命領袖，所以他最能了解這個「思想界空前之大變動」在革命事業上的重要性。在蔡元培赴歐旅行時，中山先生曾寫信給代理北大校長的蔣夢麟，除對北大的各種運動大加獎譽外，最後並勉勵他「率領三千子弟，參加革命。」[123]當民國 7 年中山先生在上海專心撰述《實業計畫》時，蔣夢麟曾任他的助理，參加搜集資料及校閱原稿的工作。由孫與蔡、蔣個人間以及黨魁與黨員的關係，亦不難看出北大與國民革命運動合流的情形。

六、辭職及其原因分析

　　五四運動以後，北京的教育界有兩種主張：甲派的主張是：要想維持教育，必先澄清政治。因為教育和政治是分不開的。教育不良，固然不能產出好政治；可是政治不良，也同時不能維持好教育。乙派的主張是：要想維持教育，必先使教育界和政治脫離關係。[124]儘管蔡元培在 11 年 3 月所發表的〈教育獨立議〉一文中，主張教育應該獨立，不受各派政黨或各派教會的影響，似乎是取乙派的態度；但他一貫的作風，毫無疑問是屬於甲派的。當初他所以毅然出長北大，就是抱着「不入虎穴，焉得虎子」的精神，到北洋軍閥和舊勢力的巢穴中去做一番革新的工作。在 11 年 5 月 14 日，以蔡

---

[123] 蔣夢麟，《西潮》（臺北，中華日報社，民國 49 年 2 月再版），頁 94。

[124] 涵，〈北京教育界的歧路〉，民國 12 年 7 月 15 日《努力週報》，第 61 期。

元培領銜，與王寵惠、胡適等 16 人所聯名發表的〈我們的政治主
張〉[125]一文中，他們希望國中的優秀分子，「平心降格的公認『好
政府』一個目標，作為現在改革中國政治的最低限度的要求。」而
下手的第一步，就是要求自命為「好人」的人們出來過問政治，「同
心協力的拿這共同目標來向國中的惡勢力作戰。」他們深信：「做
好人是不夠的，須做奮鬥的好人；消極的輿論是不夠的，須有決戰
的輿論。」在該文中，充分顯示出他們欲澄清政治的決心。但以無
拳無勇的文人來說，要想澄清政治，除了用言論來制裁外，便只有
不合作一途。

當民國 7 年底南北和議將開的時候，蔡元培在北京和平期成
會（時任副會長）中，聽到某代表說：對抗惡政府的最好方法是
「不合作」，不替他們辦財政、辦外交，和在文化事業上作裝飾品；
否則，便是助紂為虐，罪加一等。便深受感動，默記在心。民國
8 年春，華北歐美同學會在清華園開會，通過對政治問題的意見。
若是政府置之不理時，該怎麼辦呢？蔡元培說：「若是求有點效
果，至少要有不再替政府幫忙的決心。」[126]又說：「將來總有一日
實在黑暗的太不像樣了，一班稍有人心稍為自愛的人實在忍無可
忍了，只好拋棄各人的官位差使，相率離開北京政府，北京政府
也就要倒了。」[127]在「五四」之後，他即表現其久已具有的個人
奉身而退之決心，作為對北京政府使用「不合作主義」的首次嚴
正表示。

---

[125] 刊民國 11 年 5 月 14 日《努力週報》，第 2 期，該文為胡適起草。
[126] 《蔡元培自述》，頁 83-86。
[127] 胡適，〈蔡元培以辭職為抗議〉，民國 12 年 1 月 21 日《努力週報》，第 38 期。

　　民國 11 年冬，財政總長羅文榦，忽以金佛郎案被逮。釋放後，又因教育總長彭允彝提議，再度監禁。蔡元培對彭氏此舉，認為是蹂躪人權，獻媚軍閥的勾當；應有嚴正表示。乃於 12 年 1 月 17 日，一面呈請辭職，一面離京，以去就為抗議。在其給黎元洪總統的呈文中說：

> 數月以來，報章所紀，耳目所及，舉凡政治界所有最卑劣之罪惡，最無恥之行為，無不呈現於中國。國人十年以來最有希望之司法獨立，乃行政中樞竟以威權干涉而推翻之。……元培目擊時艱，痛心於政治清明之無望，不忍為同流合污之苟安；尤不忍於此種教育當局之下，支持教育殘局，以招國人與天良之譴責。惟有奉身而退，以謝教育界及國人。[128]

胡適讀了他這篇悲憤的抗議以後，便在《努力週報》中撰文指出這一舉措之重大意義：

> 在變態的社會之中，沒有可以代表民意的正式機關，那時代干預政治和主持正誼的責任必定落在知識階級的肩膊上。……北京的教育界，連年疲精力於經費問題；在多數國人的眼裏，北京教育界久已和「金錢」「飯碗」等字結了不解之緣了。在這個時候，教育界的老將蔡先生忽然提出這種正義的抗議；……確然可以促進全國國民的反省，確然可以電化我們久已麻木不仁的感覺力。[129]

---

[128] 胡適，〈蔡元培以辭職為抗議〉。
[129] 胡適，〈蔡元培以辭職為抗議〉。

1月23日，蔡元培又有一篇很明白痛切的宣言，北京《晨報》給他加上了一個很確當的標題，叫做〈蔡元培之不合作主義〉，認為「蔡氏欲以不合作主義打破今日之惡人政治」。在這篇宣言中，蔡元培首先指出易經裏的一句話：「小人知進不知退」。他又引申說：

> 我國近年來有許多糾紛的事情，都是由不知退的小人釀成的。而且退的舉動，並不但是消極的免些糾紛，間接的還有積極的勢力。[130]

這句話的意思就是說：他的一去，明明是對惡政治的一種奮鬥方法。假如他的抗議能引起一般人已經麻木了的政治感覺，那就是積極的勢力了。他又解釋所以不能再忍而立刻告退，是因為北京的政治一天一天的墮落：

> 議員的投票，看津貼有無；閣員的位置，稟軍閥意旨；法律是舞文的工具；選舉是金錢的決賽；不計是非，止計利害；不要人格，止要權利。這種惡濁的空氣，一天一天的濃厚起來，我實在不能再受了。我們的責任在指導青年，在這種惡濁空氣裏面，要替這幾千青年保險，叫他們不致受外界的傳染，我自忖實在沒有這種能力。所以早早想脫離關係，讓別個能力較大的人來擔任這個保險的任務。[131]

在這篇沉痛的文字裏，他一方面控訴「不要人格，止要權利」的當局壞人，一方面控訴「有奶便是娘」的無數胥吏式、機械式的學者。

---

[130] 《蔡元培自述》，頁 83-86。
[131] 《蔡元培自述》，頁 83-86。

他的去志已決。胡適主張不要挽留，因為他知道蔡元培是挽留不住
的了。¹³²

---

¹³² 蔡元培這次的抗議及辭職出京，胡適以外界頗不明真相，以曾參預其事的身
　　分，在日記中記述其經過的事實：「一月十六日，……【胡適】打電話給《京
　　報》的邵飄萍，……邵又問：『知道今天下午的新聞嗎？』我說不知。他說：
　　『說來話長，還是明天我邀你和蔡先生、夢麐先生吃午飯，當面談罷。』十
　　七日，我們四人在東華飯店吃午飯。邵飄萍要報告給我們的消息，乃是羅文
　　榦一案，地檢廳已宣告不起訴了，十六日閣議，竟決定由司法總長程克令地
　　檢廳逕行偵查，而提議人乃是教育總長彭允彝。彭之動機大概是要見好於吳
　　景濂【眾議院議長】，以謀得同意票。我們聽了這事，自然很氣。蔡先生自
　　去年十月講義風潮以來，即有去志，他來勸我告假時，曾說自己也要走了，
　　因為不願在曹錕之下討生活。（當日有先倒王【寵惠】閣，次倒黎【元洪】
　　而擁曹【錕】的傳說。）後來王毓芝（曹錕的健將）來京，與王克敏同具名
　　請蔡【元培】、蔣【夢麟】、湯【爾和】和我們吃飯，席後二王公然陳述曹錕
　　對教育界的好意！這是更使我們難堪的，並且可證實曹有做總統之意了。蔡
　　先生去志既決，故於【北大】廿五周年開學紀念【民國六年十二月十七日】，
　　大舉慶祝，頗有願在歌舞昇平的喊聲裡離去大學之意。紀念已過去了，反動
　　的政治更逼人而來。蔡先生今日聽了飄萍的話，很憤激，他主張邀集國立各
　　校長中之可與共事者——法專與農專為彭系的人——以辭職為抗議，不願在
　　彭允彝之下辦教育。當時蔡先生請飄萍試擬一辭呈；稿成後，殊不滿人意；
　　我們只好先散了，帶了呈稿到蔡宅去商議。我們到蔡宅後，決計不用邵稿，
　　由我另起稿，經蔡先生刪改後，我們就散了。下午蔡先生邀湯爾和來商議，
　　決定二事：1.初稿為『元培等』，決改為一人出名，不邀各校長了；2.我們初
　　議蔡先生不出京，爾和勸他即日出京，蔡先生也依了。蔡先生就於十八日早
　　晨出京了。我到正午始得他出京的信。辭呈如下：……他在各報上登有一個
　　啟事，……這個啟事聽說也是爾和的主意。我的意思要注重政治大題目，而
　　這個啟事乃專以彭允彝為主題，殊使人失望。」儘管胡適對後續的發展感到
　　失望，但仍全力支持蔡元培。他又在日記中說：「我在這時候差不多成了蔡
　　先生的唯一辯護人。我為他做的文章有〈蔡元培以辭職為抗議〉（《努力》38）、
　　〈蔡元培的不合作主義〉（《努力》39）、〈蔡元培與北京教育界〉（同上）、〈蔡
　　元培是消極的嗎？〉（40）、〈彭允彝代表什麼？〉（40）。……蔡先生抗議的
　　事，使我很有點反省：1.問題的不分明。我極力想把問題放大，而別人只看
　　見彭、蔡之爭。2.反對努力之卑污，真出人意外，使我們感覺不但不願與為
　　伍，並且恥與為敵對！」以上所引，俱見《胡適的日記》（手稿本），第五冊

　　蔡元培辭職出京後，1 月 25 日，國立北京高師、醫專、美專、工專四校長也呈請辭職，而北京國立八校學生聯合會亦展開了如火如荼的「驅彭」運動。其時，蔡元培寄居蘇州，而要求他回校的代表還是絡繹不絕。他為了表示決心，乃於 12 年 7 月間重往歐洲。在其離校期間，校務由蔣夢麟代理。15 年春天，蔡元培由歐洲返國，因為京津間適有戰爭，未能回校，即留在南方參加國民革命工作。是年 7 月 8 日，始正式辭去北大校長名義。時北大師生仍一再挽留，並派譚熙鴻及鍾觀光二人為代表前往敦勸，又滙去旅費五百元，請即啟程北來，但蔡元培去志已決，將旅費如數璧還，始終不肯北返。[133]

　　16 年 6 月，張作霖稱大元帥於北京，以劉哲為教育總長。8 月，劉哲併國立九校為京師大學校，自兼校長。17 年 6 月，國民政府統一告成，初改京師大學校為國立中華大學，以大學院院長蔡元培兼任校長，派李煜瀛代理校務；繼因實行大學區制，又改中華大學為國立北平大學，包括前國立九校及天津北洋大學。北大學生欲保留北大歷史上之特性，對此舉堅決反對，為謀復校，形成嚴重學潮。嗣經蔡元培與吳敬恆之調解，議定北京大學改為北平大學北大學院，以陳大齊為院長。18 年 8 月，大學區制取消，北大方恢復原來名稱。9 月 16 日，蔡元培復受命為北大校長，此時他正主持中央研究院，未能到任，於 19 年 9 月 24 日辭職，其間校務全由陳大齊代理，至 12 月 4 日乃正式任命蔣夢麟為北大校長。綜計蔡元培「居北大校長名義，十年有半；而實際在校辦事，不過五年有半。」

　　（原書無頁碼），臺北，遠流出版公司 1990 年出版。
[133] 北大師生挽留蔡元培事，見民國 15 年 7 月 3 日至 8 月 16 日《順天時報》。

七、結論

京師大學堂成立時，風氣初開，眾喙索瘢，謗讟交集，王湘綺詩至有「誰料求才空費財」之句，可見輿論之一斑。興學之初，由於主持者目光短淺，不免失於重實用而輕學理，故效果不彰。

新教育為新社會、新政治之一部分，在政治未上軌道以前，新教育很難作單方面之發展。當戊戌變法失敗時，蔡元培即認定其所以失敗，乃由於不先培養人才，故即返里從事教育工作。民國 5 年底，他自法返國毅然出長北大，即為貫徹其培養人才之素志。

在蔡元培主持北京大學以前，全國的出版界，幾乎沒有什麼談得上研究二字的，不是膚淺的政論，就是學校教本，或者很淺近的參考用書。及至民國 8、9 年間，北大的幾種刊物一出，若干種的書籍，一經印行，全國的風氣，乃為之改觀。從此以後，研究學術的人，不但不再為一般人譏評，反受到了相當的尊敬。

蔡元培在北大所實行的種種改革，如：分大學為二級，預科二年，本科四年；使「學」與「術」分校；廢年級制，採選科制；創辦各科研究所；組織評議會；以及實行男女同校等，起初雖僅限於北大，但多為教育部採行，作為改革高等教育的依據，其影響則及於全國。

在他主持北大校政期間，以一個革命黨員的身分，置身於北洋軍閥統治下的文化教育界中，不但不向惡勢力低頭，反主張用新思想的洪水，驅逐軍閥的猛獸。這在轉移風氣和啟迪民智方面，的確發揮了重大的功效。當時的北京大學，到處惹人注目，譽之者稱為文化前驅，新思想之重鎮；毀之者謂為反叛的巢窟，過激的淵藪。[134]

---

[134] 君宇，〈北京大學過激化了嗎？〉，刊《嚮導週報》第 7 期，頁 55，1922 年

在新舊交替的過渡時代，這是必然的現象，不足為怪。五十多年後的今天，吾人回顧這段史實，當能客觀的給予適當評價。最重要的一點是：辛亥革命後，滿清雖被推翻，但政權仍為守舊而腐敗的惡勢力所把持，一般人對之仍心存畏懼；但經過了這番奮鬥，軍閥惡勢力的假面具被戳穿了，反抗惡勢力的勇氣相對的增長了，也從而奠定下以後國民革命成功的基礎。

茲借用左舜生的幾句話，作為本文的結束：「假如我們說，到了蔡先生，中國才開始有了像樣子的大學出現，這決不是過譽。」[135]

（原載：《中央研究院近代史研究所集刊》第 5 期，頁 263-312，民國 65 年 6 月出版。民國 97 年 10 月修訂。）

---

10 月 25 日出版。

[135] 左舜生，《中國現代名人軼事》，頁 43。

國民政府成立初期教育行政組織的變革
——大學院與大學區制試行的經過

一、前言

　　在清末以前，我國傳統的教育，側重在高等方面；政府的政策，又多注重如何選拔人才，而忽略了如何去培養人才；所以教育行政的機構頗為簡單。自清末實施新教育後，新的教育行政制度才隨之產生。光緒 31 年（1905）11 月 10 日設立學部，始有專管中央教育行政的機關。民國元年，南京臨時政府改學部為教育部，組織仍極簡單。後經數次修訂，在北伐成功前，一直為北京政府所沿用；在南方的軍政府時代，教育權則屬於內政部。

　　自清末至北伐成功前這段時間，我國的新學制，或取自日本，或效法歐美，沒有穩固的基礎。到了民國 16 年 4 月，國民政府奠都南京，教育界的先進們欲徹底整理學制系統，中央教育行政機關廢教育部而設大學院，[1] 以管理全國學術及教育行政事宜；省教育行政機關則廢教育廳[2]而試行大學區，並先在江蘇、浙江等地試行。大學院及大學區，在中國教育史上是一種新制度，其創議和負責執行的主要人物是蔡元培。民國成立以後，蔡元培曾兩度出長全國教育行

---

[1]　大學院的全銜為「中華民國大學院」，與光緒 28 年（1902）欽定學堂章程中在大學堂上面所設之「大學院」（相當現在各大學研究所）不同。

[2]　民國 6 年 9 月，始於各省設教育廳。

政，以新的觀念和新的作風，建立我國教育的新制度。大學院及大學區之設立及試行，為時雖甚短暫，而特色頗多，並引起過軒然大波，在民國教育史上，佔有重要的一章，也是國民政府成立後在教育政策上轉變的一大關鍵。

二、成立的背景

蔡元培等教育界的先進們創設大學院及大學區制的意念，是經過一段長時間的觀察、研究和不同的體驗才產生的。

（一）新教育行政之建立

我國歷史文化悠久，對教育向極重視，但在清末以前，一直沒有專門主管教育行政的機構，說起來真有點令人不可思議。過去主管全國教育行政事宜者為禮部，禮部是掌管五禮的主要機關，他的職掌，並不僅限於教育行政。禮部內設儀制、祠祭、主客、精膳四司，四司中只有儀制司與教育行政有關，而儀制司所管四事，只有貢舉與學校兩事，與教育行政有關。[3] 由此可知，禮部雖是中央教育行政的主管機關，但並非專管，而是兼管，實際上只負稽核考試之責。從前禮部直接管理的學校不甚多，尚可以簡單的制度兼管。及至清末，情勢完全變了，自同治元年（1862）同文館設立後，全國新式學校紛紛設立，當時各學校之管理，分屬各機關，仍無總管的

---

[3] 　陳啟天，《近代中國教育史》（臺北，中華書局，民國58年10月），頁43。

行政組織。直至光緒 24 年（1898），下詔變法，開辦京師大學堂，在籌議京師大學堂的章程中，規定此後全國學務，皆歸大學堂統轄。這種以教育機關兼管教育行政的機關，是為中國新教育行政之開始。但並無完備的組織。旋因戊戌政變發生，新政全被推翻，京師大學雖得保存，自無若何進展。後經庚子（1900）之變，清廷決意重興新學，教育行政事務日繁，決非禮部儀制司所能兼顧，遂於光緒 27 年（1901）12 月初 1 日特設管學大臣一職，派張百熙充任。[4]張百熙當時負有兩項重要任務：1、舉辦京師大學堂，2、經理一切學堂事宜。至是，我國才有管理全國學堂的大員。他的地位，一面為京師大學校長，一面又為全國教育行政機關長官。（好像是以大學校長兼任教育部長）大學和教育部兩種職務在當時是混而不分的，因為管學大臣雖然經管大學堂和全國學堂的一切事宜，但他除了以京師大學堂為大本營外，並沒有獨立的機關。這點頗與民國 16、17 年試行大學院制之大學院長相似，故有人認為這是我國最初的「大學區制」。[5]

　　由於蔡元培在當時即留心教育，並曾在譯學館（後歸併於京師大學堂）任教習，對於京師大學堂管學大臣兼管全國教育行政的制度，自然有着深刻的認識。但另外對他有很大影響的，當為法國的教育制度。

---

[4]　王鳳喈，《中國教育史》，頁 323。

[5]　何炳松，〈三十五年來中國之大學教育〉，見《最近三十五年之中國教育》（上海，商務印書館，民國 20 年 9 月），頁 72、78、91。

（二）法國教育制度的影響

　　除了上述傳統教育制度的淵源外，就是法國教育制度的影響。蔡元培自光緒 33 年（1907）赴歐洲留學，到民國 5 年底回國接長北京大學，（民國元年及 2 年曾兩度回國）其間大部份時間是停留在德國和法國。因此，他對法國教育制度，留有極深刻的印象。

　　在 1920 年以前，法國總攬全國教育行政事務者為「法國大學院」院長，同時兼任巴黎大學區校長。1920 年以後，始以教育美術部之首席為教育部長，即所謂國家教育部長。在教育部長指揮監督之下，分全國為 17 大學區，每區設一國立大學，大學校長同時負擔各該區內中小學考核指導的責任。大學校長則受許多教育家的指導。在巴黎的教育部長也是聽取由學者所組成的委員會的建議。其最大的特色，即各級教育行政的單位主管及督學等，絕大多數皆持有國家博士學位或經教授資格檢定及格者，具有崇高的學術地位。郭為藩認為與其說是「專家政治」，毋寧稱為「學者的行政」較為恰當。[6]

　　蔡元培對於法國這種學者參與制定教育政策的觀念，非常讚賞。他相信在每個大學區內的大學，由於它與中小學的關係，可以提高該區內一般的教育水準。

　　民國以來，蔡元培是促進中法文化交流非常熱心的一位。他經過長時間的體驗與研究以後，認為中法兩國在教育上有很多相同之點：1、他認為教育界之障礙有二，即君主與教會；政府萬能、宗教萬能之觀念，均足為學問進步之障礙。當時世界各國之教育，能完

---

[6]　朱經農，〈三十五年來中外之教育行政〉，見《最近三十五年之中國教育》，頁 270。並參考郭為藩，《法國教育及其他》（臺北，開山書店，民國 60 年 1 月），頁 41-42。

全脫離君政及教會障礙者，以法國為最。此點中國與法國略同。2、中國以人道為教育，此種人道主義的道德觀念，亦與法國相似。3、在科學及美術方面，中國深欲以法國教育為師資，而又多得法國教育之助力，以促成其進化。[7]他曾在很多次演說裏表示出他對法國教育推崇之意。民國 5 年 6 月，華法教育會在法國學人贊助下成立，蔡元培當選為會長。這是他以後再度主持中國教育學術機構時主張借用法國制度的重要原因。

（三）教育獨立思想之產生

另一項促使採行大學院及大學區制度的因素，便是國內政治環境的刺激。

自五四運動以後，各地不斷發生學潮，政教雙方，遂立於敵對地位。教育受政治變動的影響，既不能安定的進行，也談不到整個的教育政策。就拿教育經費一事來說，各地軍政當局，經常任意推延，藉口停發，以致連學校的辦公費、教職員的生活費，都沒有着落。民國 9 年 10 至 11 月間，全國教育聯合會在江蘇省教育會開第六次會議，在其呈教育部的教育經費獨立案中，認為教育經費所以不能夠如期發放，並非國家財政真正困難，乃是各省執政者對於教育的不以為意。民國 10 年 6 月 3 日，北京國立八校教職員因教育經費事，赴總統府請願，被衛兵毆傷數十人，學潮波及全國以後，政教雙方，益不相容。有識之士，認為在這種情況下，欲求教育之正常發展，非獨立不可，教育獨立思想遂由此而產生。民國 11 年 1 月，

---

[7] 蔡元培，〈華法教育會之意趣〉，見《蔡元培先生全集》（臺北，商務，民國 57 年 3 月），頁 708-710。

李石岑發表〈教育獨立建議〉一文，於教育經費獨立而外，並主張教育立法、教育行政獨立，他認為「教育經費獨立，固屬要務；但徒經費獨立，教育機關隸諸政府管轄之下，結果仍等於零。」[8]蔡元培讀了李石岑此文後，於同年3月，在《新教育》雜誌中也發表了一篇〈教育獨立議〉。[9]這是一篇很重要的文獻，在該文中，他開宗明義的說：

> 教育是幫助被教育的人，給他能發展自己的能力，完成他的人格，於人類文化上能盡一分子的責任，不是把被教育的人，造成一種特別器具給抱有他種目的人去應用的。所以教育事業，當完全交與教育家，保有獨立的資格，毫不受各派政黨或各派教會的影響。

緊接着，他又列舉了四項理由，說明教育為什麼應該脫離政黨、教會二者而獨立：

> 教育是要個性與群性平均發達的。政黨是要製造一種特別的群性，抹殺個性。例如鼓勵人民親善某國，仇視某國；或用甲民族的文化，去同化乙民族；今日的政黨，往往有此等政策，若參入教育，便是大害。
>
> 教育是求遠效的，政黨的政策，是求近功的。中國古書說：「一年之計樹穀，十年之計樹木，百年之計樹人。」可見教育的成效，不是一時能達到的。政黨不能常握政權，往往不出數

8　蔡尚思，《蔡元培學術思想傳記》，頁192-193。
9　蔡元培，〈教育獨立議〉，《新教育》雜誌，第4卷，第3期。（上海，民國11年3月）現收入《蔡元培先生全集》，頁523-525。

年，便要更迭。若把教育權也交與政黨，兩黨更迭的時候，
教育方針，也要跟着改變；教育就沒有成效力量。所以教育
事業不可不超然於各派政黨以外。

教育是進步的：凡有學術，總是後勝於前；因為後人憑着前
人的成績，更加一番功夫，自然更進一步。教會是保守的；
無論什麼樣尊重科學，一到聖經的成說，即絕對不許批評；
便是加了一個限制。

教育是公同的：英國的學生，可以讀阿拉伯人所作的文學，
印度的學生，可以用德國人所造的儀器；沒有什麼界限。教
會是差別的：基督教與回教不同，回教與佛教不同；不但這
樣，基督教裏面，天主教與耶穌教又不同。不但這樣，耶穌
教裏面，又有長老會、浸禮會、美以美會……等等派別的不
同。彼此說真說偽，永遠沒有定論。正好讓成年的人，自由
選擇。所以各國憲法中，都有信仰自由一條。若是把教育權
交與教會，便恐不能絕對自由，所以教育事業，不可不超然
於各派教會以外。

（四）大學區制最初的藍圖

　　關於教育脫離政黨、教會而獨立實行超然的教育方面，蔡元培
在上文中擬了一個具體的辦法：

　　　分全國為若干大學區，每區立一大學；凡中等以上各種專門
　　　學術，都可設在大學裏面，一區以內的中小學校教育，與學
　　　校以外的社會教育，如通信教授、演講團、體育會、圖書館、
　　　博物院、音樂、演劇、影戲……與其他成年教育、盲啞教育

等等，都由大學辦理。

大學的事務，都由大學教授所組織的教育委員會主持。

大學校長，也由委員會舉出。由各大學校長，組織高等教育會議，辦理各大學區互相關係的事務。

教育部專辦理高等教育會議所議決事務之有關係於中央政府者，及其他全國教育統計與報告等事，不得干涉各大學區事務。教育總長必經高等教育會議承認，不受政黨內閣更迭的影響。

大學中不必設神學科，但於哲學科中設宗教史、比較宗教學等。各學校中，均不得有宣傳教義的課程；不得舉行祈禱式。以傳教為業的人，不必參與教育事業。

各區教育經費，都從本區中抽稅充用。較為貧乏的區，經高等教育會議議決後，得由中央政府撥國家稅補助。

筆者所以不憚煩瑣的引錄這篇重要文獻，因為這就是五年後蔡元培實行大學院及大學區的最初藍圖。在這篇文獻中，充分的顯示出他所受法國教育制度的影響。不過，他這理想的辦法，並非全是採自法國，在本文末的附註中，他特別說明：

> 分大學區與大學兼辦中小學校的事，用法國制。大學可包括各種專門學校，不必如法德等國，別設高等專門學校，用英國制。大學兼任社會教育，用美國制。大學校長，由教授公舉，用德國制。大學不設神學科，學校不得宣傳教義，與教士不得參與教育，均用法國制，瑞士亦已提議。抽教育稅。用美國制。

由此可見他理想的獨立教育制度，是兼採各國現行教育制度之長而成。此實描繪出這位大教育家的一項高遠的理想。

　　蔡元培民國 11 年的這項計畫，與法國教育制度有一重大不同之點，在法國，教育與美術部長（即國家教育部長）是一個非常有權的官員，他有權干涉大學院內之事務。他的任命，並不是由學術團體提出的。蔡元培在選舉教育部長方面，認為必須經高等教育會承認，並試圖把教育事務的管理由首都移轉到各大學區去。很明顯的他企圖減弱教育部長之權限，使教育部成為執行高等教育會議議決案之機構，無權干涉各大學區之事務。因為他相信在原則上，教育專家應當領導教育，而且他對當時的北京政府也實在缺乏信心。[10]

（五）李石曾的合作鼓吹

　　在提倡採用以法國的教育制度為基礎方面，蔡元培並不是孤單的。他的摯友李煜瀛（石曾），在民國 11 年草擬大學區計劃時，和他合作無間。在同期之《新教育》雜誌中，李石曾也發表了一篇〈法

---

[10] Allen B. Linden, "Politics and Education in Nationalist China, The Case of the University Council, 1927-1928." *The Journal of Asian Studies*, Vol. ⅩⅩⅦ, No.4, August 1968, p.767.林敦在該文中將「大學院」英譯為" University Council"，是錯誤的。中華民國大學院自己所印西式信封的譯法為：Ministry of Education & Research, Nationalist Government。見陳哲三《中華民國大學院之研究》（臺北，商務印書館，民國 65 年 12 月出版），前言，頁二。他在該書中，旁徵博引，利用中央黨史會所珍藏之原始史料，敘明大學院及大學區試行經過、制度梗概、設施情形，並分析其得失成敗之因果關係，對民國教育史上這次的重大變革，作一全盤之整理與檢討。

國教育與我國教育前途之關係〉[11]，力勸中國教育家採行法國的教育制度。他說：

> 今之言教育與學術者，殆莫不曰步武先進諸國，而孳孳焉求
> 所以吸收歐化矣。以吾國民智之窳稚，取他人所長而師法之，
> 是固宜也。……吾人以習聞於法國教育之故，將舉法國教育
> 之特質，為吾國教育界所亟不可忽者，以與高賢一相商榷也。

他指出法國教育與學術之特長，而為我所當注意者，有以下三點：

> (1)民治之精神。法國，共和先進國也。然其所望於共和者，
> 不惟其名，而力求其實。未行共和之先，為冒萬死而求共
> 和之原動者，曰民權伸張。既成共和之後，揭其所以保障
> 民權，而懸人生之正鵠者，曰博愛、自由、和平。此三者，
> 人道之所存，而法國道德教育之源也。……吾國政體，已
> 與法同。博愛、自由、平等之義，與吾國倫理哲學所言仁
> 義恕者，又復契合。欲求共和之實，必行人道之途。此以
> 道德教育與國體關係言之，法國教育為吾國所亟當注意者
> 一也。
>
> (2)學術之發達。各國學術，皆有專長。然學問之淹博，發明
> 之精銳，則法國鴻儒碩彥，幾難以屈指數。……此以智識
> 教育言之，法國教育為吾國所亟當注意者二也。
>
> (3)學制之完善。法國大學學制所以獨優於他國者，則以其具
> 有兩大特長也。特長為何？一曰整齊劃一，二曰升學轉

---

11 李石曾，〈法國教育與我國教育前途之關係〉，《新教育》雜誌，第 4 卷，第 3
期，頁 419-424。

> 學，又極靈便是也。……法國大學統全國而分十六學區，
> 每區立大學。每大學縱分小中大三級，橫分文、理、法、
> 醫、藥五科。五科中有缺一二科時，亦有加設農工或其
> 他專門學院者。其組織之精，幾非易以形諸言語。……
> 此以大學學制特色言之，法國教育為我國所亟當注意者
> 三也。

由上述可知：蔡、李兩人的論調是一致的。在民國 11 年，他們雖然
討論到如何採用法國制度以改革我國教育，但是沒有實行的機會；
因為當時國家尚未統一，大部份地區仍在軍閥的統治之下，這些軍
閥，除了爭權奪利外，對他們的教育改革計劃根本沒有興趣。到了
民國 16 年，長江以南，全歸入國民革命軍的勢力範圍，他倆以黨國
元老、中央監察委員和中央政治委員會委員[12]的崇高身份，獲得南
京國民政府的信任與支持，才能着手去實現他們的理想。

三、試行的過程及研析

（一）大學院及大學區的設立

民國 14 年 7 月 1 日，國民政府在廣州成立。當時局促一隅，所
注重的是軍事、財政和外交。[13]在教育方面，僅於省政府下，設一

---

[12] 據中國國民黨中央執行委員會第 73 次政治會議（民國 16 年 4 月 17 日，南
京）紀錄（以下簡稱「政治會議紀錄」），蔣中正提議加派蔡元培、李石曾等
九人為政治委員，獲通過。

[13] 在 14 年 7 月 1 日所公布的「中華民國國民政府組織法」中，國民政府僅設

教育廳，[14]中央沒有主管教育行政的機構。到了 15 年春天，兩廣統一，才設立了一個過渡時期的臨時機構──國民政府教育行政委員會。

教育行政委員會於 15 年 3 月 1 日在廣州正式成立，這是國民政府成立後最初的中央教育行政機關，「掌管中央教育機關，並指導監督地方教育行政」，[15]其地位相當於教育部，但與原有教育部的組織根本不同。當時國民政府所有的機關都採合議制，教育行政委員會也不例外。會中設常務委員二人（後增至三人），委員無定額，先後特派的委員為：陳公博、甘乃光、許崇清、金曾澄、鍾榮光、[16]褚民誼、[17]張乃燕、[18]韋愨、[19]經亨頤[20]等九人。委員之下，設行政事務廳，處理該會所管事務。行政事務廳由秘書、參事、督學三處構成，[21]惟督學處始終不曾成立。

有軍事、外交、財政三部（第 6 條）。見《國民政府公報》第 1 號（民國 14 年 7 月），頁 5。

[14] 「省政府組織法」第三條。見同上，頁 6。

[15] 民國 15 年 2 月 20 日所公布之「國民政府教育行政委員會組織法」，第 1 條。見《國民政府公報》第 24 號（民國 15 年 2 月），頁 13。

[16] 民國 15 年 2 月 9 日令派。見《國民政府公報》第 23 號（民國 15 年 2 月），頁 12。

[17] 民國 15 年 2 月 19 日令派。見《國民政府公報》第 24 號（民國 15 年 2 月），頁 21。

[18] 民國 15 年 5 月 24 日令派。見《國民政府公報》第 34 號（民國 15 年 5 月），頁 18。

[19] 民國 15 年 6 月 5 日令派。見《國民政府公報》第 35 號（民國 15 年 6 月），頁 12。

[20] 民國 15 年 8 月 17 日令派。見《國民政府公報》第 42 號（民國 15 年 8 月），頁 16。

[21] 《國民政府公報》第 24 號（民國 15 年 2 月），頁 14。

　　民國 16 年 4 月 18 日，國民政府正式奠都南京。因為蔡元培是重要支持者之一，所以由他代表中央黨部授印予出任國民政府主席的胡漢民。這時政府還在全力應付軍事，對於教育事業尚無具體計畫；而教育行政委員會的委員們，又因為政見關係，多未能隨來南京，工作勢必停頓。4 月 20 日，在第 76 次中央政治會議中，吳敬恆（稚暉）提議添請蔡元培、李煜瀛、汪兆銘（精衛）三人為教育行政委員會委員，並請即以該會行使教育部職權。決議通過。[22]27 日，國民政府正式予以任命。[23]5 月，教育行政委員會在南京召開第 74 次會議，出席蔡元培、李煜瀛、甘乃光、褚民誼四委員，公推蔡、李、褚三人為常務委員。[24]

　　蔡、李、褚三常務委員，皆為著名的留法學者，就任後，即積極展開籌劃如何改革當前的教育。

　　蔡元培在民國 11 年的〈教育獨立議〉文中，已經安排了大學區指導教育的主要責任，但沒有計畫建立一個有力的中央組織──大學院。那時他的本意只是想把全國性的教育部職權儘量減弱。可是到了民國 16 年，他已在國民政府中取得了領導教育行政的權力，故在他的改革計劃中增設了大學院。

　　民國 16 年 5 月 30 日，教育行政委員會在第 75 次會議中，討論到實行新教育制度問題。[25]6 月 6 日，中央政治會議開第 102 次會議，蔡元培提出教育行政委員會呈文一件，請變更教育行政制度，以大學區為教育行政之單元，區內之教育行政，由大學校長處理之，凡大學應

---

[22] 第 76 次政治會議（民國 16 年 4 月 20 日，南京），紀錄。

[23] 《國民政府公報》寧字第 1 號（民國 16 年 5 月 21 日），頁 2。

[24] 丁致聘，《中國近七十年來教育記事》（上海，商務，民國 24 年），頁 139、140。

[25] 丁致聘，《中國近七十年來教育記事》，頁 140。

設研究院為一切問題交議之機關，並擬具大學區組織條例八項及大學行政系統表，請核議施行。經議決：由國民政府核議施行。[26]教育行政委員會在呈請改制時，對需要改制的原委，曾有詳細的敘述，文云：

> 呈為呈請變更教育行政制度，以一事權而利教育事。竊職會鑒於吾國年來大學教育之紛亂，與一般教育之不振，其原因固屬多端，而行政制度之不良，實有以助成之。大學教員勤於誨人者已不多得，遑論繼續研究，欠薪纍纍，膏火不繼，圖書缺略，設備不周，欲矯此弊，自宜注重研究之一端。凡大學應確立研究院之制，一切庶政之問題皆可交議，以維持學問之精神。此制度之宜改良者一也。一般教育之行政機關，簿書而外，幾無他事。其所恃以為判斷之標準者，法令成例而已，不問學術根據之如何，於是而與學術最相關之教育事業亦且與學術相分離，豈不可惜，自宜仿法國制度，以大學區為教育行政之單元，區內之教育行政事項，由大學校長處理之，遇有難題，得由各學院相助以解決之，庶幾設施教育得有學術之根據。此制度之宜改良者又一也。本以上兩要旨，茲特擬具大學區組織條例八項，大學行政系統表，一併呈上。是否有當，統祈核示祗遵。[27]

這是民國以來大學制度上最大的一次變動。民國元年 7 月，蔡元培以教育總長身份在所召開的中央臨時教育會議中，也曾討論到畫分

---

[26] 第 102 次政治會議（民國 16 年 6 月 6 日，南京）紀錄。

[27] 《國民政府公報》寧字第 6 號（民國 16 年 6 月 21 日），頁 24-25。

大學區的問題，此後主持教育者又曾畫分數次，皆因政局常常變動，掌管人員不能久於其位，所以只有計畫而未曾實行。[28]現在他再度主持中央教育行政，決定將各省向來的大學校制度和教育廳制度打成一片，卒獲通過。國民政府於 6 月 12 日（《國民政府公報》誤排為 7 月 12 日）頒天字第 85 號訓令云：

> 查所請變更制度及擬具條例系統表各件，為刷新教育行政，注重研究精神，俾有學術之根據，甚妥愜，應准其在粵浙蘇三省試行。合行令仰該會即便遵照辦理。[29]

　　至是，大學區制的立法程序業已完成。大學區制度既獲准施行，6 月 13 日，教育行政委員會委員蔡元培、李煜瀛、褚民誼，又於中央政治會議第 105 次會議中提議組織中華民國大學院，為全國最高學術教育行政機關，附呈組織大綱，請核議。決議通過，並將組織大綱交中央法制委員會起草條例。在同次會議中，李煜瀛請特任蔡元培為大學院院長，亦獲得通過，交國民政府任命。[30]至是，大學院及大學區制，已由醞釀、籌備而進入積極實行的階段。

　　蔡元培所以創設大學院，他在《大學院公報》發刊辭中說得很明白：

28　陳青之，《中國教育史》（上海，商務，民國 27 年 11 月），下冊，頁 671。

29　《國民政府公報》寧字第 7 號（民國 16 年 7 月 1 日），頁 15。教育行政委員會接到訓令後，於 6 月 23 日第 82 次會議中議決先在江、浙兩省試辦大學區新制，廣東一省暫緩實行。提經 109 次政治會議，轉咨國民政府備查。（見《國民政府公報》寧字第 8 號〔民國 16 年 7 月 11 日），頁 47、77；第 109 次政治會議〔民國 16 年 6 月 27 日，南京〕紀錄。）

30　第 105 次政治會議（民國 16 年 6 月 13 日，南京）紀錄。

顧十餘年來，教育部處於北京腐敗空氣之中，受其他各部之
薰染，長部者又時有不知學術教育為何物，而專鶩營私植黨
之人，聲應氣求，積漸腐化，遂使教育部名詞與腐敗官僚亦
為密切之聯想。此國民政府所以捨教育部之名而以大學院名
管理學術及教育之機關也。[31]

　　蔡元培自民初即曾在北京任教育總長，到民國 5 年底又出任北
大校長，對北京教育界的腐敗情形，如擅捕學生、封閉學校和不發
教職員薪水等，可以說非常了解。他對教育的理想——改官僚化為
學術化，在北京那種空氣下，自然無法實現，如今，他以國民黨中
央監察委員、政治委員會委員的崇高身份，來主持中央教育行政，
自然想將他多年來的理想付諸實現。

（二）大學院的組織及其特點

　　民國 16 年 6 月 17 日，國民政府特任蔡元培為大學院院長。[32]
蔡於 7 月 12 日呈請撥舊江寧府學及學宮全部房屋為大學院院址，7
月 21 日獲准。[33]10 月 1 日，正式宣誓就職。[34]教育行政委員會就此
裁撤。
　　大學院的組織，係根據 6 月 27 日中央政治會議第 109 次會議所
通過中央法制委員會函送之大學院組織法草案十一條。該項組織
法，國民政府於 7 月 4 日正式公布。其主要條文為：

[31] 《大學院公報》，第 1 年，第 1 期（民國 17 年 1 月），頁 11-13。
[32] 《國民政府公報》寧字第 6 號（民國 16 年 6 月 21 日），頁 3。
[33] 《國民政府公報》寧字第 10 號（民國 16 年 8 月 1 日），頁 55-56。
[34] 《國民政府公報》第 3 號（民國 16 年 10 月），頁 80。

第一條　中華民國大學院，為全國最高學術教育機關，承國
　　　　民政府之命，管理全國學術及教育行政事宜。

第二條　本院設院長一人，綜理全院事務，並為國民政府
　　　　委員。

第三條　本院設大學委員會，議決全國學術上、教育上一切
　　　　重要問題。

第四條　大學委員會，由各學區中山大學校長、本院教育行
　　　　政處主任及本院院長所選聘之國內專門學者五人至
　　　　七人組織之；以院長為委員長。

第五條　本院設祕書處。

第六條　本院設教育行政處，置主任一人，處員若干人，承
　　　　院長之命，處理各大學區互相關聯及不屬於各大學
　　　　區之教育行政事宜。

第七條　本院設中央研究院，其組織條例另定之。

第八條　本院得設勞働大學、圖書館、博物院、美術館、觀
　　　　象臺等國立學術機關。

第九條　本院於必要時，得設學術上及教育行政上各專門委
　　　　員會。[35]

　　此為大學院最初的組織情形。17 年 1 月 27 日，國民政府又公
布大學院呈送修正大學院組織法十一條，修改要點：添設副院長一
人，（第二條）裁撤教育行政處，改設學校教育組、社會教育組、法
令統計組、書報編審組、圖書館組，每組置主任一人，股長股員若

<hr>

[35]　「中華民國大學院組織法」，見《大學院公報》，第 1 年，第 1 期，頁 49-50。

干人。(第六條)[36]並任命楊銓(杏佛)為大學院副院長。[37]4 月 4
日,蔡元培在中央政治會議第 135 次會議中提出,該院組織法仍有
未盡適宜之處,且與各部院組織相去過遠,擬請將組織法重行修正。
經決議將所擬修正草案交大學委員會審查。[38]於第 136 次會議修正
通過,共二十二條。[39]國民政府於 4 月 19 日公布。此為第二次修改,
變動較大,其要點為:添大學院監督指揮各地方最高行政長官二條,
及添置參事二至四人,變更原學校教育等五組為高等教育處、普通
教育處、社會教育處、文化事業處,每處置處長一人,各處分科,
科置科長一人,科員若干人等項。[40]5 月 25 日,國民政府又公布修
正大學院組織法二十三條,是為第三次之修正,主要的是將秘書處
之一部份與其他事務添置總務處。[41]嗣因關於著作權之專利及登記
事項,劃歸內政部主管,自宜自條文中刪去,故又於 6 月 13 日公布
最後一次修正之大學院組織法二十三條,除刪除上述條文外,其餘
均未改動。[42]

為便於明瞭起見,茲依照歷次修改內容,列表於下:

---

[36] 《國民政府公報》第 36 期(民國 17 年 2 月),頁 15。
[37] 《國民政府公報》第 27 期(民國 17 年 1 月),頁 1。
[38] 第 135 次政治會議(民國 17 年 4 月 4 日,南京)紀錄。
[39] 第 136 次政治會議(民國 17 年 4 月 11 日,南京)紀錄。
[40] 《國民政府公報》第 51 期(民國 17 年 4 月),頁 4-8。案:《大學院公報》
第 1 年,第 5 期,作民國 17 年 4 月 17 日公布。
[41] 《國民政府公報》第 61 期(民國 17 年 5 月),頁 32-36。
[42] 《國民政府公報》第 66 期(民國 17 年 6 月),頁 13-19。

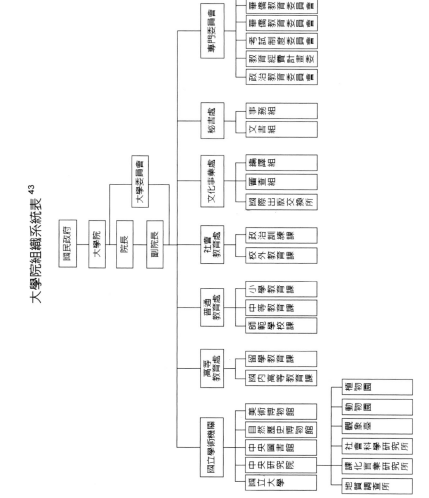

大學院組織系統表 [43]

43　教育部編，《第一次中國教育年鑑》（臺北，傳記文學社，民國 60 年影印本。原為民國 23 年上海開明書店出版）甲編，教育總述，頁 45。該表未將總務處自秘書處中分出。

　　由上所述，可知大學院所努力的方向與舊式教育部不同，其組織亦迥異。蔡元培於民國 17 年 4 月間發表過一段談話，指出大學院之特點有三：

(1)學術教育並重，以大學院為全國最高學術教育機關。

(2)院長制與委員制並用，以院長負行政全責，以大學委員會負議事及計劃之責。

(3)計劃與實行並進，設中央研究院為實行科學研究，設勞働大學提倡勞働教育，設音樂院、藝術院實現美化教育。[44]

由第一點，可知他以學術化的大學院代替官僚化的教育部為全國最高學術教育機關，[45]是側重在研究方面，不單是辦理教育行政而已，要使一切設施教育（行政）得有學術之根據。第二點為實行合議制，以大學委員會為大學院最高立法機關，議決全國教育上學術上重要事宜，所議決之事項，由大學院執行。大學委員會委員分兩種，除大學院院長、副院長、國立各大學校長及副校長為當然委員外，另有聘任委員，聘任的條件為：(1)曾任大學院院長副院長及曾任國立大學校長副校長者；(2)具有特殊之教育學識或於全國教育有特殊之研究或貢獻者；(3)國內專門學者。[46]都是學有專長或對教育有相當貢獻，才可入選。當時的大學委員會委員，如：胡適、楊銓、戴傳賢、蔣夢麟、朱家驊、李煜瀛、易培基、高魯等，皆極一時之選。除了大學委員會外，尚設有許多專門委員會，如：政治

---

[44] 民國 17 年 4 月 12 日上海《新聞報》。

[45] 蔡元培在民國 16 年 6 月 17 日《申報》中曾云：「近來官僚化之教育部，實有改革之必要，欲改官僚化為學術化，莫若改教育部為大學院。」

[46] 「中華民國大學院大學委員會組織條例」，見《國民政府公報》第 55 期（民國 17 年 5 月），頁 2-4。

教育（分社會教育組及政治教育組）、教育經費計劃、考試制度、科學教育、藝術教育、華僑教育、體育指導、譯名統一、古物保管等委員會，其委員亦皆聘請對各該方面有長才者充任。[47]此種以學者為行政之指導，就是以學術化代官僚化之一端。在第三點中，所有學術研究工作，歸中央研究院主管，以實行科學的研究與普及科學的方法，並設科學教育委員會以籌畫全國科學教育之促進與廣被。為加重大學院的學術職分，大學院長同時也是中央研究院院長。又為養成勞動的習慣，該院直接設立勞動大學，以調劑勞心者與勞力者。為提起藝術的興趣，設有藝術教育委員會，負計劃全國藝術教育之責；[48]嗣又創辦國立藝術院於杭州。（後因學制關係，改稱專科學校。）[49]在音樂教育方面，創設國立音樂院於上海。（18年7月改組為音樂專門學校）[50]此外，又設特約著作員，聘國內在學術上有貢獻而不兼有給職者充之，聽其自由著作，每月酌送補助費。[51]設國際出版品交換所，以溝通學術界消息。

　　凡此種種，皆足以說明大學院與舊式教育部之不同，其地位視原有之教育部為高，職權也較多，其根本相異之點主要有二：

　　(1)大學院冠以中華民國，惟實際上為國民政府之一部分，而在形式上又似獨立於政府之外，與教育部完全隸屬於政府者不同。

---

[47] 《大學院公報》第1年，第1期及第4期，載有各委員會委員名單。

[48] 參考蔡元培，〈大學院公報發刊辭〉。

[49] 李金髮，〈二十年來的藝術運動〉，收入《異國情調》（上海，商務，民國35年3月），頁3-4。

[50] 蕭友梅，〈十年來的中國音樂研究〉，收入中國文化建設協會編，《十年來的中國》（上海，商務，民國28年2月），頁753。

[51] 蔡元培，〈我在教育界的經驗〉，見《蔡元培自述》（臺北，傳記文學社，民國56年9月），頁47。

(2)大學院將教育機關與行政機關合一，如同大學區制一樣，與
　　教育部純為行政機關者不同。[52]
大學院之成立賴此兩點，而其受人攻擊也由此兩點，蓋大學院既為
政府的一部分，又獨立於政府之外，實足以破壞行政系統。

（三）大學區的組織及其特點

　　民國 16 年 6 月 6 日，蔡元培在中央政治會議第 102 次會議提
請變更教育行政制度時，首先提出的是大學區制，同時擬具了大
學區組織條例九條，[53]明白規定大學名稱，即以所轄區域之名名
之。嗣因內部組織不盡完善，名稱亦欠妥當，又於 17 年 1 月 28
日，[54]5 月 3 日[55]及 12 月 11 日，修改了三次。其主要辦法為：全
國依各地之教育經濟及交通狀況，定為若干大學區，每大學區設
大學一所，大學設校長一人，綜理大學區內一切學術與教育行政
事項。（第一條）大學區設評議會，為本區審議機關。（第二條）
設秘書處，輔助校長辦理本區行政上一切事務。（第三條）設研究
院，為本大學研究專門學術之最高機關。（第四條）又設高等教育
處、普通教育處、擴充教育處，分別管理區內高等、普通、擴充教
育事宜。（第五條）[56]
　　茲將大學區組織系統表列在下面，以明其梗概：

---

[52] 陳啟天，《最近卅年中國教育史》（臺北，文星書店影印本，民國 51 年），頁 210。

[53] 《國民政府公報》寧字第 6 號（民國 16 年 6 月 21 日），頁 25-26。

[54] 《國民政府公報》第 36 期（民國 17 年 2 月），頁 16。

[55] 《國民政府公報》第 55 期（民國 17 年 5 月），頁 1-2。

[56] 《國民政府公報》第 42 期（民國 17 年 12 月 13 日），頁 10。

大學區組織系統表[57]

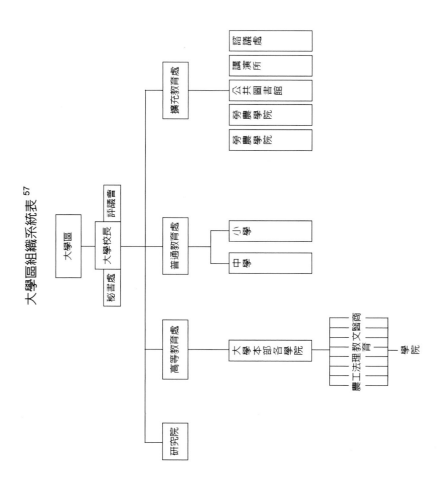

[57] 朱經農〈三十五年來中外之教育行政〉，見《最近三十五年之中國教育》，頁 262。

　　大學區制，在我國係屬創舉，故最初僅試行於江蘇、浙江兩省，廣東暫緩實行。[58]民國 16 年 6 月 27 日，中央政治會議議決在浙江設國立第三中山大學，7 月 11 日，即以原浙江教育廳長蔣夢麟為校長。[59]7 月 20 日，浙江省務委員會第三十七次會議議決，自 8 月 1 日起，將前浙江公立工業專門學校、農業專門學校改組為國立第三中山大學工學院、勞農學校，[60]另籌文理學院，合三院組織國立第三中山大學，取銷教育廳，大學區正式成立。（後改稱「中華民國大學院浙江大學」，嗣又改稱「國立浙江大學」）江蘇教育廳於 16 年 7 月 8 日奉令裁撤，就省境內國立省立各大學專門學校及中學師範等校，分別裁併或改組，成立第四中山大學，[61]並任命原江蘇教育廳長張乃燕為校長。[62]7 月 9 日，江蘇大學區（後稱「中山大學區」）開始辦公。到 17 年年底，又在北平試行大學區制。所以我國先後共有江蘇、浙江、北平三個大學區。

　　大學區制以行政學術化相號召，由大學校長統轄全省教育行政。蔡元培認為這種制度比省教育廳、市教育局好的地方，就是大學內有多數學者，多數設備，決非廳、局所能及。歸納起來說，其特點有四：

　　(1)教育區域與普通行政區域不必一致。

　　(2)大學校長兼管全區教育行政。

　　(3)教育行政與研究聯合進行。

---

[58] 《國民政府公報》寧字第 8 號（民國 16 年 7 月 11 日），頁 77。

[59] 《國民政府公報》寧字第 9 號（民國 16 年 7 月 21 日），頁 29。

[60] 《國民政府公報》第 3 號（民國 16 年 10 月），頁 50。

[61] 《國民政府公報》寧字第 9 號（民國 16 年 7 月 21 日），頁 11。

[62] 《國民政府公報》寧字第 9 號（民國 16 年 7 月 21 日），頁 29。

(4)教育行政之評議與執行分立，而以校長總其成。

至大學區與大學院的關係，就大學言：大學院為全國主校，且只有此一主校，其下分區設立大學，是為分校，再由區大學分設中小學等；就性質言：分區大學是大學院系統所屬之大學，其他獨立或私立的大學，為大學院特許的大學；分區大學既為系統所屬，故兼管區內之教育行政；其他大學則不兼管行政。[63]

這種制度，可以說是民國7、8年以來我國大學教育偏重摹仿美國制度的一種反響，也是歐洲——特別是法國——教育制度在我國第一次的試驗。

四、大學院及大學區之取消

（一）大學院組織的變更及取消

大學院以新的觀念和新的面貌與國人相見，一部分人士，因名非習見，對此一新制度，頗多懷疑。蔡元培有鑒於此，在17年1月17日國民政府第33次委員會議中，提出擬改教育行政處主任為副院長，獲得通過。[64]又於2月22日在中央政治會議第129次會議中，提議以副院長為事務官，院長離職時，委託大學委員會委員中之一人代理其職務，俾副院長仍能專心事務。[65]他認為這種院長制而兼委員制，是當時最適當之制度。他所以這樣改，乃是

---

[63] 〈吳稚暉對分區大學問題意見〉，民國17年4月25日《申報》。

[64] 《國民政府公報》第25期（民國17年1月），頁12。

[65] 第129次政治會議（民國17年2月20日，南京）紀錄。

因為：「近查各機關，往往因政務官更動，而事務官亦紛紛隨之更動，不特遠大計劃莫由實行，即日常事務亦往往因之停頓。」[66]從這一段話中，吾人不難了解他的用意，如果一旦自己因政見不同而去職時，其遠大計劃仍可由副院長予以貫徹，不致受政潮之牽動。因為在 2 月 2 日至 7 日國民黨所召開的四中全會中，有兩個提案涉及到大學院的存廢問題，使他不能不作退一步的打算。這兩個提案中，一是「國民政府改組案」，主張添設教育部，根本不再列大學院；另一個是經亨頤、朱霽青、白雲梯、丁惟汾、陳樹人等所提「設立教育部案」，也反對大學院制。他們所持的理由是：(1)官制不統一；(2)大學院制與普通教育本旨不合；(3)教育行政機關不是專管學術；(4)注重學術，而忽視教育；(5)初小教育基礎落空。在付諸討論時，蔡元培與李石曾均力主維持大學院制，謂此項新制，現在試驗中，試驗至少須以年計，方可斷其良否。結果在國府改組案中，仍列入了大學院，但經亨頤的提案，則保到 8 月 1 日第三次全國代表大會時再討論。[67]大學院暫時算是保全了，可是問題並沒有根本解決，仍拖了一條不利的尾巴。蔡元培為了緩和攻擊者的氣氛，不得已於 4、5、6 月間又連續修改組織法，使大學院由與國民政府平列的機關，改為直隸於國民政府的機關，事實上已經有難於立足的趨勢。同時，就內部組織而言，在大學委員會及中央研究院之外，分設秘書、總務、高等教育、普通教育、社會教育及文化事業六處，更可以說是大學院的組織返回到舊式教育部的第一步。每一次組織法的修改，都是受到攻擊和壓力的結果。

---

[66]　《國民政府公報》第 37 期（民國 17 年 3 月），頁 8。
[67]　〈國府改組案議決之經過〉，民國 17 年 2 月 6 日《申報》。（南京通信）

　　儘管蔡元培一次一次的修改組織法，來遷就反對者的意見，仍無濟於事。17 年 8 月，第三次全國代表大會因籌備不及，改開五中全會，結果舊案重提，又有兩個取消大學院的提案，一是經亨頤的「重提設立教育部廢止大學院制案」，一是郭春濤、劉守中、柏文蔚、周啟剛、朱霽青等的「取消大學院改設教育部案」。前者除上次所述理由外，又列舉關於理論者二點，關於事實者二點，堅主速設教育部，取消大學院。後者所述理由大致相同。[68]8 月 14 日，五中全會第五次大會，議決：依建國大綱設立五院，在行政院下設有八部，教育部即為其中之一。[69]蔡元培眼見政府組織更變，其所手創之大學院已無法保存，乃於 17 日呈辭本兼各職，携眷出京，其辭呈謂：「元培一介書生，畏涉政事。……頃統一告成，……老病之身，不宜再妨賢路，……願以餘生，專研學術。」[70]經 22 日中央政治會議第 151 次會議決議慰留。[71]國民政府也於 27 日指令慰留，並派宋子文敦促回任。[72]9 月 1 日，又續辭本兼各職，去志甚堅，無可轉圜。[73]中央政治會議乃於 10 月 3 日准予辭職，並以蔣夢麟繼任。6 日，國民政府明令公布。[74]20 日，公布行政院組織法。23 日，國民政府正式明令改大學院為教育部，列為行政院下所設十部之一，所有前大學院一切事宜，均由教育部辦理。[75]翌日，特任蔣夢麟為教育部

68　〈取消大學院兩提案〉，民國 17 年 8 月 8 日《申報》。
69　劉紹唐主編，《民國大事日誌》第一冊（臺北，傳記文學社，民國 62 年 7 月），頁 405。
70　《大學院公報》第 1 年，第 9 期，公牘，頁 51；民國 17 年 8 月 18 日《申報》。
71　第 151 次政治會議（民國 17 年 8 月 22 日）紀錄。
72　《國民政府公報》第 87 期（民國 17 年 8 月），頁 21。
73　第 157 次政治會議（民國 17 年 10 月 3 日）紀錄。
74　《國民政府公報》第 98 期（民國 17 年 10 月），頁 13。
75　《國民政府公報》第 2 號（民國 17 年 10 月 26 日），頁 10。

長。[76]大學院就此取消。計蔡元培自 16 年 10 月 1 日就任大學院長，到 17 年 10 月 3 日辭職獲准，為時僅有一年。此一新的教育制度，在中國教育史上，真有如曇花一現。

（二）大學區的窒礙與廢止

大學區制度，在理論上似甚完善，而其原意亦未嘗不佳，但實行不久，非難的聲浪即遍於全國。反對大學院的是來自在上的政黨領袖；反對大學區的，則為中央大學區所轄的中等學校。16 年 12 月 5 日，該區的中等學校教職員聯合會呈請確定中等教育治標治本辦法及飭大學區重視中等教育，[77]是對大學區制表示不滿的先聲。不意 17 年 6 月 8 日，中央大學忽起易長風波；大學院呈請國民政府調張乃燕為大學院參事，其校長遺缺令由吳敬恆接充。在張來說，是明升暗降，實變相之免職；而吳氏則以事太離奇，決不擔任；同時中大高等教育處處長兼自然科學院院長胡剛復亦呈請辭職；又張乃燕疑秘書長楊允中（孝述）參與其謀，也面諷其辭職。一時暗潮洶湧，糾紛迭起，使全校狀態頓呈不寧之象。[78]在易長風波之同時，中央大學區中等學校聯合會即藉口大學區制易涉政潮，違背學術化目的，對於中小學教育有百害而無一利，擬就宣言，並備文呈請國民政府設法改正。在該文中，列舉試行大學區制的流弊有五點：

---

[76] 《國民政府公報》第 2 號（民國 17 年 10 月 26 日），頁 12。

[77] 《大學院公報》第 1 年，第 2 期，公牘，頁 37。

[78] 見民國 17 年 6 月 10 日～16 日《申報》。易長之原因，傳說不一，大致係為人事之不協。因事太突然，在處理上手續顯有不合，蔡元培為此曾在 12 日國府會議中自請處分。

(1)易受政潮之牽涉：大學校長任繁責重，更兼任省行政及其他委員，欲責其專心教育，隔離政潮，勢所不能，今日已見事實。

(2)經費分配之不公：蘇省教育經費，在改革前，高等教育佔全額百分之三十，普通教育佔百分之五十四。改革之始，大學當局聲言，以原有經費辦原有事業。但中小學經費一再削減，幾於不克維持，教職員待遇極菲，怨懟日深。

(3)行政效率之減低：大學區制龐大，運轉不靈，各校公文，有延至三月尚未批答者。甚至訓令既發，收回者有之，變更者有之，威信動搖。

(4)學風之影響：大學自開辦以來，風潮屢起，紀律全無，中學生受其感染，難以維持。

(5)釀成學閥把持之勢力：大學區制將全省教育行政用人之權，統屬於一機關，即集中於少數人之手。中小學代表，不過略事點綴，雖欲不造成學閥而不可得。

基於上述理由，該會不願再以蘇省教育事業供作大學區制試驗之犧牲品。他們認為全國教育行政制度既未能計畫若一，乃侈言法國制度，無異削足適履。[79]緊接着，該區的中等學校教職員聯合會，17年6月亦呈請國府迅予變更大學區制。該會列舉的理由是：

(1)經費分配不均，大學成畸形之發展。

(2)政潮起伏，各級學校均有橫被牽連之危險。

(3)評議會之組織，側重大學而忽視中學，且仍受校長之操縱。

---

[79] 《大學院公報》，1年8期，頁45-48。全文見民國17年6月16日《申報》。

(4)校長、處長對於校務政務不能兼顧，行政效率低落。

(5)大學屢起風潮，波及中學。[80]

兩會所述理由大致相同。後者並於 8 月間向二屆五中全會懇求主持正論，設法改進。而候補監委郭春濤等於向五中全會所提「取消大學院改設教育部」的議案中，亦指出：「一年來試行大學區之結果，對於教育廳之缺點，未見改善，即本身之流弊，亦已叢生。」[81]

在一片反對聲中，蔡元培和李石曾為了北平大學區的設立問題，發生了岐見。蔡因大學區已被人反對，在江浙試行，成績欠佳，如再在北平設立範圍較江浙更大之大學區，恐反對者必更多，故不贊成設立。李則認為首都既在南京，北平應為教育與學術重心，故主張設立。最後蔡不得不讓步。在 17 年 8 月 16 日大學院所召開的最後一次大學委員會會議時，蔡以大學院院長的身份主持會議，提出此案，不贊一詞，但請公決，通過了「北平大學區組織大綱」。[82]蔡元培於翌日即辭職出京，由此可見他反對設立北平大學區態度的堅決。

國民政府原令合北平各大學為國立中華大學，嗣改稱國立北平大學，以李石曾為校長，李書華為副校長。[83]但北平各院校學生群起反對合併，不但大學區制難於推行，即混合的北平大學亦不易組織。例如 11 月 29 日，北平舊北京大學學生反對改組，向北平大學

---

[80] 全文又見民國 17 年 6 月 20 日《申報》。嗣後兩會仍在不斷的從事反對大學區活動。

[81] 〈取消大學院兩提案〉，民國 17 年 8 月 8 日《申報》。

[82] 民國 17 年 8 月 17 日《申報》。

[83] 李書華，〈一年北平大學區〉，《傳記文學》第 11 卷，第 3 期。（民國 56 年 9 月號）

校長李石曾、副校長李書華請願，未有效果，搗毀二李住宅。[84]李石曾亦曾派員企圖武裝接收北大，未成，學潮擴大。蔡元培這時雖已辭去大學院長職務，由於與北京大學之舊關係，和蔣夢麟、吳敬恆以私人名義發電勸告北大學生，並從中疏解，改北京大學為北平大學北大學院，學潮才告平息。[85]12 月 14 日，國務會議議決將河北省教育廳職務移交北平大學辦理，但到了 18 年 2 月，學潮又起，並逐漸擴大。為了大學區制問題，北平方面幾無日不在波濤起伏中。6 月 17 日，國民政府因鑒於江蘇、北平兩大學區內反對新制運動的激烈，乃依據三屆二中全會的決議，把這個制度停止試行。教育部更於 7 月 5 日發出正式命令。結果北平大學區定 7 月 1 日停止，浙江大學區定 7 月 30 日停止，江蘇的中央大學區亦於 8 月 31 日結束，9 月 4 日把行政部份移交江蘇省政府。兩年來的大學區，在北方有各校學生的反抗，在南方有中等學校的反對，到此乃完全取銷，又恢復教育廳制，教育行政和學術打成一片的原則，終於沒有實現。[86]

　　在三個大學區中，以北平大學區的轄區最大，（轄河北、熱河二省、天津、北平二特別市）成立最晚，停止最早，所以時間也最短，不足一年，（浙江、江蘇各兩年）許多計畫都未能付諸實施，即告撤銷。

---

[84] 《教育雜誌》第 21 卷，第 1 期，頁 178。（民國 18 年 1 月 20 日出版）

[85] 李書華，〈七年北大〉，收入《碣廬集》（臺北，傳記文學社，民國 56 年 1 月），頁 62-72。

[86] 何炳松，〈三十五年來中國之大學教育〉，見《最近三十五年之中國教育》，頁 113-116。

（三）中研院與平研院的繼續發展

大學院與大學區雖已先後取消、廢止，但各保留了一個研究院，仍繼續發展，一是國立中央研究院（簡稱中研院），一是國立北平研究院（簡稱平研院）。這兩個國立的學術研究機關，有很多相近之處，如平研院的成立，在時間上雖較中研院稍晚，但兩院的籌議則是同時的，其成立的背景也完全一樣；只是兩院的基本性質、地位、以及研究範圍，不盡相同。

1. 中央研究院

國民革命軍底定江南後，國民黨內的學界人士感到為國家設立正式研究機構，是刻不容緩的事。因為當時我國大學教育及留學事業在量的發展方面，至為迅速，學術界已深感有提高學術研究之必要。所以於民國 16 年 4 月 17 日晚在南京舉行的中央政治會議第 74 次會議中，即由李煜瀛提議設立中央研究院案，決議推李煜瀛、蔡元培、張人傑（靜江）三人共同起草組織法。[87]5 月 9 日，中央政治會議第 90 次會議，議決設立中研院籌備處，並推定蔡元培、李煜瀛、張人傑、褚民誼、許崇清、金湘帆為籌備委員。[88]但到了 6 月組織中華民國大學院時，籌設中之中研院，變成了大學院中附屬的機關之一。在 7 月 4 日國民政府公布的「中華民國大學院組織法」[89]中，第七條為：「本院設中央研究院，其組織條例另定之。」10 月，大

---

[87] 中國國民黨中央執行委員會政治會議(以下簡稱「中央政治會議」)第 74 次會議紀錄。

[88] 中央政治會議第 90 次會議紀錄。

[89] 《大學院公報》第 1 年，第 1 期(民國 17 年 1 月出版)，頁 49-50。

學院院長蔡元培根據此條，著手籌備中研院，於 11 月 20 日召開中研院籌備會及各專門委員會聯合成立大會。

　　民國 17 年 4 月 10 日修正之中研院組織條例，定名為「國立中央研究院」（第一條），「設院長一人，由國民政府特任之」（第四條）。這是中研院一次很大的變動，很顯然的已不再是大學院屬下的一個學術機構。17 年 4 月 23 日，雖然仍是特派蔡元培為國立中央研究院院長，但不再是以大學院長身份兼任，中研院至是似已脫離大學院而獨立，但在 17 年 4 月 19 日公布大學院組織法的第二次修正文[90]第十七條，仍是「大學院設中央研究院為全國最高之學術研究機關。中央研究院組織條例另定之。」顯然是蔡元培在作最後努力，爭取中研院仍保留在大學院之內，不要脫離大學院而獨立。實則中研院雖在行政體系上仍然隸屬大學院，但已獨立於大學院之外。由於各界對試行大學區的不滿，連大學院本身的地位也發生了動搖，蔡元培即於 17 年 8 月 17 日呈辭大學院長之職，10 月 3 日獲准，並以蔣夢麟繼任。10 月 23 日，即改大學院為教育部。蔡元培則仍任中研院院長。在 17 年 11 月 9 日公布的中研院組織法第一條，即明定「中央研究院直隸於國民政府，為中華民國最高學術研究機關。」此時大學院已不存在，蔡元培最初創立大學院的理想，已歸破滅。既然已時過境遷，他自然也無意再將中研院置在由大學院改組而成的教育部之下。（國立中央研究院的名稱，直到民國 43 年 12 月 28 日公布修正「中央研究院組織法」時，始刪去「國立」二字，且因時已行憲，乃明定中研院「直屬於總統府」，備總統對學術上之諮詢。）

---

[90]　《國民政府公報》第 51 期（民國 17 年 4 月），法規，頁 4～8。

　　蔡元培一生獻身於教育學術事業，晚年更辭去一切兼職，專心致力於中研院之設立與發展，使我國有一最高學術研究機構。在中研院成立前，我國的學術團體是散漫的，各自為政的；直到中研院成立後，才站在國家學院的地位，使學術界有了一個有系統而又能代表全國學術團體的組織。[91]有此組織，然後工作得有中心，促成各機關間的合作，提高研究工作的效率。遇有國際學術會議，亦得藉此現成的綜絡組織，便於彼此接洽，並由此組織以轉與本國各學術機關或專門學者商洽推進，貢獻於學術者至大。

2.國立北平研究院

　　民國 16 年 5 月 9 日，李煜瀛在中央政治會議第 90 次會議中提議設立中研院籌備處的同時，又提出設立局部或地方研究院之擬議。決議通過。[92]此即以後在大學院中設研究院、大學區中亦設研究院之張本。16 年 6 月 12 日，國民政府公布大學區組織條例，其中第四條為：「大學區設研究院，為本大學研究專門學術之最高機關。」[93]

　　大學區與此前各省教育廳頗多不同，研究院係唯一比教育廳多出來的組織。當時大學區僅在江蘇、浙江、北平三區試辦。浙江省務委員會初於 16 年 5 月 20 日所舉行的第 13 次會議中，通過設立浙江大學研究院計劃案，聘張人傑、李煜瀛、蔡元培等九人為籌備委員，設置籌備處，並先後指撥地址為研究院院舍。嗣因規模宏大，

---

[91] 李濟：《感舊錄》，頁 72-75。

[92] 中國國民黨中央執行委員會第十九次政治會議記錄，民國 16 年 5 月 9 日，南京。

[93] 《國民政府公報》寧字第 6 號（民國 16 年 6 月 21 日），頁 25。

需費浩繁，遂由籌備委員會決議暫緩設立，先籌辦大學。[94]及試行大學區制，仍因經費關係，一直沒能設立。江蘇亦因經費困難，未設研究院。在三個試行大學區制的大學區中，只有北平大學區設了研究院。17 年 9 月 21 日，李煜瀛代表大學院大學委員會列席國民政府國務會議，說明國立北平大學之組織與預算，研究院既為北平大學之一部份，故隨北平大學通過於國府會議，並於 11 月開始籌備。初由北平大學校長和副校長負籌備之責，繼於 18 年 5 月設籌備委員會，由李煜瀛任籌備主任，蔡元培、張人傑及學術合作機關代表等為籌備員。至於院址，總辦事處設於懷仁堂西四所，生物部設於天然博物院內，理化部設於東皇城根，人地部分設於西四所及豐盛胡同與兵馬司。[95]

　　18 年 7 月，北平大學區在困難重重及各方強烈反對聲中宣告結束。8 月 7 日，行政院在所舉行的第 32 次會議中，決議：國立北平大學之北大學院仍改為國立北京大學，而正在籌備中的國立北平大學之研究院，則改為「國立北平研究院」。8 月 8 日，由教育部聘李煜瀛為院長。[96]自 16 年 5 月 9 日即動議設立的局部或地方研究院，直至 18 年的 9 月 9 日，方以「國立北平研究院」的名義正式宣告成立，同年 11 月，由院長李煜瀛聘李書華為副院長，襄理院務，一直維持了長達二十年之久，於 38 年 6 月 30 日結束。[97]

　　平研院成立後，由於籌備已久，所以發展很快，在其成立之初，即有物理、化學、生理（生物）、地質、動物、植物等六個

---

[94] 陳哲三，《中華民國大學院之研究》，頁 82。

[95] 《彙報》，第 1 卷，第 1 期，頁 2-3。

[96] 丁致聘，《中國近七十年來教育記事》（上海，商務印書館，民國 24 年 5 月初版），頁 198-199。

[97] 《彙報》，第 1 卷，第 1 期，頁 4。

研究所；21 年增設鐳學（37 年改為原子學研究所）與藥物學兩個研究所，25 年復將史學研究會改為史學研究所，前後共有九個研究所。就已設的九個研究所來看，大致可以說是非常注重自然科學的研究的。

※※※※

中研院與平研院是我國兩個最大的國立學術研究機關，就性質言，一為全國性，一為地方性；就規模言，平研院僅次於中研院，分別由蔡元培和李煜瀛主持。這兩個研究院，可以說都是實施大學院、大學區制下的產物，也是一項重大收穫！蔡、李二人自清末起，即為密切合作的伙伴；及民國成立，復共同致力於改良社會運動，在教育文化事業方面，更有過多次合作的紀錄。但在民國 17 年秋，兩人為北平大學區的成立問題，却發生了意見。平研院的組織、研究方向及規模等，均含有與中研院分庭抗禮之意。此後彼此的私人關係，已有點「尊而不親」的意味，不復如早年那樣親密。儘管在教育界和學術界，形成所謂「南蔡北李」兩系的說法，但他們仍對近代中國的教育和學術，各有其獨特的貢獻。撇開個人關係而論，在存有競爭的心理下，就都會有進步。

五、失敗原因之探討

歷來各種改革措施，一遇阻力，往往就又回到舊路上去。大學院及大學區制在各方反對的壓力下，便恢復了教育部及教育廳制。其所以失敗，除了上述理由外，其重要因素，尚有以下幾點：

（一）摹仿失當　變更太驟

我國自清末以來的新教育種種設施，或直接取法歐美，或間接採自日本，實際上皆出於摹仿。事實上，要想建立新教育，既無前例可循，而創制又難，故只有摹仿一途，易見功效。無疑的這次所實行的大學院制及大學區制，也不例外，大部是採用法國制度。當然，擇善而從，本無可厚非。但制度往往是社會和歷史的產物，某種制度適宜於甲國者，未必適宜於乙國。中國為歷史悠久之國家，情境特殊，問題複雜，政治型態，社會結構，亦復與西方不一，在接受一種新制度時，自然會困難重重。大學院及大學區制之立意未嘗不好，但在政治尚未完全統一、干戈擾攘、民生不安定的情景下，驟然盡改舊制，而頒行全國，難免要遭到反對。18 年 4 月 26 日，國民政府公布中華民國教育宗旨，指陳過去教育之弊害，文中有云：

> 教育制度與設施，缺乏中心主義，祇模襲流行之學說，隨人流轉；不知教育之真義應為綿延民族之生命。

顧敦福在〈對於全國教育亟應改進之意見〉中，亦指出：

> 吾國辦理教育者，其通病，不外乎盲從。始則為日本化，繼則為美國化，今則又趨於法國化。削足就履，不適國情，厭舊喜新，毫無定見。改革以後，復改為大學區制，專憑理想，不求實際，行之未久，忽又取消。政令愈繁，效力愈微。[98]

---

[98] 〈抗戰前教育政策與改革〉，《革命文獻》第 54 輯（臺北，黨史會，民國 60

王鳳喈在《中國教育史》一書中，評論我國近代學制之演進時，也認為「我國教育制度之變動太快太輕率」。他說：

> 制度係社會之產物，各國社會背景不同，故學制不能盡出於模仿；又制度之美惡，須經過相當時期始能斷定，若變動太快，則雖優良制度，亦不能表現其成績。[99]

凡此，均可代表對這一問題的看法。偏重摹仿，疏忽實際需要；變動太快，不能見其成績。大學院及大學區之實行，正坐此弊。

（二）政治不穩　基礎未固

國民政府自 14 年 7 月 1 日在廣州成立後，內部並未穩固，且一度呈現分裂狀態。最先是「西山會議」發生，遂有粵、滬的對立；自武漢為共黨劫持，反共之國民黨中央執監委員，於南京重建國民政府，又有寧漢兩方面的分裂。寧、滬、漢三方徒以容共反共之爭，致釀成同室鬩牆的悲劇。及南京實行清黨，與西山會議諸人趨於一致，於是有寧、滬合作的磋商；其後武漢亦實行分共，容共反共之論已不復存在，於是又有寧、漢合作的倡議。經過三方面交互磋商之後，才勉強完成統一。民國 16 年 9 月 16 日中央特別委員會的成立，表面上結束了民國 14 年以來之分裂狀態，但仍有許多困難存在，（如汪兆銘系人物之反對、破壞）無法達成黨務統一與團結之任務，不能發揮其領導效能。蔡元培以元老之地位，奔走調停，為

年 3 月），頁 399。

[99] 王鳳喈，《中國教育史》，頁 321。

各方疏解，不遺餘力。[100]在此多事之秋，國民黨基礎未固，正注全力於障礙之掃除，對於教育，未暇為整個方針之樹立。同時，在軍政時期，雖然都知道教育為立國之大本，但也無暇及此。且緩不濟急。蔡元培於此時倡議大學院及大學區制，未免陳意過高，也似非其時。

（三）留學派別之爭

自清末以來，到各國留學的學生日多，他們得風氣之先，回國後，便各以所學所見所聞貢獻於祖國。由於留學國度的不同，其見解亦隨之而異，無形中造成許多派別。在民初的教育界方面，留日學派擁有很大的勢力，這可從當時多採取日本制獲得證明。民國元年，蔡元培任教育總長時，本想採用歐美制度，即因留日派的學生過多，沒有通過。[101]這次試行大學院及大學區制，列名反對最強烈的，如經亨頤、丁惟汾、朱霽青等，也都是著名的留日學者。因留學國度不同而引起的派系之爭，是中國教育史上一件很不幸的事。

蔡元培與經亨頤，除了在教育上的見解不同外，其他政見，亦不盡相同。如在 17 年 8 月 4 日五中全會第一次預備會中，為邀請上海委員陳公博、陳樹人等七人出席問題，兩人亦曾發生爭論。因此，難怪經亨頤在五中全會中，對大學院的責難，也就不遺餘力了。

---

[100] 李雲漢，《從容共到清黨》（臺北，中國學術著作獎助會，民國 55 年 5 月），頁 756-762。

[101] 陳青之，《中國教育史》，頁 768、712、739。

（四）老友關係的破裂

　　促成大學院被廢止的另一原因，便是蔡元培和李石曾、張靜江等私人關係的破裂。破裂的導火線是 17 年 6 月初的中央大學易長風波。這次風波肇因於楊銓和張乃燕的不睦。[102]楊為大學院副院長，是蔡的得力助手；張為中央大學校長，是張靜江的侄子。在這場爭論中，蔡支持楊，便開罪了張靜江；李石曾因與張靜江關係極為密切，自然支持張乃燕。[103]爭論的結果，便是在 8 月所舉行的五中全會中，李和張不再支持蔡元培。在四中全會時，經亨頤設立教育部的提案，由於李之竭力支持，才將該案予以保留；等到五中全會經重提此案時，李、張卻為了政治分會存廢問題，態度消極，於 8 月 9 日相偕赴滬。[104]蔡在大會中失去了這兩位重要政黨領袖的支持，單獨面對他的非難者，便有點孤掌難鳴。

　　此外，蔡和李為了北平大學區的設立問題，亦因意見不合而發生不快。蔡反對設立，李則認為首都既在南京，北平應為教育與學術重心，故主張設立。[105]最後蔡不得不讓步。在 17 年 8 月 16 日大學院開大學委員會時，蔡為主席，提出此案，未贊一詞，但請公決。據 18 日《申報》報導開會情形云：

---

[102] 在中央大學的前身東南大學時期，楊銓、胡剛復即在該校任教，是屬於所謂科學社派的，與校長郭秉文不睦，郭免職後，代之以前上海大同大學校長胡敦復，胡被反對，不能就職，改派蔣維喬代理。16 年，張乃燕繼蔣為校長。張、楊的不睦，與這段歷史有相當關係。其中也可能也有南北學派的門戶之見。

[103] Linden "Politics and Education in Nationalist China, The Case of the University Council, 1927-1928.", p.774。

[104] 民國 17 年 8 月 10 日《申報》。

[105] 李書華，〈一年北平大學區〉；蔡尚思，《蔡元培學術思想傳記》，頁 78。

反對者僅朱家驊一人。朱意大學區今已被人反對，在江浙試行，亦無良好成績，現如在北平設立範圍較江浙更大之分區，恐反對者必更多。且聞李石曾先生並不堅持此案。李宗周[106]力爭，謂大學區制為世界最良好之教育制度，江浙試行之無良果，乃辦理者不得力。且謂石曾先生對此案決不讓步。其餘均未發言，即通過。查是日到會委員，有向不出席者，似專為此而來，故外傳蔡之堅辭，其因或在此。

從這段報導中，不難看出他們爭論的焦點。這次大學委員會，是蔡在大學院所主持的最後一次會議，翌日即辭職出京，可見他對這事態度的堅決。

由於私人間的一些爭執，已將這些多年來的老伙伴疏遠了。蔡於被攻擊最激烈之時，又為老朋友們所棄絕，唯有辭職一途。在 8 月 18 日《申報》的報導中，曾說：「近來教育方面傳說，某某兩有力領袖之生徒，暗鬥甚力。」即暗指蔡、李而言。21 日該報又云，蔡之「辭職原因，實欲及時休養，且與吳（稚暉）、張、李主張一致，外傳生徒暗鬥及與大學區制有關等語，完全無稽。」這話則是越描越黑。因為就以後事實的發展來看，並非「無稽」：繼蔡為大學院長、改制後教育部長者是他的一位老學生蔣夢麟，到 19 年 11 月蔣夢麟因與元老意見相左，也不得不辭職以去。[107]這次教育部之改組，據陳布雷的說法，即由於蔡、李兩系之齟齬。時蔣中正主席鑒於教育部長人選之難求，乃以行政院長名義自兼教育部長，而調陳布雷為常務次長，以調和兩大勢力之間。[108]

---

[106] 李宗周不知為何人，疑為李石曾之侄、前臺大歷史系李宗侗（玄伯）教授之誤。
[107] 蔣夢麟，《西潮》（臺北，中華日報社於民國 49 年 2 月再版本），頁 113-114。
[108] 陳布雷，《陳布雷回憶錄》（臺北，傳記文學社排印本，民國 56 年 1 月），頁

由以上所述蔡、李兩系自 17 年 6 月以來之齟齬，也不難尋繹大學院所以致敗的原因。此不僅為大學院之不幸，亦且為整個中國教育界之不幸。

（五）教育政策的激辯

蔡元培為謀教育行政之統一，就任伊始，首先呈准在試行大學區之省內各特別市教育局，其教育行政事項，應歸該區中山大學管理。[109]嗣又提議，將前隸各部院及其他各團體之中央教育學術機關，一律改歸大學院主管。[110]及北平收復，設立政治分會後，又議決；政治分會對轄區各大專學校不必有監督指導之權。[111]凡此，均可顯示大學院之權限日益擴大，其所遭受到的反對，亦必相對增加。如在江蘇大學區，即曾為江南官書局及國學圖書館之歸屬問題，與南京特別市教育局發生過嚴重的衝突。[112]蔡元培的目的，是在使教育家儘量免除政治的干涉，因為過去他曾在北京親身體驗過政治干涉教育之痛苦，所以才希望在國民黨的支持下能做到這一點。此外，他更努力爭取將制定教育政策的權力也交給教育家。為了實現這個理想，乃於 17 年 5 月在南京召開了為期兩週的第一次全國教育會議，集全國教育專家於一堂，商討三民主義教育之實施、教育行政之統一、學制系統之整理、教育經費之保障及教育效

79-80。

[109]《國民政府公報》第 1 號（民國 16 年 10 月），頁 22。

[110]《國民政府公報》第 65 期（民國 17 年 6 月），頁 46。

[111]《國民政府公報》第 87 期（民國 17 年 8 月），頁 28。

[112]《國民政府公報》第 55 期（民國 17 年 5 月），頁 17-18。

率之增進等重大問題。[113]根據該會議規程規定，所議決之事項，由大學院酌量採擇施行。[114]很顯然的，他是想透過全國教育會議來爭取教育政策的制定權。他明知這與當時以黨建國、以黨治國的思想是衝突的，因此，不可避免的要和國民黨內其他領導者如陳果夫（組織部長）、丁惟汾（訓練部長）、經亨頤（中央執委）等展開爭論。陳果夫等的主張，是在教育制度上要堅持黨權至高無上的原則，也就是說，教育計畫要由黨的領袖們在黨務會議上決定，不能交給教育家，因為教育家並不一定是黨員，他們的決定，也未必與黨的政策一致。於是在「黨化教育」和「青年運動」等問題方面，都曾引起廣泛的論爭。例如大學院隸屬國民政府，與軍事委員會、內政、外交等部是平行的，已明載政府公報中，[115]毋庸置疑，但反對者仍在名稱上吹毛求疵，郭春濤謂：「大學院而冠以『中華民國』字樣，究竟隸於國民政府乎？抑獨立於國民政府乎？」經亨頤亦謂：「何以大學院門前所懸的招牌，不稱國民政府大學院，大書特書而曰中華民國大學院？」[116]可知這時已由教育權限的爭取，而有些意氣用事了。

此外，大學院的其他舉措，也不能盡如人意，曾發生過或大或小的阻力。如杭州國立藝術院登報徵求青年男女模特兒，以為裸體

---

[113] 〈全國教育會議規程〉，第 1 條，見中華民國大學院編，《全國教育會議報告》（上海，商務，民國 17 年 8 月），甲編。

[114] 〈全國教育會議規程〉，第 18 條。

[115] 〈國民政府直轄各機關系統表〉，見《國民政府公報》第 7 期（民國 16 年 11 月），頁 2。

[116] 民國 17 年 8 月 8 日《申報》；Linden "Politics and Education in Nationalist China, The Case of the University Council, 1927-1928." , pp.773-774。案：大學院之名稱所以冠以「中華民國」，乃仿「法國大學院」之例，並無他意。

繪畫之需，由於當時風氣未開，認為此舉不惟敗壞風化，抑且虛糜
國帑，驅青年而入禽獸之域，呈請嚴加取締。[117]而 17 年 2 月 21 日
廢止春秋祀孔舊典之訓令，更引起一般守舊人士之反對。

　　一個新法之實行，遭到反對是必然的。及北伐成功，全國統一，
軍政時期結束，訓政時期開始，為健全國民政府的組織，以充分行
使治權，設立了五院，在行政院下便恢復了教育部的組織。教育部
的一切設施，完全聽命於國民政府及國民黨中央。此後，在教育政
策上，便進入了一個新的時期。

六、結論

　　蔡元培所創行的大學院及大學區制，在民國教育史上是一件大
事。其所以冒險作這樣大的改革，是極力想實行他對教育的理想：
以學者為行政之指導，以學術化代官僚化。換句話說，也就是教育
獨立。充分表達了中國現代教育家重要信念之一。因為教育能獨立，
才可以由教育專家來負責教育事業，然後方有學術自由可言。他在
任內的種種措施，都是在朝着這個方向走。關於教育獨立一事，就
蔡元培的生平言論與事蹟而言，約可分為三個階段：

　　第一期是認教育是半獨立的：如民國元年 2 月發表的〈對於
新教育之意見〉，把教育分成兩大類：(1)隸屬政治者，(2)超軼乎
政治者。

---

[117] 《國民政府公報》第 92 期（民國 17 年 9 月），頁 12-13。

　　第二期是提出教育獨立的辦法：如民國 11 年 3 月所發表的〈教育獨立議〉中所擬各項辦法。

　　第三期是獨立教育制度的實施：即大學院及大學區制的試行。

　　但是，所謂教育獨立，含義甚廣，如教育經費獨立、教育離宗教而獨立，尚不難辦到；若要教育脫離政治而獨立，可就沒法行得通了。因為教育是國家行政的一部分，無論國家採政黨政治，或非政黨政治，凡握得政權者，自然要發表其政治之主張（政策），教育當然要為其政策所支配。因此，他的理想早已註定了要失敗。

　　我們由大學院的歷史，可以看出，在民國 16、17 年時，國民黨內的先進們是如何為鞏固南京的國民政府而努力；他們想尋求一個共同的政黨綱領。蔡元培只是想改變這個政黨綱領中的教育部份，使得與他教育制度的想法趨於一致。他這個制度就是由學者制定教育政策，而將政黨的干涉減到最低限度。民國 16 年，正是黨國多事之秋，一面彌補黨內糾紛，一面致力於軍閥之掃除，對教育實無暇顧及，所以他的構想暫時獲得通過，因而設立了大學院。及北伐成功，整個局勢變了，一部份政黨領袖的注意力重新投射在教育上，適大學院及大學區制試行的結果，又不理想，便無法再獲得中樞的支持。蔡元培深知大學院的取消，已嚴重的損壞了他在國民黨領導階層中的地位，只有急流湧退；但仍保留了中央研究院院長的職務，來貫徹他注重學術研究的主張。中央研究院是他創辦大學院碩果僅存的一個機關，所留下的唯一成績，直到民國 29 年 3 月 5 日在香港病逝為止，從未離開過這個職務。

　　在大學院改為教育部後，雖然蔡元培、李煜瀛注重學術研究的主張，仍可分由中研院、平研院予以貫徹，但教育行政與學術，在形式和實質上，畢竟是分途發展，自成系統，缺乏在實施大學院、

大學區制時融合為一的便利，此與蔡、李原來的理想——以學者為
行政之指導，行政學術化——是有相當出入的。

（原載：臺北，《近代中國》季刊，第 7 期（民國 67 年 9 月 30 日出版），頁 79-91。
民國 97 年 10 月修訂。）

貳、學術研究

- 民國初期的學術研究（1912-1927）
- 統一與建設時期的學術研究（1927-1937）
- 中央政府遷臺後之學術研究（1949-1981）

民國初期的學術研究（1912-1927）

　　學術的進步，約有兩途：一是偶然的發展，一是有計劃的推進。所謂偶然的發展，或因天才的出現，或因時勢的趨向，促成一種意外的成功。所謂有計劃的推進，則是有一定的目的與組織，按部就班的預期實現。近代我國學術的發展途徑，大半是遵循後者。是故，探究民國初期（民元～16年）學術研究，首先必須對當時的研究機關與學術團體作一了解，然後再就學術研究的內容加以探討。

　　研究機關是政府以發展某種學術為目的而組織成立，學術團體則係民間私人所組成，亦有明確的宗旨；一般通稱為學會。茲分別敘述如下。

一、研究機關

　　民國初期，新舊交替，局勢未臻穩定，由於軍閥亂政，內閣屢經更迭，全國政治一片紊亂，政府無暇顧及於學術研究。北伐以前，由政府設立的研究機構寥寥無幾，較為重要的僅有兩處：一為國立北京大學研究所，一為地質調查所。現以此兩者作為介紹民初時期，由政府方面所推展的學術研究情形。

（一）國立北京大學研究所

　　清末的學制，在大學之上設一通儒院，為大學畢業生繼續研究之所。民國元年（1912），教育總長蔡元培改通儒院為大學院，於大學中分設各科研究所，為教授的研究機關；並仿德國大學制，規定大學高級生必須入所研究，俟其研究的問題解決後，才能畢業。但當時各大學並未實行，大學中有正式的研究所，係始於民國 7 年的北京大學。北大最初擬設之研究所有九個：(1)國文學，(2)英文學，(3)哲學，（以上文科）(4)數學，(5)物理學，(6)化學，（以上理科）(7)法律學，(8)政治學，(9)經濟學（以上法科）。各研究所之任務規定如下：(1)研究學術，(2)研究教授法，(3)特別問題研究，(4)中國舊學鈎沈，(5)審定譯名，(6)介紹新書，(7)徵集通訊研究員，(8)發行雜誌，(9)懸賞徵文。研究所之主任教員，均為知名人士：

文科　國文學：主任沈尹默；古文：黃侃；文字學：錢玄同；
　　　　國語：錢玄同。
　　　英文學：主任黃振聲；文學：辜鴻銘。
　　　哲學：主任胡適；中國哲學：胡適；心理學：陳大齊；
　　　　論理學：章士釗。
理科　數學：秦汾；物理：張大椿；化學：俞同奎。
法科　法律：黃右昌；憲法：王寵惠；政治：張耀曾；經濟：
　　　　馬寅初。

　　這是北大初設研究所的計劃與情形。[1]

1　陶英惠，〈蔡元培與北京大學（1917-1923）〉，《中央研究院近代史研究所集刊》，第 5 期（臺北，民國 65 年 6 月），頁 296-297。

　　自民國 9 年起，上述各科研究所改組為自然科學、社會科學、外國文學、國學四門研究所，經由評議會於 11 年 1 月 14 日正式通過研究所組織大綱，確立北大研究所為大學「畢業生繼續研究專門學術之所」。[2]組織大綱中且規定：設所長一人，由大學校長兼任；各學門設主任一人，經理該門事務，由校長於該校教授中指派，任期兩年。[3]

　　研究所國學門已先於民國 10 年 11 月正式成立，至 11 年 2 月組織國學門委員會，其任務為規畫該學門之一切進行事項。第一屆委員有：蔡元培（所長）、顧孟餘（教務長）、沈兼士（國學門主任）、李大釗（圖書主任），以上均為當然委員；馬裕藻、朱希祖、胡適、錢玄同、周作人等為委員。[4]國學門的設立是為研究國故，而其研究之重點首在整理。胡適曾於民國 15 年對國學研究所演講中，提出「國學是條死路，……這種死路，要從生路走起，……國學所包的是所謂經學、文學、哲學都是死路。……生路就是一切科學。」[5]因此，整理國故須以「無成見的態度，精密的科學方法，去尋求那已往的文化變遷沿革的條理線索，去組成局部的或全部的中國文化史。」[6]整理國故亦並非「保存國粹」、「發揚國光」，「不論是國粹國渣，都是國故，我們不存什麼『衛道』的態度，也不想從國故裏求得什麼

---

[2]　《國立北京大學國學季刊》，第 1 卷，第 1 號，附錄(3)，研究所國學門重要紀事，民國 12 年 1 月。

[3]　《國立北京大學國學季刊》，第 1 卷，第 1 號，附錄(3)，研究所國學門重要紀事。

[4]　《國立北京大學國學季刊》，第 1 卷，第 1 號，附錄(3)，研究所國學門重要紀事。

[5]　北大研究所編，《北京大學研究所國學門月刊》，第 1 卷，第 1 號，研究所國學門第四次懇親會紀事。

[6]　北大研究所編，《北京大學研究所國學門月刊》，第 1 卷，第 1 號。

天經地義來供我們安身立命。」[7]北大研究所國學門純學術研究的態度，從胡適的言論中，可以略窺其精神所在。

國學門的學術刊物有《國學季刊》（12 年 1 月創刊）、《國學週刊》（14 年 10 月）、《國學月刊》（15 年）等。《國學季刊》發行的主旨即在發表國內及國外學者研究「中國學」的成果，[8]雖以國學為範圍，但與國學相關之各種科學，如東方古言語學、比較言語學、印度宗教及哲學等亦予以相當之地位。[9]《國學季刊》中值得一提的是，第 2 卷第 1 號（14 年 12 月），為戴東原專號，當時為紀念其兩百週年誕辰而作。這位在小學、經學、算學、哲學、地理學術各方面均有成就的清代學者，曾為國學門一時熱門的研究對象。該季刊在民國 16 年以前，僅出版 5 期，其中主要作者多為知名之士，如沈兼士、朱希祖、胡適、顧頡剛、錢玄同、王國維、馬衡、劉復、胡鳴盛、容庚等。《國學週刊》、《國學月刊》與《國學季刊》的性質大略相同。

國學門內部分設編輯室，考古研究室，歌謠研究會，風俗調查會，檔案整理會及方言調查會。[10]編輯室曾剪輯《纂錄太平御覽》、《藝文類聚》、《太平廣記》三書，各編為引用書籍類纂、引用書目錄及引用書目詳解，又編有《慧琳一切經音義眾經目錄》、《玄應一切經音義眾經目錄》；另以《說文古本考》十四卷為本，彙錄成校勘記一冊。[11]

---

[7]　北大研究所編，《北京大學研究所國學門月刊》，第 1 卷，第 1 號。

[8]　《國學季刊》，第 3 卷，第 1 號，編輯略例。

[9]　《國學季刊》，第 3 卷，第 1 號，編輯略例。

[10]　《國學季刊》，第 1 卷，第 3 號～第 2 卷，第 1 號，研究所國學門報告。

[11]　《國學季刊》，第 1 卷，第 3 號～第 2 卷，第 1 號，研究所國學門報告。

考古研究室於民國 12 年 5 月設立古蹟古物調查會（13 年 5 月更名為考古學會），始逐漸開始調查保存及研究工作。該會宗旨為「用考古學的方法調查研究中國過去人類之物質的遺跡及遺物」,[12]凡一切人類之意識的製作物，與無意識的遺跡、遺物，以及人類間接所遺留之家畜或食用之動物之骸骨、排泄物……等，均在該會調查研究範圍之內。[13]12 年 8 月間，適逢河南新鄭、孟津兩地掘獲周代器物，為宋以來最大之發現，該會即特派馬衡前往考查，返後並編有詳細報告（見《國學季刊》第 1 卷第 4 號附錄），此為北大國學門首次從事於古物調查工作。

歌謠研究會曾於民國 11 年 12 月 17 日（北大成立二十五週年紀念日）發行《歌謠週刊》，由周作人、錢玄同、沈兼士、張鳳舉、常惠等編輯，專為會員研究討論之機關，並期能引起各方人士之興趣與注意。該會尚編有白啟明的《豫宛民眾藝術叢錄》。[14]

風俗調查會於民國 12 年 5 月 24 日開成立會，言明其設立旨趣在「為研究歷史學、社會學、心理學及行為論，以至法律、政治、經濟等科學上不可少的材料。」[15]成立會中並決定風俗調查的三項辦法：(1)書籍上之調查，(2)實地調查，(3)徵集器物。[16]因初創辦並無確定經費，(1)、(3)項均未能積極進行；至於實地調查項，則由該會發出風俗調查表三千餘份，廣泛的在全國各地作抽樣調查，但僅收回 41 份調查卷，以致無法進行預期的研究工作。該會唯一的研究

---

[12] 《國學季刊》，第 1 卷，第 3 號，研究所國學門重要紀事。

[13] 《國學季刊》，第 1 卷，第 3 號，研究所國學門重要紀事。

[14] 《國學季刊》，第 1 卷，第 3 號～第 2 卷，第 1 號，研究所國學門報告。

[15] 《國學季刊》，第 1 卷，第 3 號，研究所國學門重要紀事。

[16] 《國學季刊》，第 1 卷，第 3 號，研究所國學門重要紀事。

成果，是民國 15 年底溫壽鏈依據該調查表格，完成〈龍巖縣（閩省）的風俗〉一詳細報告（刊於《國學門月刊》第 1 卷 7、8 期合刊中）。

　　檔案整理會於民國 12 年 7 月初組成，主要整理之檔案為自明迄清之題本、報銷冊、揭帖、賀表、賸黃、金榜、起居注、實錄等，此項檔案係清內閣大庫檔案，由歷史博物館於 12 年 5 月 22 日移交北大代為整理。檔案整理會的組成員有研究所國學門、史學系和中國文學系教職員沈兼士、朱希祖、單不庵、胡鳴盛等人及畢業生、在校學生數十人。[17]自 7 月 4 日起著手整理，分三步驟進行：第一步為形式分類及區別年代，第二步為編號摘由，第三步為報告整理成績，研究考證各重要事件及分別編製統計表。當時初步編摘完成者有明季兵部題行稿提要彙編及清代官印譜。[18]

　　方言調查會最晚成立，於民國 13 年 1 月 27 日開成立會。曾發刊方言標音專號二張，並製定方音字母。[19]

　　國學門不但注重國故，亦留心於「考今」，欲在活材料裏找出民族生命之厄運與福祉的事跡。此如歌謠研究會，方言、風俗調查會，無一不是為現代社會橫方面材料整理的組織。[20]

　　北大研究所除國學門外，尚有自然科學、社會科學、外國文學三學門，然因資料缺乏，無法於此詳述。

---

[17] 《國學季刊》，第 1 卷，第 1 號，附錄(3)，研究所國學門重要紀事，

[18] 《國學季刊》，第 1 卷，第 3 號～第 2 卷，第 1 號，研究所國學門報告。

[19] 《國學季刊》，第 2 卷，第 1 號，附錄：北大研究所國學門報告。

[20] 《國學門月刊》，第 1 卷，第 2 號，通信。

（二）地質調查所

地質調查所，為民初時期我國最具有規模之專門學術機構。在介紹該所之前，首先對於政府所設地質機關之成立與發展，簡單列表，藉明民初地質調查由行政機關漸進過渡至研究機構的沿革：[21]

機關	地點	成立時間	主持人	沿革及內部概況
實業部地質科	南京	民元年1月	章鴻釗	民元年4月，南京臨時政府移到北京，將實業部分為農林工商兩部，仍於工商部置地質科。
工商部地質科	北京	民元年4月	丁文江	民2年6月，設立地質研究所。
工商部地質研究所	北京大學	民2年6月	丁文江 章鴻釗	民3年，工商部與農林部合併為農商部，該所改隸農商部。民5年6月，學生22人畢業即停辦。[22]
地質調查所	北京	民5年1月	丁文江 （民5-15） 翁文灝 （11-15，副所長代理所長； 15-26，所長。）	初成立時名「地質調查局」，下設地質股與礦產股，由章鴻釗與翁文灝分主股務。民5年10月，改稱地質調查所，以丁文江為所長，民15年丁辭職，以翁文灝為所長。
河南省地質調查所		民12年秋	吳鑄臣 陳叔玉 魏中谷 曹雲章 張鳴韶	隸屬省政府建設廳，16年春，該所以經費無著，奉令裁撤。至20年始又恢復。
湖南省地質調查所	長沙	民16年3月	李毓堯	隸屬省政府建設廳。

---

[21] 章鴻釗，〈中國地質學發展小史〉，頁19；《革命文獻》，第59輯，頁129-133。

[22] 地質研究所學生二十二人，今得知十四人：王竹泉、李捷、李學清、李彝榮、周贊衡、朱庭祜、趙志新、徐淵摩、趙汝鈞、葉良輔、劉季辰、盧祖蔭、謝家榮、譚錫疇。見《地質研究所師弟修業記》，民國5年。

　　民國 2 年成立的地質研究所，是借北京大學地質系舊址而設
立。當時北大地質學門因招不到學生而遭停辦。丁文江等即利用該
學門中原有的圖書、標本，並借用一位德籍教授梭爾格（F. Solger），
由工商部開辦了地質研究所。[23]丁文江、章鴻釗在短短的三年時間
（民 2-5）內，以這所臨時培植專才的機關，訓練出國內第一批地質
專業人才，奠定了地質學在中國發展上的基業。這群人（見註 22）
是中國地質學界披荊斬棘的前驅者，他們在學術上的貢獻，深具重
要性。該所學生結業後，出版《地質研究所師弟修業記》，由章鴻釗、
翁文灝二人為之序。內容主要為地質研究所教員學生三年中實地考
察之所得。此作實為國人最早開辦研究地質事業之記錄，並為近代
中國地質學術研究揭開序幕。

　　這裏特別要介紹一下丁文江（1887-1936）其人：他是奠定中國
地質學基礎及擘畫其發展途徑，最具功勞的地質界先驅。丁文江，
字在君，筆名宗淹（據胡適言：因其崇敬「先天下之憂而憂，後天
下之樂而樂」的范仲淹而命名），江蘇泰興縣人。早年受其恩師泰興
縣知縣龍璋（字研仙）之栽培，力勸遊學，並資助東渡日本。丁氏
在日居留一年多，並未進入正式學校讀書。後受吳敬恆自英函留日
同學的影響，計畫赴英國留學，至光緒 30 年（1904）成行。兩年後
考入劍橋大學，入學僅半年即因經濟不支而輟學，再兩年入蘇格蘭
之葛拉斯哥（Glasgow）大學，主修動物學，以地質學為副科。到第
三學年，又加添地質學為主科，地理學為副科。至宣統 3 年（1911），
同時得到動物學及地質學兩門畢業文憑。學成後，隨即返國貢獻所
學。丁文江接受七年的英國教育，除具備專門知識外，最大心得是

23　胡適，《丁文江的傳記》，頁 15。

達爾文（C. Darwin）、赫胥黎（T. H. Huxley）等一流科學家實事求是的精神訓練。

丁文江學行素養兼具中西文化，更有「歐化中國過程中產生的最高的菁華」之美譽。由於他無論在觀念上或技術層面上的推動，使地質學成為近代中國科學史上最具成就者，尤其在古生物學上的研究，曾獲得國際學術界相當的重視。就近代中國科學界而言，丁文江是開明的先驅，亦是播種者。傅斯年曾謂：「中國若有這樣人（指丁氏）二十個，又都在扼要適宜的地位，二十年後，我們庶幾可以成第一等的近代國家了。」此語可視為學術界給予丁文江的至高評價。[24]

1.地質調查所初成立時的組織

該所隸屬於農商部，所內分設三股一館：一總務股，二地質股，三鑛產股，四陳列館，各有其職掌：總務股總理一切行政事宜。地質股掌地質圖測製、地層及地質構造調查、地形測量、地文研究、水利測量研究等事項。鑛產股掌鑛床調查、鑛質化分、鑛產調查及統計、土性調查等事項。陳列館則為陳列、儲藏各種標本之處，並負責交換或購買及鑑定各種標本。所內職員設置為：所長1人，股長3人（其一以所長兼任），技師6-8人，調查員12-18人，測繪員3人，事務員1-3人。組成份子多為自地質研究所畢業諸生。[25]

---

[24] 參閱胡適，《丁文江的傳記》；胡適等著，《丁文江這個人》；及 Charlotte Furth: *Ting Wen-Chiang, Science and China's New Culture*, Harvard University Press, 1970.

[25] 參閱農商部地質調查所，《地質彙報》，第1、2號，〈地質調查所章程民國五年十月二十四日〉及〈地質調查所修正章程民國九年七月七日〉。

2.地質調查所研究活動

該所從事之學術研究，在中國地質學界係發軔工作，本於「工欲善其事，必先利其器」原則，所內全盤研究計劃中，首先進行測製全國地質圖與統一地質學專有名詞兩項工作，以為地質學在發展上舖路。

當時對於中國地質圖的測製，是從三類地圖著手：第一類為全國百萬分之一地質總圖，按照國際地質學會所定世界全圖分幅及投影之規則，每幅經六度緯四度，各附說明書一帙，則中國本部應有二十餘幅，合之蒙藏等地，共有五十餘幅。第二類為交通較便之處，測驗較詳之分區圖，例如先作十萬分之一或二十萬分之一之地質底圖，出版時縮為二十萬分之一至五十萬分之一。第三類為鐵路沿線，或其他交通較便或礦產較富處，以及地質上有特殊重要性之區域，則測製更詳之圖，縮尺為五萬分之一乃至萬分之一。[26]至於地質學及其他相關諸學專有名詞的統一工作，該所自始即積極討論專有名詞的用法，並從事編輯統一通用的名詞，以避免研究上不必要的浪費與重複。[27]

早期中國地質調查研究，每視礦產調查為一項重要工作，丁文江於民國元年任北京工商部礦政司的地質科長時，即開始親自從事礦產調查。至地質調查所成立後，特別重視工業原料的煤鐵礦調查，丁文江並邀約農商部礦業顧問瑞典籍地質學家安特生（J. G. Anderson）及其助手丁格蘭（F. R. Tegengren）輔助調查工作，後並得有《中國鐵礦誌》（上、下）出版（民國 10 年、12 年印行）。該所復著手編

---

[26] 李熙謀主編，《中華民國科學誌》（二），〈地質學〉，頁 12。

[27] 翁文灝，〈對於丁在君先生的追憶〉，見《丁文江這個人》，頁 25。

印《中國鑛業紀要》，對於全國煤鐵等鑛的儲量，各鑛分布的情形，市場狀況，生產及進口數量，作扼要記載，使從事中國鑛業者，得有系統的知識。[28]

關於地層古生物方面的研究，要遲至民國 11 年美國哥倫比亞大學葛利普教授（A. W. Grabau）來華任該所古生物研究室主任後，始漸發展。雖然丁文江在調查鑛產途中，曾採集各地區化石甚多，惟有系統的研究足以說明中國地層年代的各類化石，當推為由葛氏所領導。[29]丁文江最初即感覺到中國地質研究之困難在於地層內之化石知識的欠缺。此種化石，非特須收集、保存，尤須予以科學之描述及說明。故所內除聘請專家領導研究外，且籌劃刊物，專門記載與解讀中國生物之遺跡;《中國古生物誌》的刊行即為實現此計劃。此刊物自民國 11 年起開始發行，最初曾受中華教育文化基金董事會之協助。[30]全誌內容共分四門：甲種專載植物化石，乙種記無脊椎動物化石，丙種專述脊椎動物化石，丁種則專論中國原人。[31]

另外在採集化石上值得一提的是：該所曾於民國 6 年與瑞典愛勃塞來大學（Uppsala University）立有共同研究契約，其辦法：由安特生領導調查所人員在河南澠池、山西保德，作有計劃之採集，所得化石由該大學教授威曼（C. Wiman）代為鑒定，經費則由瑞典政府供給及由瑞典私人捐助。化石經鑒定後，則皆歸中國地質調查所出版，短篇論說刊入《地質彙報》，長篇地質論文列入《地質專報》，長篇古生物著作歸入《中國古生物誌》。所採集之標本，以一半分贈愛勃塞來

---

[28] 《中華民國科學誌》（二），〈地質學〉，頁 14。

[29] 《中華民國科學誌》（二），〈地質學〉，頁 15。

[30] 《中華民國科學誌》（二），〈地質學〉，頁 15。

[31] 《丁文江這個人》，頁 34。

大學古生物標本室，一半則留置中國地質調查所陳列館。[32]在此合同下，地質調查所進行的古生物學研究，成績卓著。其中最具有意義的一次研究，當推安特生與師丹斯基（O. Zdansky）於民國 10 年開始在周口店所作之小規模發掘。師丹斯基於 12 年發現人形牙齒，經威曼教授鑒定為荷謨形（Hominid）牙齒，當時師氏所發表之〈直隸周口店發現骨化石報告〉[33]震驚全國學術界。地質調查所於是著手組織發掘機構，至民國 18 年成立新生代研究室，在周口店進行有系統的發掘工作，日後北京人的出土即奠基於當時安、師二氏所從事的發掘。[34]

　　該所在民國 16 年以前出版的學術刊物，計有：《地質彙報》八號，《地質專報》甲種五號、乙種三號、丙種兩號以及《中國古生物誌》冊。以《地質彙報》為例，第一～八號中共有研究論文 51 篇，其中有關鑛產調查者 27 篇，有關古生物學者 19 篇，岩石學 3 篇，地文史、地震方面各一篇。[35]《地質彙報》為地質調查所當時所僅有的經常性期刊，僅由其所發表之論文，吾人即可了解該所在民初時期所從事研究活動之梗概。

二、學術團體

　　民初時期，由私人成立的學術團體，茲依其性質分文史哲學、社會科學、自然及應用科學三大類表列於下：[36]

---

[32] 《地質彙報》，第 5 號，第 1 冊，頁 53。
[33] 《地質彙報》，第 5 號，第 1 冊，頁 53。
[34] 《中華民國科學誌》（二），〈地質學〉，頁 21。
[35] 參閱《地質彙報》第 1 號～第 8 號。
[36] 本表中未附小註者，係採自莊文亞，《民國二十三年全國文化機關一覽》；《第

（一）文史哲學類

名稱	成立時間	成立地點	主要負責人	宗旨及學術活動	備註
世界語學會	光緒34年	上海	陸式楷 胡愈之	曾辦世界語函授學校、綠光雜誌、世界語書店及圖書館。	(1)
上海世界語學會	宣統元年	上海	戈麗生 張繼善		(1)
南社	宣統元年冬	上海	高　旭 陳去病 柳棄疾	曾出版《南社》二十二集。民國12年，改組為新南社，柳棄疾任社長，宗旨為「國學整理、思想介紹」。出版《新南社》社刊一期，會務旋即停頓。	(2)
孔教會	民國元年	上海	沈曾植 梁鼎芬	昌明孔教、救濟社會。出版《孔教會》雜誌。	(1)

一次中國教育年鑑》（丙編：教育概況，第四，學術機關及學術團體）。備註者係參閱：

(1)胡懷琛，〈上海的學藝團體〉，見《上海通志館期刊》，第2卷，第3期，頁823-946。

(2)《上海研究資料》續集。

(3)《時報》：a.1912年12月31日，b.1912年5月5日，c.1912年4月23日，d.1912年5月10日，e.1912年10月5日，f.1912年1月23日，g.1912年3月22日，h.1912年5月28日，i.1913年4月17日。

(4)《順天時報》：a.民國2年12月13日，b.民國2年12月23日，c.民國2年12月28日。

(5)日本外務省文化事業部，《中華民國教育其他の施設概要》。

(6)王玉，〈文學研究會與新文學運動〉，政治大學碩士論文。

(7)五四時期的社團。

(8)臺北，《傳記文學》第35卷第1期。

(9)張朋園，《梁啟超與民國政治》。

(10)《學林月刊》第一輯。

(11)夏炎德，《中國近百年經濟思想》。

(12)劉紹唐，《民國大事日誌》。

(13)劉咸，《中國科學二十年》。

(14)《中華民國科學誌》。

孔孟正學會	民國元年	上海	伍廷芳 李鍾珏		(3)a
中華民國世界語學會	民國元年	上海	孫國璋 胡敦復		(3)b
希社	民國元年	上海	高　翀 姚文棟	崇經尊孔。	(1)
尚志學會	民國元年	北京	范源廉 江　庸	創辦學校，出版《哲學評論》。	
上海法文協會	民國元年	上海	法人梅鵬（Frangaise）	宣揚法國語言、文字藝術。	(1)
孔社	民國2年	北京	徐　琪 饒智元	創設信古傳習所。	(4)a
舜水學社	民國2年	杭州	湯壽潛		(4)b
船山學社	民國2年	長沙	劉人熙		(4)c
廣倉學會	民國2-3年間	上海	英籍猶太人哈同（Hardoon）	崇尊倉頡。延聘前清遺老主持中國經史之學研究，創辦華嚴大學佛學專科（民4年改為倉聖明智大學，14年停辦）。	(1)
丙辰學社	民國5年12月，9年10月在上海復會	日本	陳啓修 王兆榮	12年6月，修改社章，更名「中華學藝社」。出版學藝雜誌、學藝叢書，舉辦學藝大學（14年2月-15年7月），並影印宋、元版古書多種。	
文社	民國7年	廣州		研究文學。	(5)
國語研究會	民國9年	上海		以研究及傳習注音字母為職志。	(1)
四存學會	民國9年	北京	齊振林	闡明顏元、李塨兩氏學說。創設四存中學校、設立出版部。	
文學研究會	民國9年11月	北京	周作人 鄭振鐸 沈雁冰	介紹世界文學，整理中國舊文學，創造新文學。以《小說月報》為機關刊物，並出版文學叢書、通俗戲劇叢書、文學週報社叢書。	(6)
尚志學會	民國10-11年間	上海	張東蓀 孟憲承	出版尚志學會叢書，由商務印書館發行。	
創造社	民國10-11年間	日本	郭沫若 郁達夫	出版創造社叢書（10年）、《創造季刊》（11年）、《創造週報》（12年5月）、《洪水半月刊》（14年9月）、《創造月刊》（15年3月）、	(1)

				《幻洲半月刊》（15 年 10 月）、及創造社世界名著選。	
樸社	民國 11 年	北京	顧頡剛	出版文學、哲學書籍多種。	
詩鏡社	民國 11 年	廣州		研究詩。	(5)
東華學會	民國 13 年 1 月	成都	朱策勛 嚴鼎臣	研究哲學詩文。	(5)
東方文化學會中國分會	民國 13 年	法國	李國杰（李鴻章之孫，曾任比國公使）	總會由中國、敘利亞、阿拉伯、土耳其四國人所發起。提倡東亞文化，徵集東方各國之史料。舉辦學術演講，發行雜誌，開設展覽會，組織學術考察團。	(1)
中社	民國 14 年	上海	林嵩尊	提倡國學。發行中社雜誌。	(1)
東省文物研究會	民國 14 年 8 月	哈爾濱			(5)
中國語言文字學會	民國 15 年 1 月	上海	蔣逸民 嚴叔平	研究中國語言文字，發展中國文化。審定發音的部位，考察方言，清理白話文。	(1)

（二）社會科學類

名稱	成立時間	成立地點	主要負責人	宗旨及學術活動	備註
群學會	光緒 30 年	上海	高壽田 楊聘漁	研究學術，提倡教育。尤致力於特殊教育設施，設有聾啞教育研究會。	(1)
中國地學會	宣統元年	天津	張相文	出版《地學雜誌》。	(1)
華法聯進會中國分會	民國元年	北京（天津、上海亦設有）	李煜瀛 韓汝庚	聯絡中法兩國國民感情，研究兩國政治、實業、科學三問題，擴張兩國人民相互之權利。	
地稅研究會	民國元年	江蘇崇明		研究美人 Henry George 學說，謀於中國實行。	(3)c
法學會	民國元年 8 月	北京	王寵惠 許世英	發行《法學雜誌》，辦理法政學校。	(3)d

國際法學會	民國元年	北京	陸徵祥 張　謇 張嘉森	發起國際和平關係，研究國際法學。	(3)e
中國政治學會	民國 4 年	北京	王正廷	發行英文季刊 *"The Chinese Social and Political Science Review"*（中文名：《中國社會及政治學報》）	
學術研究會	民國 4 年 8 月	東京 （7 年遷上海）		研究學術，促進文化。出版《民鐸》雜誌及編輯叢書專著數種。	
世界社	民國 6 年		張人傑	出版刊物，創辦學校。	
馬克斯主義研究會	民國 7 年	北京	李大釗 瞿秋白 鄧中夏	研究馬克斯主義。	(7)
新民學會	民國 7 年 4 月	長沙	蔡和森 毛澤東 何叔衡	革新學術，砥礪品行，改良人心風俗。後轉為政治團體。	(7)
工學會	民國 8 年 5 月	北京	匡互生 劉熏宇 周為群 楊明軒	前身為「同言社」（民國 8 年 2 月成立）。以勵行工學主義為宗旨。出版《工學月刊》（8 年 11 月），專門研究和宣傳工學主義。研究教育上勞動實施之方法。	(7)
少年中國學會	民國 8 年 7 月 1 日	北京	王光祈	刊行《少年中國》月刊，《星期日週刊》，及少年中國學會叢書（至 15 年底共出版李璜譯《法蘭西學術史略》等三十三種）。	(8)
少年學會	民國 8 年 9 月 1 日	北京	趙世炎 夏　康農 （由北高師附屬中學生組成）	發展個性知能，研究真實學術，以進取精神養成健全少年。舉辦學術講演（曾邀周作人等），出版《少年半月刊》（民國 8 年 10 月創刊）。	(7)
共學社	民國 9 年 4 月	北京	梁啓超 張東蓀	培養新人才，宣傳新文化，開拓新政治。編譯新書多種，創設圖書館，出版雜誌，選送留學生。	(9)
俄羅斯研究會	民國 9 年 8 月	長沙	姜濟寰 易寅村 方竹雅 何叔衡	研究俄羅斯一切事情。發行俄羅斯叢刊，派人赴俄實地調查，提倡留俄勤工儉學。	(7)

講學會	民國 9 年 9 月	北京	梁啟超 蔣方震	邀請西方學者來華講學。	(9)
太平洋學會	民國 9 年		柏思德 凱末耳 李登輝 唐紹儀 伍廷芳 王正廷	聯絡華人及太平洋沿岸各國人的感情，並研究與各國人有關係的學問。	(1)
中華心理學會	民國 10 年	南京		出版《心理》。	(10)
亞洲學術研究會	民國 10 年	上海	汪鍾霖 鄧遠彥	研究亞洲學術。出版亞洲學術雜誌。（實多偏重於中國方面）	(1)
中國經濟學社	民國 12 年 夏	北京	劉大鈞 馬寅初	提倡經濟學精深之研究，討論現代經濟問題，編譯各種經濟書籍，贊助中國經濟界之發展與改進。出版關稅問題專刊、中國經濟問題與經濟建設。	(11)
婦女問題研究會	民國 13-14 年			出版婦女問題研究叢書、《新女性》（月刊）。	(6)
甲子社	民國 14 年 3 月	上海	黃炎培 黃伯雨 史量才 張君勱	收集關於人群文化之紀述，分類庋藏，使修學、著書、施政、行事，得所依據。曾分類選輯自辛亥年（1911）起各日報之有價值史料，出版《人文月刊》（以現代史料為中心，而偏重於社會經濟）。	(1)
孫文主義學會	民國 14 年 4 月	廣州			(12)
健行社	民國 14 年 5 月	成都	易光謙 劉啟明	研究三民主義。	(5)
社會調查所	民國 15 年 7 月	北京	任鴻雋	專事社會調查與研究。	
幼稚教育研究會	民國 15 年	南京	陳鶴琴 俞子夷	出版《兒童教育》刊。	

（三）自然及應用科學

名稱	成立時間	成立地點	主要負責人	宗旨及學術活動	備註
中華工學會	民國元年	上海	顏季暉 吳任之	求工程學術日新。	(3)f
化學總會	民國元年	上海	陳傳瑚	（留歐習化學者組成）	(3)g
兵工械器研究會	民國元年	上海	施本懷	研究兵工製造。	(3)h
中華醫藥聯合會	民國元年	上海			
中華全國鐵路協會	民國元年	北京	葉恭綽 關賡麟	研究鐵路學術，協助鐵路事業發展。設立鐵路大學，出版月刊。	
中華博物研究會	民國2年	上海	吳冰心	研究動植生礦，改良教材，發起實學。	(3)i
中國科學社	民國3年	美國綺色佳（Ithaca）	任鴻雋 竺可楨 秉　志	振興科學，提倡實業。出版科學雜誌、論文專刊、科學叢書、科學叢刊、通論特刊，創辦生物研究所並刊生物論文。	
醫學研究會	民國3年10月	遼陽			(5)
中華醫學會	民國4年	北京		出版《華醫學雜誌》及 *Chinese Medical Journal*。	
航空學會	民國5年	北京		出版《航空月報》、《航空雜誌》。	
中國工程師學會	民國6年	上海	詹天佑	發展工程事業，研究工程學術。出版《工程月刊》、週刊、《機車概要》、《工程名詞草案》。	
中華農學會	民國6年	上海		研究農學、革新農業，刊行《中華農學會報》、編著農學叢書，創設農學研究所。	
中華森林會	民國6年	南京		出版《森林》。	
中國化學研究會	民國7年	法國	王祖榘 李書華 沈覲寅 李麟玉	編譯有機化學名詞。	(13)
中國合眾蠶桑改良會	民國7年	上海		出版季刊（10年）、《秋蠶飼育法》（15年）。	

醫學研究會	民國 8 年 8 月	遼寧新民			(5)
中華全國道路建設協會	民國 10 年	上海	王正廷	促進全國路市交通，編譯路市專書，發行道路月刊，編製交通圖表。	
上海化學會	民國 11 年	上海		（由中外化學學者組成）	(13)
日新輿地學會	民國 11 年	北京	蘇甲榮	調查、繪製中外各種地圖（曾於13 年出版《中華七省沿海圖》），出版地學叢書。	
上海中醫學會	民國 11 年	上海		出版《中醫雜誌》。	
中華化學工業會	民國 11 年	北京	陳世璋 俞同奎	研究化學學術，促進化學工業。出版《中華化學工業會誌》。	
中國天文學會	民國 11 年	北京	高　魯	求專門天文學之進步，及通俗天文學之普及。出版天文學會會刊，編譯天文圖書。	(10)
中國地質學會	民國 11 年	北京	章鴻釗	發展地質學及其相關科學。出版《中國地質學會誌》	
新中國農學會	民國 13 年	法國（後遷南京）		前身為「旅歐農學研究會」。研究介紹新農業學術，協助政府及社會謀農業之改進。從事調查國內外農業概況，籌設試驗場及職業學校。	
中國氣象學會	民國 13 年	青島	竺可楨	謀氣象學術之進步與測候事業之發展。出版《中國氣象學會會刊》。	
中華化學會	民國 13 年	美國	莊長恭		(13)
中國科學藝術會	民國 13 年	上海	福開森（Ferguson）	研究中國科學藝術。組織分五股：文學及中國掌故學、生物學、化學物理算學、美術、生物醫學。	(1)
中國生理學會	民國 15 年	北京	林可勝	出版《中國生理學雜誌》，並有計畫的作集體研究。	(14)

說明：本表所列之學術團體，係以民國建立以後成立者為主，惟清末時已成立，而民初時期仍有重要活動者，亦予採納。

　　以上所列舉的 82 個學術團體，因限於篇幅，無法逐一詳述。茲擇其中較具代表性的 7 個團體，稍作介紹，以見一斑。

1. 南社

　　南社係一文學團體，成立於清宣統元年 10 月初一（1909 年 11 月 13 日）。發起人為陳去病（巢南）、高旭（鈍劍）、柳棄疾（亞子）三人，當時他們的共同目標是「借詩文以鼓吹革命」。[37]第一次集會是在蘇州虎丘張東陽祠，日後為便利起見，集會地點常設上海。[38]

　　在組織上，有編輯員三人；各管文選、詩選、詞選三部，會計、書記各一人，庶務三人。職員的任期一年，但可連任。第一次當選的編輯員，是陳去病、高旭、龐樹柏三人，第二屆為甯調元、景耀月、王鍾麒，第三屆為宋教仁、景耀月、王蘊章。但二、三屆的編輯員均僅掛名而已，實際皆由柳棄疾一人辦理社務。至民國 3 年，取消編輯員，改選主任一人，仍由柳擔任該職。6 年 10 月以後直到 12 年則由姚光繼任。實際上到了 6 年 10 月，因內部糾紛無法解決，社務即趨於停頓，以後亦曾舉行集會兩次，發刊社集兩期，至 12 年年底，活動完全停止。[39]

　　南社的出版物，最主要的即為《南社集》一種，內容選編自社友之稿，自成立初至民國 12 年底，共出 22 集。每集分文、詩、詞三類，並規定文、詩各占四十頁，詞二十頁，共一百頁。（此規定流於形式，實際上各種之比例與規定頗有出入）[40]，後經胡樸安選錄

---

[37]　《上海研究資料》續集，學藝，〈南社紀念會之史的回溯〉，頁 501。

[38]　《上海研究資料》續集，〈南社的始末〉，頁 489。

[39]　《上海研究資料》續集，〈南社的始末〉，頁 489。

[40]　《上海研究資料》續集，〈南社的始末〉，頁 490。

自第三集至二十一集《南社集》中著作，輯為《南社叢選》（民國
13 年出版），內有文選十卷共三百九十八篇，詩選十二卷共三千零
三十七首，詞選二卷共三百九十七首。書前並有汪兆銘、傅鈍安、
柳棄疾等人作序。[41]另外，該社又有《南社小說集》一種，於民國 6
年 3 月出版。[42]

　　社員的籍貫，以江蘇、浙江兩省為多。次則廣東、湖南、福建、
四川、安徽、江西。民國元年，南京臨時政府中要人（如教育次長
景耀月等）有許多是南社社員。民國初年，上海及浙江等地國民黨
各報館的記者，大多數亦為該社社員。[43]

　　民國 12 年以後，柳棄疾等人協商，決議改組為新南社。從新南
社宣言中的幾句話，可以略窺他們重組南社的心態及所抱持的理
想：「南社以後，還有新南社，這和中國同盟會以後有中華革命黨完
全是一樣的。」[44]最初南社社員入會的目標雖相同，然動機卻互異；
份子的複雜，造成民國建立以後，社員分途發展，組織於是鬆散而
終至消於無形。新南社組成的初衷，即為整頓社務、存菁汰蕪。同
年 10 月 10 日正式成立，並以「國學整理、思想介紹」為宗旨。[45]
由柳棄疾任社長，邵力子、陳望道、胡樸安當選編輯員。曾出版有
《新南社》社刊一期，內容分政治、哲學、科學、文藝等類。[46]該
社亦曾舉行雅集兩次；第二次雅集（民國 15 年 5 月 5 日）到會者

---

[41] 胡樸安，《南社叢選》，〈序〉。
[42] 《上海研究資料》續集，〈南社的始末〉，頁 490。
[43] 《上海研究資料》續集，〈南社的始末〉，頁 491。
[44] 《上海研究資料》續集，學藝，〈南社紀念會之史的回溯〉，頁 501，見〈新
　　南社發起宣言〉。
[45] 《上海研究資料》續集，學藝，〈南社紀念會之史的回溯〉，頁 501。
[46] 《上海研究資料》續集，學藝，〈新南社的前前後後〉，頁 499。

有汪兆銘、張繼、居正、邵力子等政要及社員三十餘人。席間且有
汪、張、居、邵諸人關於革命的文學之演講。[47]不久，社務又陷於
停頓。[48]

南社為一文學類的學術團體，文學寫作最初僅是它的手段，鼓
吹革命才是主要目的。至民國建立以後，成為專業學術性的團體。

2.文學研究會

民國 9 年 11 月 29 日，鄭振鐸、耿濟之等人假北京大學圖書館
開了一次籌組文學會的會議，當時推鄭起草會章，並決定以《小說
月報》為機關刊物。這次會議就是文學研究會的籌備大會。民國 10
年 1 月 4 日，文學研究會在北京中央公園內正式舉行成立大會，與
會者共有 21 人，由蔣方震任主席。大會中，確立會章，並推鄭振鐸
為書記幹事，耿濟之為會計幹事，又討論了有關讀書會、基金募集、
圖書館、會報、叢書、演講會、會址等各項問題，確立文學研究會
的事業方針。

該會的宗旨，在簡章第二條確定為「介紹世界文學，整理中國
舊文學，創造新文學」，[49]成立大會的宣言中亦說明此會的目的有三
項：(一)聯絡感情。要破除過去文人相輕的風氣，並融合新舊兩派。
(二)增進知識。應用新方法以整理舊文學；並藉用外國的資料，以
研究新文學。又擬設立公共圖書館、研究會及出版部，以期促成個
人及國民文學的進步。(三)作為建立著作工會的基礎。治文學之人，
應視文學為終身的事業，而不再是將文藝當作高興時的遊戲或失意

---

[47]　《上海研究資料》續集，學藝，〈新南社的前前後後〉，頁 498。
[48]　《上海研究資料》續集，學藝，〈新南社的前前後後〉，頁 492。
[49]　《小說月報》，第 12 卷，第 1 號，附錄。

時的消遣。[50]文學研究會已從新文化運動初期盲目模倣西洋的心理中清醒，它的工作目標不僅要介紹世界文學，而且也回頭以新的眼光來整理國學。

有關該會的事業，在開成立會時，曾擬定四項：組織讀書會、設立通信圖書館、刊行會報和編輯叢書。由於該會本身組織並不嚴謹，前三項事業並未能開展，只進行了編輯叢書這一項。在民初時期共有三種叢書發行：文學研究會叢書，文學研究會通俗戲劇叢書，文學週報社叢書；總計出版至少有七十三部，計翻譯四十一部，包括小說十六部，詩歌三部，戲劇十二部，文藝理論六部，其他四部。創作三十二部，包括小說十二部，詩歌五部，戲劇四部，散文四部，文學史及文藝批評三部，其他四部。[51]

至於其機關刊物《小說月報》，早在宣統 2 年 7 月即已創刊，直到民國 9 年與文學研究會合組之後，從第 12 卷 1 號（民國 10 年 1月）更改體例，並規定撰著之事由文學研究會會員擔任。此後五、六年間（10 年到 16 年初）《小說月報》在介紹世界文學方面的篇幅相當可觀，在最初幾達三分之二，其中明顯的偏重於俄國及歐洲各小國的作品。在整理中國舊文學方面，則是 14 卷以後方才注重，這與主編沈雁冰及鄭振鐸的本身傾向有關。至於創作部份，小說和詩的比例較重，內容並不限於與社會現象有關，技巧上是朦朧的寫實主義，但也有不少浪漫成份。[52]

---

[50] 《小說月報》，第 12 卷，第 1 號，附錄。

[51] 王玉，〈文學研究會與新文學運動〉，國立政治大學碩士論文，頁 196-203。

[52] 王玉，〈文學研究會與新文學運動〉，頁 204-217。

3. 地學會

宣統元年（1909）8 月，張相文創中國地學會於天津。創設宗旨為「聯合同志研究本國地學」，並明言「旁及世界各國，不涉範圍以外之事」。[53]初成立時，內部組織設總理、會長、編輯部長、幹事部長、總幹事員、會計員、書記員各一人，分別由直隸提學使傅增湘，以及張相文、白毓崑、吳鼎昌、任憲吉、趙德蔭、姚湘業等人擔任，另設有評議員八人，有蔡儒楷、袁希濤、顧琅、李士偉、英華、孫雄、張壽春、梁志宸等。民國元年 2 月改選，人員有所更動；廢總理銜改稱總裁，由蔡元培擔任，取消書記員職，評議員又添置三人：姚明暉、夏清貽、傅運森，成十一人，幹事部長及總幹事員各以章鴻釗、史廷颺繼任。[54]

該會之學術事業，約有四端：(1)研究，(2)講演，(3)旅行，(4)編輯。[55]第一項研究方面，值得注意的是設立行政區域研究會。地學會設立該研究會的宗旨在於「徵集全國專門名家意見，妥慎研究釐定行政區域事務」，其職員之編制有理事員、主稿員、特派員、編纂員。理事員主掌理一切，有擔任全體會務之責。特派員主調查採訪，及徵求名人意見，以備研究之材料。主稿員主商訂體例，綜攬綱領。編纂員主分門編輯、繪圖之事。書記員主謄錄及保管文書。[56]第二項講演方面，地學會擬有計劃：在每年春秋，各校放假之時，敦聘專家，開地學講話會，並彙刊講演錄，以期普及國人地學知識。至於第三項旅行方面，該會重視調查旅行，並在成行前作妥善的規

53　《地學雜誌》，宣統 2 年正月，〈中國地學會簡章〉，頁 2。
54　《地學雜誌》，共和元年，第 1 期，封面裏。
55　《地學雜誌》，共和元年 4 月第 3、4 期，頁 2-3。
56　《地學雜誌》，共和元年 4 月第 3、4 期，頁 1。

劃：先集合會員及學者專家協議地點與考查的事項及方法，而後準
備圖書器具，再定期出發。對於道遠險阻之行，並設有後援會，以
社會的力量補助。據地學雜誌所發表的調查報告及旅行遊記以觀，
在民初時期，至少有三十次的調查工作及數十次的旅行活動，他們
的足跡遍布國內各地，而以邊疆地區（西北、東北、西南）的比例
佔絕大部分，在民國 8 年時，林傳甲等曾有一次從事對臺灣的調
查。[57]第四項編輯方面，主要工作即是編輯《地學雜誌》。該誌於宣
統 2 年（1910）正月創刊，內容廣及自然地理、人文地理，包括天
文氣象、地質、地形、水利、交通、物產、民族、人口、禮俗宗教……
等方面。[58]

地學會每年召開常會、臨時會兩項，常會每月舉辦兩次，由會
員陳述意見，講演研究心得；臨時會不定期舉辦，常因會中要務，
或延請名人講演而召開。[59]

4.共學社

共學社是於民國 9 年 4 月間，由梁啟超等人在北京組織成立。
梁啟超在遊歐歸來後，對於國家問題和個人事業，改變其舊日的方
針和態度，開始放棄上層的政治活動，而用全力從事於培植國民實
際基礎的教育事業。[60]他的理想是以新文化運動為手段，灌輸新知，
達到造就人才的目的，再進而由社會層面來推動政治改革。當時他
在文化事業方面具體的活動有三：(1)辦學，(2)講學，(3)組織共學社。

---

[57] 《地學雜誌》，民國 8 年，第 9-12 期，林傳甲，〈臺灣之新調查〉。
[58] 《地學雜誌》，民國 22 年，第 2 號，169 期《地學雜誌》總目，頁 281-284。
[59] 《地學雜誌》，宣統 2 年正月，〈中國地學會簡章〉，頁 2。
[60] 丁文江編，《梁任公先生年譜長編初稿》，頁 570。

　　共學社的成立宗旨，即為「培養新人才，宣傳新文化，開拓新政治。」[61]該社的主要學術活動有編譯新書，創設圖書館，出版雜誌，選送留學生。在編譯新書方面，該社印行的共學社叢書，計分十類，包括時代、教育、社會經濟、通俗、文學、科學、哲學、哲人傳記、史學、俄羅斯文學等。他們選書的標準，「以淺近簡明為主」，據調查，民國 11 年一年之間，即出版四十餘種，總計當不下百餘種。選譯各書，以社會學、哲學方面書籍為例，他們喜歡傾向於唯心論的著作。當時社會主義盛行，這方面他們介紹克魯泡特金（Peter Kropotkin）的互助論、基爾特社會主義（Guild Socialism）。但也有例外，如馬克斯主義、無政府主義，亦偶有介紹。[62]

　　創設圖書館是共學社的另一項活動，以松坡圖書館為活動中心，不僅傳播知識，並且提供為若干學術團體的集會場所。[63]松坡圖書館的前身是民國 5 年梁啟超在上海成立的松社，此一具有圖書館性質的場所，當初是為紀念蔡鍔（松坡）而設。共學社成立之後，即將松社移至北京，於 12 年 11 月 4 日正式定名為松坡圖書館。該館的組織，分編輯與總務兩部，分別由蔣方震、蹇念益掌理，梁啟超自任館長。另設有編輯幹事等職，徐志摩、陳博生、林志鈞、蔣復璁、楊維新、李藻蓀等人均曾任職於此。館中藏書有中、西文兩種，尤以人文社會科學為主，除松社原有藏書外，共學社曾以十萬元購入楊守敬的部分舊書，另加上梁啟超等人自歐洲帶回的英、法、德文西書一萬餘冊。該館藏書是採對外開放的方式供社會一般人士借閱，藏書尚有一特色，備有專門為留學生預備留學的讀

---

[61]　丁文江編，《梁任公先生年譜長編初稿》，頁 580。
[62]　張朋園，《梁啟超與民國政治》，頁 156。
[63]　張朋園，《梁啟超與民國政治》，頁 157。

物。[64]就當時而言，該館圖書已頗具規模。共學社並在館內附設有讀書俱樂部，以廣開讀書風氣，對學術研究之推動不無作用。

選送留學生亦為共學社的工作目標之一，惟限於經費，此項計畫未獲充分推展。當時獲得共學社留學補助的社員，僅知有：楊維新、石陶鈞、吳統續、石醉六、毛以亨等人。[65]

《改造雜誌》是共學社的言論機關，《改造》的發刊亦能顯示該社的學術活動。《改造雜誌》原名《解放與改造》，民國 8 年 9 月在上海創刊，9 年春，因名稱累贅，故更為《改造》。名稱雖簡化，但宗旨和精神不變，仍主張「解放精神物質方面一切不自然不合理之狀態，同時介紹世界新潮以為改造地步」。[66]雜誌內容所討論的範圍，「凡關於哲學、心理、社會、倫理、政治、經濟、教育、法律、文學等著述與前項宗旨相符者，皆所歡迎。」但關於自然科學方面的論述，却未為《改造》所收錄。[67]

5.中國經濟學社

該社由留美經濟學者劉大鈞、馬寅初二人發起，於民國 12 年夏正式成立。其社章第二條明白揭示宗旨在於：(1)提倡經濟學精深之研究，(2)討論現代經濟問題，(3)編譯各種經濟書籍，(4)贊助中國經濟界之發展與改進。

社員多為留美經濟學人，除劉、馬二人外，有李權時、唐慶增和葉元龍諸人。他們的研究方向，大抵宗古典學派或新古典學派，劉大

---

[64] 張朋園，《梁啟超與民國政治》，頁 157。

[65] 張朋園，《梁啟超與民國政治》，頁 158。

[66] 〈解放與改造〉，見《宣言書》，卷 1，期 1。

[67] 〈解放與改造〉，見《宣言書》，卷 1，期 1。

鈞返國後即執教於清華大學，馬寅初自民國 4 年由美歸國，在北大執教達十三年之久。馬氏初期之經濟議論，對馬克思學說抨擊甚力，曾著《中國經濟改造》一書，書中認為自由主義派與社會主義派均不宜於中國，中國宜採取德奧學者所提倡之全體主義（Universalism）。李權時曾任復旦大學商學院長，著有《經濟學原理》教本。唐慶增則於理論經濟學研究甚精，曾先後主持光華、大夏諸校經濟學系，著有《經濟學概論》。葉元龍曾主持中央大學經濟學講席。

社員中尚有社會主義派，如陳豹隱，他曾受業於日本馬克思主義經濟學權威河上肇，並譯有其著之《經濟學大綱》。另有章乃器者，則注意於研究中國產業問題。

該社社員甚多，並且每年舉行常會，會中有專門論文的宣讀。在當時各學術團體中，中國經濟學社的規模，僅次於同時的中國科學社；對國內經濟學研究的推進，貢獻很大。[68]

6.中國科學社

中國科學社發起於民國 3 年夏季，是由一群主修自然科學的中國留美學生在紐約州綺色佳城（Ithaca）的康乃爾大學內組成。主要的發起人有趙元任、任鴻雋、秉志、楊銓、唐鉞、過探先、胡達、金邦正等人。這群人接受了西方科學精神的教育，孕育出一個共同的認識，他們確信推動中國近代化惟賴於科學的發展，而欲圖學術昌明，又首以組織學會為當務之急；科學社的成立就是這種認識的具體表現。[69]

---

[68] 夏炎德，《中國近百年經濟思想》，頁 174-183，民國 37 年 8 月初版，民國 68 年 9 月臺 1 版。

[69] 郭正昭，〈中國科學社與中國近代科學化運動（1915-1935）〉，《中國現代史專題研究報告》第一輯，頁 242。

　　初成立時的宗旨為振興科學、提倡實業，後來社員鑑於組織的鬆散，恐宗旨流於空談，在民國 4 年 10 月重新起草總章，正式明定該社性質為學會，並以「開通民智，謀求科學進步」的宗旨相互期許。[70]而在組織上，設有董事會，由學界名流與社會賢達組成，是最高決策機構，[71]並分設九股四部執行任務：有農林、生物、化學、機械工程、電機工程、土木工程、採礦冶金、物理數學、普通九股；期刊編輯、書籍譯著、圖書、經理四部。[72]

　　民國 7 年，該社由美移歸國內，設總事務所於南京，同時上海、北平、廣州皆設有分社事務。[73]

　　該社呈報教育部立案原文中九項宗旨[74]所揭櫫的事業，表現了其對科學活動上的全盤規劃。民初時期，該社依其宗旨所進行之工作，茲分述之，藉以明瞭該社早期的學術活動。[75]

---

[70] 任鴻雋，〈外國科學社及本社之歷史〉，見《科學通論》，頁 456-459，中國科學社出版，民國 8 年初版，民國 23 年 1 月再版。

[71] 郭正昭，〈中國科學社與中國近代科學化運動（1915-1935）〉，頁 246。

[72] 任鴻雋，〈外國科學社及本社之歷史〉，頁 456。

[73] 任鴻雋，〈中國科學社之過去及將來〉，見《科學通論》，頁 464。

[74] 中國科學社呈教育部立案原文，標揭宗旨九項：

(1)發行月刊，學理與實用並重，使學者得用為參考，實業家亦有所取法。

(2)擇譯他國科學書籍，或請專家著述，使吾國學子，不須假徑西文，即能研究高深學術。

(3)編訂專門名詞，以期劃一而便學者。

(4)設立圖書館，搜集科學及他種書籍，以便學者參考。

(5)設立研究所，施行科學上之實驗，以期發明而謀學術之進步。

(6)設立特別研究所，作實業上之研究，公布其結果，以助實業之發展。

(7)設立博物館，搜集學術上、歷史上、工業上以及自然界草木禽獸昆蟲黴菌鑛石諸標本，陳列之，以供眾覽而增常識。

(8)組織科學演講團，以普及科學常識。

(9)受政府之委託，或社會之諮詢，解決關於實業及科學上之疑難問題。

（1）出版刊物

當時發行的刊物有五種：

甲、《科學雜誌》：民國 4 年創刊，按月發行，是當時國內有關
　　自然科學的唯一雜誌。

乙、論文專刊：係每年彙集年會中社員所宣讀之論文刊印發
　　行，自 11 年起，每年一冊。

丙、科學叢書：凡較為高深而有系統的科學研究歸入此類。

丁、通訊特刊及科學叢刊：7 年刊行有《科學通論》一種，為
　　纂集科學雜誌中論說之泛論科學性質者而成。又印單行論
　　文數十種，均係大學通用的教科書或參考書性質。

戊：生物論文：該社生物研究所的學術報告，自 14 年至 18 年
　　間，共刊動植物論文五卷，每卷五號。

（2）設置圖書館

　科學圖書館成立於 9 年，11 年時，藏書有中西文書籍一萬六千
餘冊，各種專門雜誌約計一百三十餘種。當時國內各處圖書館中所
藏雜誌，皆不及其宏富。

（3）創立生物研究所

　該社於各科研究中，何獨先設生物研究所？其理由，據任鴻雋
的說法，係：「生物研究，因地取材收效較易；儀器設備須費亦廉，
故敢先其易舉，非必意存軒輊也。」[76]

此宗旨係轉引自張準，〈五十年來中國之科學〉，頁 2-3；上海申報館編，《最
　近之五十年》，民國 12 年 2 月。

[75] 任鴻雋，〈中國科學社之過去及將來〉；及編者附誌，《科學通論》，頁 465-474。

[76] 見任鴻雋，〈中國科學社之過去及將來〉，《科學通論》，頁 466。

生物研究所於民國 11 年夏，在南京總社設立。草創時期，僅240 元的經費，[77]以致事業無從進行，徒具虛名而已；自 12 年起，因江蘇省補助科學社月費，乃得撥其一部分為該所之經費，惟月仍只有三百元，僅能略作資助購買器械與採集標本之費而已。[78]然而該所卒能開創中國生物學之基業者，全賴主其事的秉志、胡先驌、陳楨三人的努力所致。自 15 年以後，該所獲得中華文化教育基金會資助年金一萬五千元，另助設備費五千元，[79]研究事業，始克展開。主要的活動，分為兩方面：甲、採集標本：自成立以後，該所即著意於標本之採獵。乙、研究工作：該所為純粹的研究機構，其研究範圍廣博，學者得各以本身志趣選擇所研求的科目。初期的研究，以形態學、生理學、分類學等為主。[80]

（4）開設博物館

生物研究所初成立，該社即闢南京總社一處為陳列館，精選動植礦物標本及考古物等，公諸社會。此舉實為南京一地公開自然歷史博物者的首例。

（5）協助科學教育工作

該社設有科學教育委員會，以從事調查與改良各中等學校科學上的設備及教材。15 年時，該社曾與駐華洛氏醫社等機關聯合，在北京大學、清華大學辦理暑期中等學校科學教員演講會。

---

[77] 劉咸，《中國科學二十年》，頁 202，中國科學社出版，民國 26 年 5 月。
[78] 《科學通論》，頁 472。
[79] 莊文亞，《民國二十三年全國文化機關一覽》，頁 118。
[80] 參閱莊文亞，《民國二十三年全國文化機關一覽》，頁 119；及秉志，〈國內生物科學近年來之進展〉，《東方雜誌》，28 卷，13 號。

（6）舉辦演講

該社歷年在各地舉行公開學術演講，未曾中斷。其性質有兩種：一為常期演講，每年一次或數次，每次數講或數十講，內容皆就各講題，作有系統的陳述。一為臨時演講，遇國際知名科學家蒞臨或某種特殊時機舉行。其中較有組織並連續舉行的演講，以在南京為最多。

（7）審查科學名詞

自 8 年以後，該社參與科學名詞審查會，數學、物理、生物、化學各科名詞的譯名多出自社員之手。

（8）參與國際科學會議

自 15 年以後，該社迭次代表我國學術界，參與在歐美日本召開的各種國際科學會議。如 15 年 8 月綺色佳的國際植物學會議，同年 11 月日本舉辦的第三次汎太平洋學術會議。[81]

民初時期，社會環境動盪，物質條件極端貧乏，中國科學社篳路藍縷，引領中國科學領域開展，其對中國現代化的推動，功不可沒。

7.中國地質學會

中國地質學會是由章鴻釗所召集，於民國 11 年 1 月 27 日在北京地質調查所內組成。其宗旨即是「發展地質學及其相關科學」。當時創設的會員共有廿六人，其中廿一人皆為地質調查所內人員，他

---

[81] 莊文亞，《民國二十三年全國文化機關一覽》，頁 117。

們是：安特生、章鴻釗、錢聲駿、周贊衡、朱煥文、朱庭祜、葛利普、謝家榮、李捷、李學清、盧祖蔭、孫雲鑄、譚錫疇、丁文江、董常、仝步瀛、王紹文、翁文灝、葉良輔、袁復禮、王竹泉。另外五人：李四光、王烈係北大地質系教授，Miss L. Miner 係燕京女學校教授，以及趙汝鈞、王寵佑。[82]這些會員都是北京學術界有名的地質學者與專家。

在組織上，有五人小組的幹事委員會，設置總幹事一人；由章鴻釗擔任，副總幹事二人、秘書及會計各一人，各由翁文灝、葛利普、王烈、李四光四人擔任。[83]至於會員資格，依據會章規定，會員有準會員與會員之分；準會員的資格規定為地質系或其他相關科系的優秀學生，會員則限定是地質學者或對地質學有興趣的自然科學專家。入會者必先透過兩位會員的推薦，由投票表決通過後，始能成為正式會員。[84]

該會的學術活動，主要表現在出版學術刊物——《中國地質學會誌》，自11年開始發行，至民國16年初出版到第5卷第2號，共發行10冊。據統計，共載有會員的地質研究論文79篇；其中有關岩石學者15篇、鑛床學12篇、古生物學13篇、地層學17篇、地質構造13篇、其他9篇。[85]此外，該會每年召開年會；會議的主要項目即宣讀論文，由研究者報告後，會員共同討論，並交換研究心得。年會的召開亦為中國地質學會重要的學術活動。

---

[82] 中國地質學會，*Bulletin of the Geological Society of China,* vol.1, no.1-4, 1915, pp.1-4; pp.97-99.（《中國地質學會誌》）

[83] 《中國地質學會誌》，頁1。

[84] 《中國地質學會誌》，會章第三、四條，頁2。

[85] 《中國地質學會誌》，第1卷，第1期～第5卷，第2期。

以上所述，為民初時期研究機關與學術團體的大概。下面接著對當時學術研究的內容，依人文學科、社會科學，及自然科學三類，分述之。

三、人文學科

人文學一向是中國傳統學術的主流，在民初時期仍表現其一貫的重要地位。現以史學與哲學二者，分別介紹如下。

（一）史學

中國史學，發展至清末民初，表現了新穎的面目，而成績亦比以往任何時期都要進步。所以造成此一新氣象的原因，約可分為兩大端：一為新史料的發現與整理，一為外來史學的影響。茲綜述如下。

1. 新史料的發現與整理

（1）殷墟甲骨文的發現及其研究

甲骨文字最早出土於河南安陽縣西北五里的小屯村；洹水環繞於其東西北三面，即項羽本紀所言「洹水南殷墟上」，故又稱「殷墟書契」或「殷墟文字」；其時在光緒 24、25 年間（1898-1899）。最初發現的龜甲獸骨，國人以為是「龍骨」，撿拾作為治病的藥材。後經福山王懿榮著意收藏，甲骨文字始不再受大量破壞。王氏死後，

所藏甲骨千餘片，盡歸丹徒劉鶚（鐵雲）。劉氏繼續蒐集，總共得五千多片，並精選其所藏，開始拓印甲骨文字傳世，成《鐵雲藏龜》10 冊。[86]其後又有羅振玉大事蒐求，得數萬片，先後印成《殷墟書契》前編、後編、續編及《殷墟書契菁華》等書。[87]

當時外國傳教士，對甲骨文字也多所蒐集，最早有美國長老會教士方法斂（Frank Herring Chalfant）與英國浸禮會教士庫壽齡（Couling）二氏，於光緒 29 年（1903）在山東濰縣合購甲骨多片，其後又陸續購置甚多，所得均先後讓與歐美博物院。方氏並摹印其精選的甲骨文成三書：《庫方二氏藏甲骨卜辭》、《甲骨卜辭七集》、以及《金璋所藏甲骨卜辭》，此外還有些外人零星的蒐集，後均收入《甲骨卜辭七集》。其他流傳的甲骨片，輾轉編印成書的計有容庚的《殷契卜辭》、日人林泰輔的《龜甲獸骨文字》，加拿大人明義士（James Mellon Menjies）的《殷墟卜辭》、王襄的《簠室殷契徵文》及唐蘭編的《北京大學藏甲骨刻辭》等，其中以明義士所得為最多，盡歸齊魯大學，至七七事變以後，便不知下落。這是甲骨文初期發現整理及流傳的經過。[88]

關於甲骨文字的研究，自最初的釋字到後來的考史，民初學術界多有發明。解釋及纂集甲骨文字者，最早有瑞安孫詒讓的《契文舉例》二卷，是依據《鐵雲藏龜》部分史料撰成。而後羅振玉撰《殷商貞卜文字考》（宣統 2 年）、《殷墟書契考釋》（民國 3 年）及待問編（民國 5 年），王襄撰《簠室契契徵文考釋》，又有商承祚取材自

---

[86] 有關劉鶚所藏甲骨片的流傳，見顧頡剛，〈五十年來的史學〉，頁 212。

[87] 顧頡剛，〈五十年來的史學〉，頁 212。

[88] 顧頡剛，《當代中國史學》，1947 年 1 月，南京勝利出版公司初版，1946 年 6 月香港龍門校訂版，頁 48-50

羅振玉改定之稿，撰成《殷墟文字類編》，王國維亦有《戩壽堂所藏文字考釋》（民國 7 年）等，為古文字學開闢了一條新路。至於將甲骨文由文字學演進到史學研究的則當推王國維為第一人，王氏在這方面的代表作有，《殷墟卜辭中所見先公先王考》、《續考》、《殷周制度論》（民國 6 年），《殷墟卜辭中所見地名考》、《殷禮徵文及古史新證》（民國 16 年）等。他研究甲骨文的最大貢獻，是在證史，對於殷代世系的考證、禮制的探討、及對殷商制度異同的研究，均發千古之秘，為史學界的古史研究指引一條正確的方向，使殷商史的系統，漸漸從實物上建立起來。[89]

（2）各地吉金文字的研究

地下發掘的史料，除甲骨文外，金文（又稱鐘鼎文）亦很重要。古代的鼎彝等銅器上面，往往刻有銘文，早在漢代即有此類銅器的出土，但未加以研究。宋代以還，稍有人著錄。[90]到了清代，始成為一門學問，即所謂金石學。嘉慶時的阮元、光緒時的吳大澂，為此古文字的研究奠定基礎；阮氏有《積古齋鐘鼎彝器款識》，吳氏有

---

[89] 在甲骨學研究上貢獻最大的有羅振玉、王國維、郭沫若、董作賓四人，學界稱他們為「四堂」（羅字雪堂，王字觀堂，郭字鼎堂，董字彥堂）。唐蘭謂「卜辭研究，自雪堂導夫先路，觀堂繼以考史，彥堂區其時代，鼎堂發其辭例，固已盛極一時」，對他們的貢獻及其所長，可謂一語道盡。參見顧頡剛，〈五十年來的史學〉，見潘公展編，《五十年來的中國》，頁 214。

[90] 有關宋代出土之古器物，官撰之書有《博古圖錄》三十卷；私撰之書，以呂大臨的《考古圖錄》十卷，闕名的《續考古圖錄》五卷，薛尚功的《歷代鐘鼎彝器款識法帖》二十卷，以及歐陽修的《集古錄》，趙明誠的《金石錄》為最著。參見金毓黻（靜庵），《中國史學史》，頁 344，民國 34 年 8 月出版，68 年 10 月，臺北，鼎文書局修訂本。

《愙齋集古錄》、《說文古籀補》。而孫詒讓的《古籀拾遺》，實為後來治甲骨文及金文的先聲。清末金石學的研究雖已是文字學的一支流，但仍不脫古董的氣息，所注意的只是銘文，他們的著作，除圖錄外，也僅止於文字學上的研究，對於史學上的貢獻並不大。到民國初年，以金文治史者，始於王國維。其所撰〈古禮器略說〉、〈觀堂古金文考釋〉、〈周荂京考〉、〈邲伯鼎跋〉、〈散氏盤跋〉、〈克鐘克鼎跋〉、及〈鬼方昆夷玁狁考〉等文，悉以金文為證，如言及地理、謚法、民族、曆法，多極精確，足以訂補經史。[91]

金文用於證史與甲骨文用於證史，同為近代史學研究上值得稱道的大事。

(3) 西北文物的發現與研究[92]

漢晉簡牘的出土：宋徽宗時，曾有漢人所書木簡的發現，但為金人索去。清光緒 26-27 年間（1900-1901），匈牙利人斯坦因（A. Stein）奉英屬印度政府的命令，訪古於新疆天山南路，在和闐之南發掘古寺廢址，得唐以前遺物多種，又在尼雅河下流得魏晉人所書木簡數十片，曾影印收於所著古代之和闐文中。光緒 33-34 年間（1907-1908），斯坦因又到新疆及甘肅考古，在敦煌西北長城遺址發掘得兩漢時木簡近千片，不久又於尼雅河下流得東漢人所書木簡十餘片，後更在羅布淖爾東北海頭故城得魏晉間木簡百餘片，皆為當時公牘文字及屯戌簿籍。其後日人大谷光瑞所派遣的西域探險隊亦曾得魏晉木簡，並輯入西域圖考，但為數不多。至民國 3-5 年間，

---

[91] 顧頡剛，〈當代中國史學〉，頁 109。

[92] 係參閱金毓黻《中國史學史》，頁 337-340；及顧頡剛〈當代中國史學〉，頁 71-76。

瑞典人斯文赫定（Sven Hedin）在新疆訪古，亦有所得，曾撰《西域考古記》（有向達譯本）。16 年，中國與瑞典合組西北考察團，由徐旭生及斯文赫定分任團長，訪古新疆，曾在居延河畔黑城子裏發現漢人木簡二萬片。斯坦因先後所得木簡，均由法國漢學家沙畹（Ed. Chavannts）作箋釋，影印成專書。經羅振玉、王國維二氏重加考訂，並斯文赫定所得的木簡，編印成《流沙墜簡》三卷、考釋三卷、補遺一卷、附錄二卷（民國 4 年出版）。羅氏本專於審釋文字，而王氏則精於考證史事；他們的研究所得，如漢時西域兩道的分歧，塞上各烽燧的次第，魏晉間葱嶺以東的國數，及西域長史的治所，均足以補史乘的闕佚。羅、王二人在此方面的研究成績，實不亞於他們在甲骨文上的貢獻。

　　敦煌石室所藏典籍：敦煌鳴沙山的石窟寺有一石室富藏典籍，外則飾以壁畫，大概為宋人所藏。直至光緒 25 年（1899）5 月 25 日，石室壁破，始發現古代藏書的窟室。所藏以書卷為最多，亦雜有字畫及佛家所用幡幢。光緒末年，斯坦因與法國伯希和（Paul Peuiot）先後訪古到敦煌，得悉藏書發現的消息，乃與該寺王姓道士幾番商議，由斯坦因捐款該寺，易取藏書甚多，有六朝及隋唐人所寫卷子本書各幾千卷，古梵文、古波斯文及突厥回鶻諸國文字。[93]迨斯坦因返英發表之後，才引起國人的注意，清政府乃將仍留存石室的古書一萬多卷運歸學部所立的京師圖書館保存，復經盜竊散歸私家的有數千卷之多。該項書卷中以佛典為最多，即世所謂唐人寫經，而我國一度失傳的舊籍為數亦不少；其中史部有：孔衍的《春秋後

---

[93] 光緒末，斯坦因總共得有寫本二十四箱，美術遺物五箱，民國 3 年，斯氏再至敦煌時，又由王道士之手購得一批，共五大箱，約六百多卷，現均存倫敦大不列顛博物院。

語》，唐西州沙州諸圖經及慧超的往五天竺國傳等，惜後又皆為伯希
和所得，存於法國。

　　著錄石室藏書的，以羅振玉為最多。宣統元年（1909），羅氏就
伯希和所寄的景本編為《敦煌石室遺書》印行，第二年又印《石室
秘寶》15 種，民國 2 年，更刊行《鳴沙石室逸書》18 種，7 年又刊
行《鳴沙石室古籍叢殘》30 種及《鳴沙石室佚書續編》四種。民國
10 年，伯希和復寄去陸法言切韻三種影印本，王國維親臨刻寫一本，
用石印行世。除此以外，有些曾被羅氏印入國學叢刊，有的亦被他
人印出，如成都二仙庵即有老子化胡經刻本。這些古籍的發現，對
於中古史的研究提供了寶貴的史料。王國維《觀堂集林》中，如〈唐
寫本殘職官令〉、〈靈橫經殘卷〉、〈太公家教〉、〈大雲經疏〉、〈韋莊
秦婦吟〉、〈宋初寫本敦煌縣戶籍〉等跋，皆為審定石室遺物而作，
其後陳垣、向達諸人亦留心於此，陳寅恪且稱之為敦煌學，可見其
價值。

（4）內閣大庫軍機處所藏書籍檔案的整理[94]

　　內閣大庫所存舊檔，大部分是明末清初的遺物，所藏分存六庫，
前四庫為檔案，後二庫多為典籍，共分三類：甲、明檔，乙、清檔，
丙、清盛京舊檔。宣統元年（1909），大庫屋壞，乃以所藏移於文華
殿兩廡，極為零亂。時為張之洞以大學士軍機大臣管學部事，奏請
以大庫所藏典籍成立學部圖書館（即北京圖書館前身），其後四庫所
存舊檔，則移置國子監南學。

---

[94]　係參閱金毓黻《中國史學史》，頁 341-342；及顧頡剛〈當代中國史學〉，頁
　　79-80。

　　民國建立以後，移南學及學部所藏檔案存於教育部所設立的歷史博物館。民國 10 年，歷史博物館經費短絀，乃將較破碎的檔案，裝入八千麻袋，共十五萬斤，以銀幣四千元的代價售諸故紙商，以為再造紙的原料。羅振玉見所有舊檔具有極寶貴的近代史料，乃以三倍的價值將原物買回，存於北京、天津兩處，曾略加整理，編有《史料叢刊初編》10 冊。

　　軍機處的檔案，故宮博物院在民國 13 年時，曾將其移存於大高殿中，擇要的加以整理，初刊有《掌故叢編》十冊。

2. 外來史學的影響

　　除了上述新史料的發現外，尚有西洋的科學治史方法和新史觀的輸入，以及歐美日本漢學研究的進步，為中國的新史學奠下基礎。

　　中國乾嘉的漢學，誠然已具有科學的治學精神，但終不免為經學觀念所範圍。至民初時期，西洋的科學治史方法輸入，始有科學的史學可言。在這方面，表現得最明顯的，是考古學上的貢獻；甲骨文和金文經過科學的辨別，再加上考古學的其他發現，使得中國古代文化的真相逐漸顯露。有關舊石器時代的遺物，係法人德日進（P'ere Teilhard de Chardin）與桑志華（P'ere Hicent）在陝甘河套發現，有穿孔用的尖銳器物、刮磨器物，以及食餘的驢、犀、象、土狼、羚羊殘骸和駝鳥卵等，與歐洲的舊石器時代遺物相同。其發現的地層，係在黃土下層與相當的沙層及黃土底部礫層中。[95]德氏桑氏二人並合著〈華北舊石器工業〉（《中國地質學會誌》第 3 卷第 1

---

[95] 顧頡剛〈當代中國史學〉，頁 57。

號節錄該文）。而新石器時代的遺物，自十九世紀以還，各地皆有零星的發現。至於大量採集，當自地質調查所聘請的瑞典人安特生始。民國 10 年，安氏抵河南從事地質調查時，在澠池縣仰韶村發現磨光石器，陸續又獲得多種彩陶和骨器；次年，又在遼寧錦西縣沙鍋屯發現彩陶、打製石器和拍紋陶器；12 年，安氏在甘肅亦有豐富的收穫，就在此時期，他編寫成《中國遠古之文化》（《地質彙報》第 5 號第 1 冊有袁復禮的節譯），書中訂定中國遠古文化的六個時期：齊家、仰韶、馬廠、辛店、寺洼、沙井。[96]15 年，李濟、袁復禮考古山西，發現夏縣西陰村遺址，李濟將之寫成《西陰村史前的遺存》。[97]

除了以科學治史外，新史觀的輸入更予中國史學界莫大的刺激。中國過去多執有「歷史退化觀」的偏見，以為愈古的時代愈好，愈到後世愈不行。[98]近代西洋史學受進化論影響，主張歷史是進化的，後世的文明遠過於古代。這種新史觀的輸入改變了國人治史的觀念，[99]如對古史傳說的懷疑，各種史實的新解釋，種種表現擴展了中國史學界的領域，尤其重要的，近代疑古派的興起更使中國史學注入蓬勃的生氣。

近代史學界疑古派的興起，除受外來的史觀的啟示外，中國的疑古精神亦自有其歷史淵源。自王充作《論衡》，於古聖哲備加譏損，而劉知幾作《史通》，更有疑古惑經之篇。至清代中葉的崔述，本其宋學之衛道精神及漢學的考據方法著成《考信錄》，以考而後信為職

---

[96] 參見方豪，〈歷史學〉，見《中華民國科學誌》（一），頁 7。
[97] 〈當代中國史學〉，頁 58。
[98] 〈當代中國史學〉，頁 125。
[99] 〈當代中國史學〉，頁 125。

志。崔氏目光之敏銳及治史之嚴謹，影響近代史家甚鉅。清末，廖平、康有為、崔適等繼起，疑古學風乃成不可遏之勢。[100]

　　民初時期，於疑古辨偽最著名者，當推胡適、顧頡剛、錢玄同三人。胡適的史觀建立在存疑主義與實驗主義之上，在歷史方法論方面亦提出兩個基本方法：一為用歷史演變的眼光追求傳說的演變，一為用嚴格的考據方法來評判史料。[101]他的「上帝尚可以批評」、「拿證據來」[102]言論，最能表現其疑古的治史態度。顧頡剛自言因受胡適的影響，開始討論古史上諸問題，並且從事編著《古史辨》。[103]；《古史辨》第一冊於民國 15 年出版之後，引起學術界很大的趣味及深刻的批評；其中辨論最精者，首推陸懋德所言，[104]而譏評顧氏最烈者，以馬乘風之文字為最。[105]至於錢玄同對疑古精神的服膺，更甚於胡、顧二人。他去姓而自稱「疑古玄同」，即足以說明其態度的激烈。持平而論，疑古派在史學上的貢獻，毀譽參半，各有優缺點。史家金毓黻謂其失有二：讀書不多，舉證不富，輕為論斷，則失之陋；列舉多證，以偽為真，輕為論斷，則失之妄。[106]誠然疑古派的論斷往往隨著學術的進展，而無法遮掩其妄陋，但其疑古精神，一掃過去拘泥信古之病，則為近代史學別開生面，自有其學術演進史上的地位與價值。

---

[100] 參閱金毓黻《中國史學史》，頁 383；及顧頡剛〈當代中國史學〉，頁 125-126。

[101] 周予同，〈五十年來中國之新史學〉，上海學林社編，《學林月刊》，第四輯，頁 22。

[102] 上句見胡適的〈人權論集序〉，下句見〈介紹我自己的思想〉。

[103] 顧頡剛，〈當代中國史學〉，頁 126。

[104] 金毓黻，〈中國史學史〉，頁 384-385。

[105] 周予同，〈五十年來中國之新史學〉，頁 25。

[106] 金毓黻，〈中國史學史〉，頁 385。

　　民初的史學，除受西洋的科學治史方法及新史觀輸入的影響外，歐美日本漢學研究的進步，亦影響近代中國史學的發展。當時歐美日本學者對於漢學的研究，甚有貢獻，他們研究的成績傳入中國，予國內學者以刺激，使中國的史學也隨之而進步。這在元史、蒙古史和中西交通史的研究上，最為明顯。[107]民國建立以前，元史的研究是片段的或僅是整理，如錢大昕、洪鈞等人所作，清末魏源、曾廉雖有《元史新編》與《元書》，但均未達撰史的地步。民國 10 年，柯紹忞撰成 257 卷的《新元史》，時北京政府總統徐世昌且下令將該書列於正史為第二十五史。另有屠寄撰《蒙兀兒史記》160 卷，惜未完成。屠之子孝實亦曾譯乞迷亞可亭的《俄羅斯之蒙古》（Jeremiah Curtin, The Mongols in Russia）及《史學史》二書，然史家謂為「皆無史料價值」。[108]後有王國維、陳垣等繼之，王氏在元史方面的成就亦甚大，其所校注者有〈黑韃事略〉，〈聖武親征錄〉等四篇，單篇考證者共五篇，如：〈遼金元時蒙古考〉、〈韃靼考〉、〈蒙古札記〉等。陳垣著〈也里可溫考〉，於基督教在元代的傳布狀況，考證精博，〈元西域人華化考〉，考證回回、畏吾兒、波斯、印度的回教徒、耶教徒、摩尼教徒漢化的狀況[109]。陳氏對中外交通史亦有研究，但多偏重於宗教方面，有〈火祆教入中國考〉（民國 12 年）、〈摩尼教入中國考〉（民國 12 年）。然在民初時期，對中外交通史的研究貢獻最大者，當推向達，他有《中西交通史》、《唐代長安與西域文明》、以及《明清之際中國美術所受西洋之影響》。[110]

---

[107] 顧頡剛，〈當代中國史學〉，頁 3。
[108] 顧頡剛評語。
[109] 顧頡剛，〈當代中國史學〉，頁 115。
[110] 顧頡剛，〈當代中國史學〉，頁 110。

（二）哲學

近代以前中國哲學的發展，約可分為三個時期：1.春秋戰國時期，儒家、墨家、道家、法家等，各以其自由的思想，建立有系統的哲學。2.漢至唐時期，是以故有的老、莊思想，印度佛教；譯有多種經論，產生各種宗派。主要有華嚴宗、三論宗、禪宗、天台宗等。3.宋至明時期，是採用禪宗的思想，來發展儒家的古義。重要的有程、朱、陸、王各派。[111]

民國初年的哲學，可分為兩部份：一為西洋哲學的介紹與研究；二為中國傳統哲學的批評與整理。茲分述如下。

1.西洋哲學的介紹及其研究

（1）西洋思想方法的介紹[112]

中國哲學史上，向來不重視思想的方法。直到近代受了西洋哲學方法論的影響，始發展論理學（Logic），作為研究哲學思想的方法理論。民初傳入中國哲學界的西洋思想方法，可分為四類別：形式論理學、實驗論理學、數學邏輯及辯證法。

論理學輸入中國，自明末李之藻譯《名理探》始。但直至嚴復翻譯穆勒《名學》（John Stuart Mill, *System of Logic*），耶芳斯《名學淺說》（W. S. Jevons, *Primer of Logic*）二書後，論理學才漸受中國學術界注意。民國 12 年，屠孝實著《名學綱要》，首開國人著述論理學之先河。後陸續有張子和的《新倫理學》，陳大齊譯的《邏輯大

---

[111] 蔡元培，〈五十年來中國之哲學〉，頁 1，上海申報館編，《最近之五十年》，但蔡未提程朱。

[112] 參閱郭湛波，《近五十年來中國思想史》，頁 243-265。

意》，楊震文的《論理學史》等。以上所述，皆屬於形式論理學的著作。

實驗論理學則自民國 8 年杜威（John Dewey）來華後，始有系統的介紹於中國學界。形式論理學即為西洋傳統的論理學，源自亞里斯多得，注重整理、分析、類別；實驗論理學則注重經驗、實質，以杜威為首倡。實驗論理學在中國的發展，主要得力於胡適，胡著有《實驗主義》、《杜威論思想》，另劉伯明譯有杜威的《試驗論理學》（民國 10 年）等。

在杜威介紹實驗論理學到中國的同時，數學邏輯亦開始漸為學界人士所接受。這一派的思想方法源於法人笛卡兒（René Descartes）的哲學觀念。笛卡兒極力提倡數量的重要性，並以直覺、演繹兩項重要觀念為其思想方法。民國 9 年，集數學邏輯大成的英哲羅素（B. Russell）來華講學後，數學邏輯益受重視。當時中國研究數學論理學者，要以張申府為最用力。[113]另外譯述方面，有傅种蓀譯的《羅素的算理哲學》。

繼實驗論理學、數學邏輯之後，辯證法──矛盾論理學成為中國哲學界思想方法的新重心。辯證法最早源於古希臘，到柏拉圖時確立其思維方式，至黑格爾始完成辯證法的體系，而馬克思、恩格斯則加以運用發展出唯物辯證法。國人介紹辯證法者，當以李大釗、陳獨秀為首。辯證唯物論主要觀點在它的歷史哲學，即唯物史觀。當時國內介紹辯證法的書籍為數不多，有李達譯的《現代世界觀》、柯柏年譯的《辯證法的邏輯》等，而介紹唯物辯證法馬克斯主義的文字，自民國 8 年以後，陸續發表於《新青年》、《晨報副刊》等刊

---

[113] 張申甫曾在北大講授數學邏輯課程，惜其有關邏輯方面文章多未發表。見郭湛波《近五十年來中國思想史》，頁 244。

物。[114]唯當時所表達的觀念與認識都極有限，此顯示國人對其政治信仰的熱忱遠超過學術研究。

(2) 西洋哲學思想的輸入

西洋哲學思想雖同出一源，但至近代各國哲學大師輩出，創造新理論學說，在西洋哲學史各佔勢力。現即以國別為界限，介紹輸入中國的各派哲學思想：最早輸入中國的近代哲學思想為英人達爾文的進化論，嚴復翻譯的《天演論》，即赫胥黎發揮達爾文「物競天擇」觀念的著作。此派思想在方法上採存疑主義（Agnosticism），是指只有證據充分的知識才可以信仰，凡沒有充分證據的，只可存疑，不當信仰。[115]進化論思想對民國早期的中國學者深具吸引力，當時介紹的文章，如《民鐸雜誌》的 3 卷 3、4 號（民國 11 年），為進化論專號，載有陳兼善的〈進化之方法〉、〈進化論發達略史〉等文，陳兼善另著有《進化論綱要》一書，與張資平的《人類進化論》、馬君武譯的《達爾文物種原始》，同為這一方面的重要著作。[116]在進化論學說傳入的同時，英人斯賓塞（Herbert Spencer）的思想亦經由嚴復譯介到中國。斯賓塞將進化的法則應用至心理學、社會學、人生哲學的社會科學上。[117]嚴復所譯的《群學肄言》，即斯氏的代表作。英國思想傳入者，在當時尚有羅素的哲學。羅素影響中國最大者在其社會主義思想，他認為人類的活動，有兩種：一種是創造的（Creative），一種是佔據的（Possessive）；現在的社會是鼓勵人佔

---

[114] 張玉法，《中國現代史》，下冊，頁 366-369。

[115] 郭湛波，《近五十年來中國思想史》，頁 350。

[116] 張玉法，《中國現代史》，上冊，頁 300。

[117] 郭湛波，《近五十年來中國思想史》，頁 355。

據，而摧殘創造發明，故他反對國家的存在，也反對私有財產制度，
主張思想自由和鼓勵創造。他認為，不受約束的思想，才能發揮潛
力，創造最高的成果。這便是思想解放的學理依據。[118]

　　民國 8 年至 10 年，杜威來華講學期間，曾對中國學界介紹過法
國哲學家柏格森（H. Bergson）的思想。《民鐸雜誌》（3 卷 1 號，民
國 11 年）亦曾刊行柏格森專號，其中載有嚴阮澄的〈柏格森傳〉，
張君勱的〈法國哲學家柏格森談話記〉，馮友蘭的〈柏格森的哲學方
法〉，張東蓀的〈柏格森哲學與羅素的批評〉，李石岑的〈柏格森哲
學之解釋與批評〉等。當時中國研究格柏森最有心得、崇拜最力者，
當推張東蓀與張君勱二人，張東蓀且譯有《柏氏之創造論》、《物質
與記憶》二書。柏氏思想的根本觀念為「變的哲學」，一反過去哲學
家以「常」、「不變」為宇宙萬物的根本信念。他認為存在就是變遷，
變遷就是永遠不斷地創造自己，所以特重「直覺」；以為生活不能用
知識了解，要了解生活惟有去生活，行為不能用知識了解，要了解
行為惟有去行為。[119]

　　德國的哲學思想，清末民初由王國維介紹入中國的有叔本華（A.
Schopenhauer）、尼采（E. W. Nietzsche）、康德（Immanuel Kant）等
人的哲學。叔本華屬虛無派，其主要思想為「意志說」，他認為世界
的本體是意志，意志不能滿足便生痛苦，為免痛苦就要否定意志。
所謂否定意志，即否定一己生活之慾。他在認識上重直觀，為無神
論者，在教育上則重經驗和美育。王國維在其〈叔本華之哲學及教
育學說〉一文中，對叔氏學說有扼要透闢的介紹，另外尚有〈書叔
本華遺傳說後〉的介紹文字。尼采的思想由叔本華的「意志說」引

---

[118] 張玉法，《中國現代史》，上冊，頁 300-301。
[119] 郭湛波，《近五十年來中國思想史》，頁 374-376。

伸，也是無神論者，但認為意志不能滿足時，要無止境地奮鬥，強
者終必脫穎而出，成為「超人」，其下則為眾生。故主張鋤弱留強，
反對互助，為強烈的個人主義思想。王國維有〈叔本華與尼采〉一
文，對尼采學說作比較性的介紹，民國9年《民鐸》刊載尼采專號
（2卷1號），中有白山的〈尼采傳〉，朱侶雲的〈超人與偉人〉，李
石岑的〈尼采思想之批評〉等文，始較詳盡的介紹尼采哲學。至於
康德注重實證的「知識論」，《民鐸》6卷4號刊出康德專號，有胡
嘉的〈康德傳〉，〈純粹理性批評梗概〉，〈康德之著述及關於康德研
究之參考書〉等文。

　　美國的哲學思想由胡適、蔣夢麟等介紹到中國來，主要為杜威
的實驗主義（Pragmatism）。胡適在杜威未來中國之前，即作了一篇
〈實驗主義〉來介紹他的思想，杜威去後，胡適又寫了〈杜威先生
與中國〉、〈杜威論思想〉等文。蔣夢麟所主編的《新教育》，創刊號
載有陶知行的〈試驗主義與教育〉、劉經庶的〈試驗的倫理學〉，1
卷3號出杜威專號，載有胡適的〈杜威哲學根本觀念〉、〈杜威的教
育哲學〉，蔣夢麟的〈杜威的倫理學〉等。實驗主義是一種方法論，
故自稱工具主義（instrumentalism）。實驗主義者的基本態度是講求
科學試驗或歷史證據，重事實而輕通則。其哲學思想以經驗即生活，
生活就是對付人類周圍的環境，而思想是應付環境最重要的工具；
真正的哲學必須是解決「人的問題」的。

　　俄國哲學思想自清末即陸續輸入的有虛無主義、和克魯泡特金
的「互助論」等。克魯泡特金（P. A. Kropotkin）俄人，篤信無政府
主義，鑑於進化論崇尚強權，乃倡互助（mutual aid）之說，認為生
物有互助的本能，因互助而進化。雖有生存競爭，其能爭勝，則全
賴互助。此說最早由李煜瀛在巴黎《新世紀》上介紹，後來周佛海

把《互助論》翻譯成書。俄共革命成功後，俄國研究馬克斯的著述，陸續介紹到中國來的不少，增加了共產主義在中國的勢力。[120]

2.中國傳統學的批評與整理

　　中國的哲學思想發展至清末民初，因西洋文化思潮的衝擊及思想方法的介紹，哲學界本身產生反省，進而以新觀點新方法去批評、解釋舊文化思想。要敘述近代從舊傳統蛻變出來的哲學思想，不能不自康有為（1858-1927）開始。康氏於清末即講學於萬木草堂，其學說的中心是欲對代表中國傳統哲學的孔子學說予以檢討，重新建立其價值。康氏三部主要著述：《新學偽經考》，指古文經為劉歆所偽作，並非孔子之說；《孔子改制考》，以孔子為託古改制之人；《大同書》，乃為闡明孔子的大同學說。康氏的哲學，對中國思想界的影響主要有二點：一、打破神聖的經典觀念；二、推倒孔子一尊之觀念，與諸子學說並列。[121]康著《大同書》的同時，譚嗣同（1866-1898）寫了一部《仁學》，其目的要「衝決網羅」[122]，打破一切傳統的思想及束縛。他主張平等，反對名教，反對三綱；主張通，反對國界、級界，反對崇儉。[123]譚嗣同的哲學可代表晚清思想界革命性的議論，然其所建立的思想新體系，仍以孔教為依歸。

　　真正脫離儒家本位來批評傳統哲學思想者，當自章炳麟始。其思想不惟是種族革命的思想，是當時革命黨哲學的代言人，且可認為是民國 8 年以後新文化運動的先驅。他提倡研究諸子之

---

[120] 張玉法，《中國現代史》，上冊，頁 301-304。

[121] 郭湛波，《近五十年來中國思想史》，頁 13。

[122] 譚嗣同，〈仁學自敘〉，轉引自郭湛波郭湛波，《近五十年來中國思想史》，頁 19。

[123] 郭湛波，《近五十年來中國思想史》，頁 29-32。

學，表揚諸子，特別表揚老、莊，以與儒家抗衡，使學者勿墨守儒家。[124]

　　民國初年，北京政府大力提倡儒家正統，並欲尊為國教；此一方面雖是基於鞏固政權的考慮，[125]另方面亦為順勢承襲一脈相傳的中國哲學思想。至新文化運動時代，知識份子開始公然批評孔子學說，著書立言極力詆毀孔教。攻擊最力者為陳獨秀等所主編的《新青年》，當時發表的批孔文章有陳獨秀的〈孔子之道與現代生活〉、〈憲法與孔教〉，吳又陵的〈吃人與禮教〉、〈說孝〉、〈儒家主張階級制度之害〉，胡適的〈吳虞文錄序〉，這些都是批評舊思想最力、影響最深的文字。[126]

　　反孔思潮與當時盛行的疑古之風合流，舊傳統乃深受破壞，新體系亟須建立。當時哲學界吸收西洋哲學作為工具，來重新評估中國哲學思想，成績最著稱者，以胡適與梁啟超為代表。胡適在整理中國思想的著作，有《中國哲學史大綱》、《墨子小取篇新詁》、《先秦名學史》、《淮南王書》、《戴東原的哲學》等。梁啟超則著有《先秦政治思想史》、《墨子學案》、《墨經校釋》、《清代學術概論》（民國12年）、《中國近三百年學術史》（民國15年）等。[127]胡適在這方面的具體貢獻有三點：1.解脫封建時代的觀點，打破自劉歆以後諸子出於王官之說，2.古代思想方法的整理，對古代哲人惠施、公孫龍的辯學，表彰無遺，3.墨家學說的整理，是胡適表現成績最佳者，使之得與儒、道二家並列。[128]梁啟超整理舊哲學，主要受胡適著作

---

[124] 賀麟，《當代中國哲學》，頁5。

[125] 周策縱原著、楊默夫編譯，《五四運動史》，頁433。

[126] 郭湛波，《近五十年來中國思想史》，頁278。

[127] 郭湛波，《近五十年來中國思想史》，頁279-280。

[128] 郭湛波，《近五十年來中國思想史》，頁298。

的影響，但其貢獻，並未出胡之範圍。[129]而其最大成就，在於清代思想史方面的整理。[130]

　　新文化運動時期，學術界呈現普遍的反孔思潮。當時比較有系統、有獨到見解而代表儒家及東方文化立場的，要推梁漱溟在民國10年發表的《東西文化及其哲學》一書。[131]其思想雖係當時潮流的反動，但已脫出守舊派一味復古的窠臼。他在書中鄭重提出中國文化是否會被西方文化推翻的問題，在當時全盤西化的氣氛下，他的答案實助長國人對於民族文化的信心和自尊。他認為儒家的人生態度，就是使生活有意義、有價值的態度，有其獨特的永久普遍的價值。[132]

四、社會科學

　　西方社會科學的輸入，主要有二途徑：譯書與留學。西方重要社會科學著作的大量翻譯成中文，是以清末留英歸國的嚴復為開端。嚴復先後翻譯了西方著名的書籍，有赫胥黎的《天演論》（Thomas Huxley, *Evolution and Ethics*），1894-1895 年譯，1895 及 1898 年出版；亞當史密斯的《原富》（Adam Smith, *The Wealth of Nations*），1897-1900 年譯，1902 年出版；約翰穆勒的《群己權界論》（John Stuart Mill, *On Liberty*），1899 年譯，1903 年出版；斯賓塞的《群學肄言》（Hebert Spencer, *Study of Sociology*），1898-1902 年譯，1903 年出版；

---

[129] 郭湛波，《近五十年來中國思想史》，頁 299。
[130] 張玉法，《中國現代史》，上冊，頁 311。
[131] 賀麟，《當代中國哲學》，頁 9。
[132] 賀麟，《當代中國哲學》，頁 10-11。

甄克思的《政治簡史》（Edward Jenks, *A Short History of Politics*），
1903 年譯，1904 年出版；孟德斯鳩的《法意》（Montesquieu, *L'Espirit des lois*），1900-1905 年譯，1904-1909 年出版。[133]及至民國成立，
我國翻譯西洋社會科學的書籍，更為增進。學者除自歐美原文書籍
譯成中文外，也有從日文翻譯的西洋書籍再譯為中文。至今我國社
會科學尚有許多名詞是保留原來的日文翻譯。

　　除譯書外，留學生的派遣亦是吸引西方社會科學的主要途徑。
1909-1929 年間，我國留美學生修習社會科學者已佔相當比例，有
23.84％，僅次於主修工程學者。[134]這些早期攻習社會科學的留美學
生歸國後，在我國社會科學的研究上發生很大影響，他們對我國社
會科學發展方向上的左右力量，要超過留學其他各國的學生。[135]

　　在清末民初由翻譯及留學的媒介而興起的現代社會科學，可以
分兩個階段加以討論。從清末到五四運動，可說是中國社會科學的
胚胎階段。在此期間，主要活動在於介紹西方社會科學的理論及研
究結果，及訓練學生吸收社會科學的知識。民國 8 年以後一直到抗
戰以前，為我國社會科學急速成長的階段。五四以後，國際知名的
學者如杜威、羅素、孟祿（Paul Monroe）、杜里舒（Hans Driesh）
等先後來華講學，這些學者雖非專攻社會科學，但他們重視經驗知
識（empirical knowledge）及邏輯的思考，對中國社會科學研究的性
質和方向，有相當啟發性的作用。[136]此時期，我國學者本身也開始
研究，來推動這門新興的社會科學。

---

[133] 柳詒徵，《中國文化史》，下冊，頁 186-187。
[134] 《雲五社會科學大辭典》，第一冊，頁 31。
[135] 龍冠海，《社會學》（臺北，三民書局，民國 55 年），頁 383。
[136] 《雲五社會科學大辭典》，第一冊，頁，頁 31-32。

本文因受到資料缺乏的限制，無法探討全面社會科學的內容，茲僅以經濟、社會、心理、教育四學門，來介紹民初時期社會科學研究的一般情形。

（一）經濟學

西方經濟學介紹給國人的第一部經典之作，即嚴復所譯的《原富》，於光緒 28 年（1902）由南洋公學譯書院初次印行。嚴復當時在其〈原富譯事例言〉中指出：「計學（按為嚴氏對經濟學的譯名）欲窺全豹，於斯密原富而外，若穆勒（指 J. S. Mill）、倭克爾（指 F. A. Walker）、馬夏律（指 A. Marshall）三家之作，皆宜逐譯，乃有以盡此學之源流，而無後時之嘆。此則不佞所有志未逮者，後生可畏，知必有賡續而成者矣。」但當時一般人士却無嚴復之識見，總稅務司署以及各機關所編譯的經濟學書籍，都是一些實用技術的介紹，[137]在他們的心目中，所謂經濟學，實不過是一種解決實際問題的手段，並不將它當作一種學術研究。

到民國成立，我國大學教育日趨普及，經濟科學的研究始逐漸展開。但最初經濟學的研究都是附屬於商科中，而且教科書大都是英文或翻譯之作。這種現象顯示，中國早期經濟學理論研究的基礎是極其薄弱的。然而在實際的經濟問題探討上，民初時期有一項具體的研究成績，在中國學術界深具意義：即農村經濟的研究。從事這項工作最有表現者，首推金陵大學農業經濟學系的農村經濟調查。該校先後舉辦此項工作多次，其中最重要的一次為調查中國農

---

[137] 《中華民國科學誌》（一），見施建生，〈經濟學〉，頁 2。

家經濟狀況。此次工作的展開，係自民國 10 年始，迄於 14 年，調查範圍廣及七省十七縣，共 2,866 田場。調查內容包括田場布置與土地利用，田場週年經營狀況，大小最適宜的田場企業，佃農問題，家畜、勞力、人口，以及生活程度，其所獲致的主要結論約為下列數點：(1)中國田場經營太分散，不合經濟原則。(2)佃農收入太少，應依當時租額減少至五分之一。(3)中國人工與畜力均未能充分利用。(4)農村經濟力量至為薄弱，應由政府舉辦低利貸款，使農民資本得以增加。(5)中國人口日增，土地利用應採深耕的方法。但深耕是否有效，則又須視其他方面的配合，例如當時農村水旱災荒頻仍，土壤侵蝕，肥料不足，蟲害猖獗，以及種子不良等情形，即使深耕亦難有良好的成效。這些結論，在日後不少為政府所採納，如佃租之減低，農貸之普及等皆是。[138]

（二）社會學

自法國孔德（August Comte）揭櫫社會學的領域並創始社會學的學名，使社會現象的研究，劃分為獨立的科學學門。社會學一詞我國初譯為「群學」或「人群學」；[139]至光緒 28 年（1902）8 月章炳麟譯日人岸本龍武太的《社會學》之後，此名正式確立。[140]

早期中國有關社會學方面的書籍，多係譯本。至民國建立以後，始有國人自己的編著問世，但翻譯書仍占很大比例。[141]較重要的有

---

[138] 施建生，〈經濟學〉，頁 5-6。

[139] 嚴復最初譯為「群學」，而梁啟超譯為「人群學」。

[140] 按：「社會學」譯名，最早見於譚嗣同所著《仁學》書中。

[141] 《中華民國科學誌》（一），見龍冠海，〈社會學〉，頁 1-2。

陳長蘅的《中國人口論》（民國 7 年），易家鉞的《社會學史要》（民國 10 年），陶孟和的《社會與教育》（民國 11 年），瞿世英譯的《社會學概論》（民國 14 年），武堉幹譯的《人口問題》（民國 14 年），孫本文的《社會學上之文化論》等。[142]

國內大學社會學課程，在民國元年的北京大學即設有，到民國 10 年廈門大學設歷史社會學系及燕京大學設社會學系，始為創設獨立社會學系的開端。至於研究團體，以民國 11 年余天休發起的中國社會學會為最早。但因當時所研究者極少，會務不久中斷。曾出版《社會學雜誌》雙月刊，是我國最早的社會學定期刊物，自民國 11 年 3 月至 14 年 8 月止共出兩卷，計八冊，其中二期合刊者凡三次。另尚有許仕廉主編的《社會學界》（年刊），於民國 16 年 6 月創刊第 1 卷。[143]

有關對國內社會狀況作實地調查與研究方面，最初在民國 3、4 年間，北京大學社會實進會曾舉行過北京洋車夫生活調查，民國 6 年清華學校教授狄德曼（Dittman）曾調查該校附近居民生活程度，民國 7、8 年間北京美籍教士甘布爾（S. D. Gamble）與燕京大學社會學教授步濟時（T. S. Burgess）領導舉行北京社會調查。同時滬江大學社會學教授葛學浦（D. Kulp）亦領導其學生到廣東潮州鳳凰村作實地社會研究。至民國 15 年，中華教育文化基金董事會在北平設社會調查所，由陶孟和主持，曾廣泛的調查華北、上海等地工人生計，其調查報告，用中英文分別印行，並有《社會研究》及《社會

---

[142] 參閱孫本文，〈五十年來的社會學〉，潘公展編，《五十年來的中國》，頁 238-239；及龍冠海，〈社會學〉，頁 2-4。
[143] 孫本文，〈五十年來的社會學〉，頁 239。

科學雜誌》兩期刊行世。惟該所工作，偏於工人生活的調查，未注
意及社會生活的全貌。[144]

（三）心理學

　　自清末興辦新教育以後，西洋心理學亦隨之輸入。清末出版的
心理學計有四種：第一部中文寫的西洋心理學書是江蘇師範編的《心
理學》，由江蘇寧屬學務處出版，時在光緒 32 年（1906）。第二年
（1907）由王國維譯的《心理學概論》（Hoffding, *Outlines of
Psychology*）在商務印書館出版，這是第一本中譯心理學書。另外是
光緒末年出版的日人小泉又一的《教育實用心理學》由房宗嶽譯出，
及美人祿爾克所著《教育心理學》，由學部圖書局在宣統 2 年（1910）
出版。[145]

　　關於民國建立後心理學的發展情形，最早有兩部書出版：顧公
毅編的《心理學》（民國 4 年）及陳大齊的《心理學大綱》。陳書被
多所學校採為教科書，其內容對近代西洋心理學作一有系統的介
紹。到民國 9 年，南北兩高等師範同時成立心理實驗室，使中國心
理學的發展向科學化方向更邁進一步。民國 10 年，中華心理學會在
南京組成，民國 11 年《心理》雜誌問世，學界耳目為之一新。其所
發表的研究論文，由國人創作者已佔相當比例，其中著名的心理學
者，如陸志韋、陳鶴琴、艾偉、謝循初、莊澤宣、余家菊、沈有乾、
廖世承、曾作忠、樊際昌、朱君毅、陳大齊、趙演等。11 年以後，

---

[144] 孫本文，〈五十年來的社會學〉，頁 241-242。
[145] 張耀翔，〈中國心理學的發展史略〉，《學林月刊》第一輯，頁 93。

心理學書籍出版漸多，11 年至 16 年每年平均約有七種之多。然以
教科書佔最大部分，而專題研究者幾全為譯著，可見當時心理學研
究尚未臻成熟。

翻譯書籍中，原文本較具學術水準的書有三本：McDougall 的
An Introduction to Social Psychology，由劉延陵譯為《社會心理學緒
論》（民國 11 年商務出版）、Thorndike 的 *Educational Psychology*，
由陸志韋譯為《教育心理學概論》（民國 15 年商務出版）、Watson
的 Psychology from the Standpoint of a Behaviorist，由臧玉淦譯為《行
為主義的心理學》（民國 14 年商務出版）。

心理學在當時各大學中或列入哲學系，或列入文學系，大多數
則列入教育學院或與教育學合為一系。照較合理的安排應是設在理
學院，惟礙於當時環境有兩種困難：(1)主持理學院者不重視心理
學，(2)理學院所設心理學課程側重純理論研究，學生考慮出路問
題，往往使得系中教員多於學生，故心理系設在理學院者漸次淘汰，
而與教育學合設的心理系却頗受歡迎。[146]

（四）教育學

民初時期的教育研究工作，可分為三方面來介紹：(1)舉辦實驗
學校，(2)從事讀法研究，(3)施行測驗運動。

早期的實驗學校可以南京高師的附中與附小為代表，其中尤以
附小的成績比較顯著。附小試驗了許多新方法，尤重視道爾頓制[147]

---

[146] 張耀翔，〈中國心理學的發展史略〉，頁 93-98。

[147] 道爾頓制（Laboratory Plan）特點：1.以各個學生為單位，教學進度與學習進

的推行，主持者多係教育專家。民國 16 年南京附小成立十週年，曾編印《一個小學十年努力記》的詳細報告。該校的實驗工作就整個學制而言，學級編制法由彈性制進而為三段分團制，各團升級除實足年齡外完全以測驗為標準。在教學方法上，則由各科聯繫進而至全用設計法。在教材上，如國語科作文題目由學生設計來定，寫字則訂有書法量表；算術科高年級則採道爾頓制，並且注重教材社會化、練習測驗化。在訓育上，有「好國民」的規定，除施行訓導制外，還以公僕會來訓練兒童自治。該校的工作曾引起教育界廣泛的重視。

當時在美國研究教育心理的留學生多從事研究漢字與中文閱讀問題，在識字方面，有劉廷芳的《漢字學習心理研究》（民國 5-7 年），艾偉的實驗（民國 12-13 年），蔡樂生的實驗（民國 15-16 年）；在橫直行排列方面，有高寶壽、查良釗的橫直行比較（民國 10-11 年），陳禮江、王鳳喈的實驗（民國 15 年）；有胡毅的《默讀的知覺的廣度》（民國 11 年）等。

關於施行測驗方面，民國 4 年克雷頓在派爾指導之下，曾應用許多的心理學和人體的測驗，在廣州試驗了 500 餘人。7 年華爾科用推孟的修正智力量測驗北京清華學校高等科學生 64 人，9 年南高師開設測驗學堂，次年該校教授二人合著的《智力測驗法》商務印行，皮納量表亦由費培傑譯成中文。北高師亦相繼添設心理測驗學程，11 年皮納西門智力測驗譯成中文，並加入數種新測驗，在京滬一帶測試小學生 1,400 人。

度彼此不相牽掣，2.沒有年級的界限。見《雲五大辭典》，第八冊，《教育學》，頁 126-128。

民國 11 年到 12 年間麥柯爾來華主持編製測驗，與十餘位專家，合製五十餘種測驗，被測的在十萬人以上，程度由小學三年級至八年級止。其中部分結果由商務出版《中國初等教育的效率》一書。自麥柯爾掀起中國測驗運動以後，測驗曾風行一時，民國 15 年艾偉在江浙一帶測驗中學生白話與文言理解力及其速度，並再修正為甲乙量表在直隸、江浙一帶施測。[148]

五、自然科學

西方近代科學傳入中國，最早是透過傳教士的媒介。明末清初，西方傳教士假介紹西洋學術為名，周旋於中國朝廷與士紳之間，故得以無阻礙的進行其傳播宗教的真正目的；著名的有利瑪竇、湯若望、畢方濟、南懷仁等。當時經由這些傳教士傳入中國的西學中，以自然科學為最重要，如天文、曆法、幾何、代數、輿地及火器製造等。[149]雍正時禁教，西學的輸入曾隨之一度中斷。至清末同光年間，政府開始積極主動的取法西方科學技術，追求船堅礮利的實效。經過三十餘年自強運動的推動，成績雖未盡理想，惟科技的價值與應用在當時中國得到了肯定。科學的實用價值雖被重視，但中國真正措意於基本科學學理的研究與建立，則是二十世紀以後的事。

民初時期，科學的研究方向，分為二途：有所謂地方性的科學和普遍性的科學。以各地特殊事實為題材而研究建立的科學，如地質學、生物學、氣象學等屬於前者，又如物理學、化學、天文學等

---

[148] 《中華民國科學誌》（一），見崔載陽〈教育學〉，頁 3-5。
[149] 李定一，《中國近代史》，頁 6-7。

則屬於後者。[150]茲依照上列各學門的次序，敘述民初時期自然科學方面發展的大概。

（一）地質學

中國古代對地質的觀察和應用，為片段的、抽象的。禹貢、山海經中有鑛物及岩石的記載，詩經中對地質變動的描繪，有「高岸為谷，深谷為陵」。古人亦有從化石中悟得「滄海桑田」的語句，這些都可以證明中國古代地質學的思想。[151]然而國人由地質思想真正邁入地質科學研究，要在民國建立以後。

民國初建立，亟須開發資源以濟百業，故政府非常重視鑛產調查。工商部鑛政司初成立地質科即開始積極從事調查。科長丁文江選擇山西省為首先調查地區，因為丁氏採信德國地質學家李希霍芬（Ferdinand Von Richthofen 1833-1905）所發表的有關清末中國地質調查報告，其中有言「山西真是世界煤鐵最豐富的地方，照現時世界的銷路來算，山西可以單獨供給全世界幾千年。」[152]是以丁文江抱極大的希望，「以為這一定是亞洲的羅倫（法國最大鐵鑛）」。[153]此次調查旅行是與梭爾格同赴太行山內井陘、娘子關、平定一帶，時間大約是從民國 2 年 11 月中旬到 12 月底。考查煤田鐵礦的結果却與所預期的相去甚遠，丁文江在他的漫遊散記中，非常失望的記載

[150] 任鴻雋，〈五十年來的科學〉，見潘公展編，《五十年來的中國》，頁 190。

[151] 章鴻釗，〈中國地質學之過去及未來〉，見《史地學報》，第 1 卷，第 4 號，頁 141-142。

[152] 胡適，〈丁文江的傳記〉，頁 19。

[153] 胡適，〈丁文江的傳記〉，頁 19。

著「……越向南，鐵鑛越少，越不規則。……我才覺悟平定一帶的鐵鑛在新式的鑛冶業上不能佔任何的位置。」[154]他的調查成果為中國地質界證實山西的鐵鑛實用價值並不大。

丁文江隨即又奉命至雲南東部調查鑛產。這是一次大規模的調查，他隻身於民國 3 年 2 月 3 日動身，取道安南到雲南，至 4 年初返北京，為期一年。[155]其調查路線大致是：入雲南之後，即趨箇舊看錫鑛；隨至昆明，復北行實地考查，經富民、祿勸、元謀，過金沙江至四川會理；由會理折而東南行，再渡到金沙江入東川府屬考查銅鑛；復由東川東行入貴州威寧縣，又折而南，經宣威、曲靖、陸良，而返昆明。[156]此行最大的收穫即是對箇舊錫鑛，東川、會理的銅鑛，及宣威一帶的煤鑛做了調查研究，並曾發表研究成果。[157]以上所述為兩次較大規模的鑛產調查，以後尚有一些零星的調查。[158]

關於地層古生物學方面的研究，自葛利普研究華北奧陶紀頭足類（後編為《中國古生物誌乙種》第一冊），首開其端。古生物學又分古植物、古脊椎動物與古無脊椎動物三類，當時在無脊椎動物研究上，繼葛氏上述之作後，有孫雲鑄在民國 12 年發表之寒武紀、奧陶紀三葉蟲的研究。[159]植物化石方面，在國人自行研究之前，有史勘克（A. Scheuek）在 1883 年研究李希霍芬在清末所採古、中、

---

[154] 胡適，〈丁文江的傳記〉，頁 19。
[155] 胡適，〈丁文江的傳記〉，頁 20。
[156] 黃汲清，〈丁在君先生在地質學上的工作〉，見胡適等著，《丁文江這個人》，頁 39。
[157] 有五篇研究論文，均在《獨立評論》上發表：〈雲南箇舊的錫鑛〉、〈雲南的土著人種〉、〈四川會理的土著人種〉、〈金沙江〉、〈東川銅鑛〉。
[158] 零星的調查，請參閱黃汲清，〈丁在君先生在地質學上的工作〉頁 40。
[159] 阮維周，〈地質學〉，頁 15，見《中華民國科學誌》（二）。

新三代植物化石。其後時斷時續,鮮有研究著作。直到民國 12 年周贊衡發表〈山東白堊紀植物化石〉一文,[160]開國人研究古植物之先河。後起者有斯行健、潘鍾祥等人。至於中國脊椎動物化石,其有正式科學描述者,當以 1870 年英國解剖學家奧溫(Owen)所發表〈中國哺乳類化石〉一文為最早,該類材料皆收自藥舖龍骨,在古生物上雖可稱已有正式記述,然尚未與地質學發生聯繫。真正發掘脊椎動物化石,乃始於地質調查所設立之後,由安特生所領導作有計劃的採集,始奠定這方面的基礎。[161]當時所發表有關動物化石方面的學術論文有:安特生的〈中華遠古之文化〉(袁復禮譯),林斯頓的〈中國山西新發現之犀類化石〉(孫雲鑄譯),[162]安特生的〈中國北部之新生界〉(袁復禮譯),安特生的〈甘肅考古記〉(樂森璕譯)等。[163]

　　一般岩石學的研究,包括三部分:水成岩、變質岩及火成岩。而水成岩與變質岩在民初時期特別作精詳研究者並不多見,在學術上可說毫無貢獻。於是岩石學的研究範圍,火成岩成為主要部份。[164]當時加以觀察研究作為論題者,試略舉下列諸文:那琳(E. Norin)〈山西紫金山鹼性正長岩〉(收入《地質彙報》第三號),巴爾博(G. B. Barbaur)〈濟南之侵入岩〉(收入《中國地質學會誌》第 2 卷第 1、2 期),葉良輔〈中國接觸鐵礦帶閃長岩之研究〉、〈臨汾縣之方沸石正長岩〉(皆收入《會誌》第 4 卷第 2 期),李學清

---

[160] 《地質彙報》,第 5 號,第 2 冊。

[161] 阮維周,〈地質學〉,頁 15。

[162] 收入《地質彙報》,第 5 號,第 1 冊。

[163] 依次為《地質專報》甲種第 3 號及甲種第 5 號。

[164] 章鴻釗,《中國地質學發展小史》,頁 100;阮維周,〈地質學〉,頁 28,見《中華民國科學誌》(二)。

〈四川含鎳之橄欖岩〉（收入《會誌》第 4 卷第 3、4 期），譚錫疇〈中國之凝灰礫岩層〉（《會誌》第 5 卷第 2 期）等。以上諸作的研究，或注重實地比較觀察，或注重化學分析，或注重顯微鏡研究，大都對於岩石性質種類和產生形式次序多所記述，亦或推及地殼運動方面。[165]

民初時期，中國地文方面的研究工作，側重北方。地質學家咸以黃土層之沉積時期，相當歐美的最近冰川，此一假定，在當時地質界頗為流行，而絕少對之懷疑。民國 8 年，安特生調查北京附近地質，即依此方向研究，分地文為四期：（一）上新統之唐縣期，（二）下洪積統之汾河期，（三）中洪積統之馬蘭期，（四）沖積統之板橋期。[166]

民國 12 年，李四光在中國地質學會第一次年會中，提出黃土層中覓得帶有擦痕之卵石數種，疑為冰川所成之冰磧石，因此推測中國北方或有發現冰川遺跡之可能。[167]至此後，中國地質界對於第四紀冰川問題，始頗為注意。惟以當時調查區域不廣，冰期的劃分無法確立，致研究成就有限。但對以往認定沉積時期相當冰川時期的假設，則產生革命性的突破。冰川乃代表氣候突變，其與生物的進化，影響至巨。中國為人類化石極豐富之區，第四冰川的存在與否，冰期次數及其久暫，對於人類起源的研究上，意義至屬重大。[168]

---

[165] 章鴻釗，《中國地質學發展小史》，頁 100-102。

[166] 章鴻釗，《中國地質學發展小史》，頁 137。

[167] *Bulletin of the Geological Society of China,* vol.2, No.1, pp.1-17.（《中國地質學會誌》）。

[168] 阮維周，〈地質學〉，頁 29。

　　中國中部的地文研究，以葉良輔、謝家榮二人研究較早。民國
14 年曾於《地質彙報》第 7 期發表〈揚子江流域巫山以下之地質構
造及地文史〉。

（二）生物學

　　我國的生物科學，在民國建立以前僅偶有紀錄，如李時珍的《本
草綱目》，一般幾皆出於外國人之手。民國以來，大學與高等學校雖
有「博物系」的設立，但教席亦多為外人，或為未受專業訓練的留
日學生。當時國內青年有志生物學者極少，有時學系招不到學生，
徒為虛設，僅有東南大學（其前身為南京高等師範，而後又更名為
中央大學）生物系較具規模。中國生物學界的三位前驅：秉志、胡
先驌和陳楨皆曾任教於東南大學。我國生物學的基業，即由此三位
學者經營開創。[169]

　　秉志（1889-1965）是中國科學社的發起人之一，字農山，河南
開封人。光緒 34 年（1908），畢業於京師大學堂，兩年後赴美留學，
主修解剖學，於民國 7 年獲康乃爾大學生物學博士，後繼續留美從
事解剖學研究。兩年後回國任教於東南大學。他的研究工作，以中
國古昆蟲化石研究成績卓越。胡先驌，字步曾，江西南昌人，民國
5 年畢業於美國加州大學植物系，兩年後回國入東南大學任教，後
又赴美深造，於民國 14 年獲哈佛大學博士學位。他返國擔任東南大
學教授時，首先提倡本土植物標本，以供科學研究，並在東南大學

---

[169] 張之傑，〈民國十一年至三十八年的生物學〉，見《科學月刊》第 12 卷，第 2
　　期，頁 12-13。

銳意經營植物標本室。他在高等植物分類學的成就蜚聲國際。陳楨字席山，又字協山，以研究金魚遺傳著名。[170]

　　一般生物學的發展，皆首由形態生理的研究，次及於分類統系的敘述，然後及於胚胎遺傳等應用。[171]而我國的生物學，特重分類學。民國 11 年中國科學社生物研究所成立時，秉志曾說：「今日國內生物學家，都已知當務之急，莫先於採集與分類。」又言：「夫分類學為研究生物科學的基礎，品種不明，其他皆無所建立。」故當時的生物學研究以分類學最具成果，如王家楫的單細胞動物分類研究；鍾觀光則於民初採得植物標本數萬，作為分類研究，他對藥用植物，尤其見長；胡甫經在昆蟲方面的研究，錢崇澍對於長江下游各省的植物調查分類研究，皆由中國科學社為之發表。[172]

（三）氣象學

　　民國以前，我國氣象學上的事業與工作，幾全操於外人之手，德人在光緒 24 年（1898）設立青島氣象台，英人在光緒 10 年（1884）設立香港皇家氣象台，而耶穌教會教士創立上海徐家滙觀象台，則更遠在同治 11 年（1872）。日俄戰爭以後，日人在東三省南部及長江流域，俄人在東三省北部沿中東鐵路一帶，均廣設測候所。即邊

---

[170] 參閱張之傑，〈民國十一年至三十八年的生物學〉；郭正昭，〈中國科學社與中國近代科學化運動（1915-1935）〉；以及胡先驌，〈二十年來中國植物學之進步〉，劉咸，《中國科學二十年》，頁 198。

[171] 任鴻雋，〈五十年來的科學〉，潘公展編，《五十年來的中國》，頁 192。

[172] 李順卿，〈植物學〉，頁 5，參閱《中華民國科學誌》（二）；及盧于道，〈二十年來之中國動物學〉，劉咸，《中國科學二十年》，頁 206-207。

遠各地，如法人沿安南邊界，俄人在外蒙，英人在西藏，亦時有氣象測候的設備。惟我國朝野人士均未曾注意，甚至沿江沿海以及腹地各重要都市得有氣象紀錄，亦受海關四十餘測候所之賜，而此皆由赫德（Robert Hart）的提議，始得以成立。[173]

民國肇始，北京教育部設立中央觀象台，其組織分專業四科：天文、曆數、氣象、磁力、地震；行政三課：文書、會計、庶務。其中氣象科，自民國 2 年成立，以蔣丙然為科長，此實為近代我國自辦氣象事業之嚆矢。[174]民初時期的氣象研究事業，可分為兩方面敘述：

(1)天氣預報　預報事業在民國 10 年以前，中央觀象台即按日試繪天氣圖，當時僅靠海關測候所寥寥十餘處的電報，工作人員頗難著筆，準確程度自亦無從談起。迄中央研究院氣象研究所成立以前，中國氣象研究始終未脫離試驗時期。

(2)出版方面　民國 3 年 7 月中央觀象台編印《氣象月刊》，介紹一般氣象學理，並附以北京觀測成績簡表，及亞東各地氣象狀況，以期灌輸氣象常識於國人心目中，使之對於氣象事業，能有相當的注意，作為普遍發展的基礎。[175]上海徐家滙天文台亦出版有二書：勞績勳神父所著《東亞之風暴》（L. Froc, *Látmosphere eu Extreme- Orient*），民國 9 年出版，及田華賓著《中國之溫度》（Henri Gauthier, *La Temp'erature en China*），民國 5 年上海出版。搜集材料均極為豐富。另外，青島氣象台亦有研究海洋氣候的出版品。[176]

---

[173] 呂炯，〈二十年來中國氣象學之進展〉，劉咸，《中國科學二十年》，頁 148-149。
[174] 陳遵媯，〈民國以來中國之天文工作〉，見《學林月刊》第二輯，頁 14。
[175] 蔣丙然，〈二十年來中國氣象事業概況〉，劉咸，《中國科學二十年》，頁 161。
[176] 呂炯，〈二十年來中國氣象學之進展〉，頁 150-155。

（四）物理學

　　我國物理學的發展，自民國初年始肇其端。為培育物理學人才，國內多所公私立大學在民初時期均設立物理系；計有北京大學、東南大學、北京高等師範學校、清華大學以及燕京、金陵、聖約翰等私立大學。我國物理學的研究基礎，可以說奠定於東南大學，該校物理教學是注重實驗及應用問題的解決。[177]在五四運動以前，私立大學的物理系幾全賴外籍教授支撐，國立學校亦有聘外人以補師資不足者（北大即為一例）。其時各校物理系的設備皆甚簡陋，課程亦欠完備。俟五四運動喊出科學救國的口號，北大物理系首先改革物理的學程，其後數年間，各大學都能應時代之需，極力充實科學的設備。當時以北大、南高師兩校的物理系為最孚時望。前者得力於顏任光（留學時期，以研究氣體游子著稱）、李書華兩位的擘劃；後者則多賴胡剛復（留學時期，以研究 X 光與光電子著稱）、方光圻等的經營。[178]

　　當時，國內尚未開始從事物理學研究，至於留學國外研究物理者，已略有表現，他們的研究成果散見國外學術雜誌，約有四十餘篇。[179]

（五）化學

　　明末清初，西洋學術書籍陸續譯介入國內，其中直接與化學有關之書籍，當以同治及光緒時代的徐壽與英人傅蘭雅（John Fryer,

---

[177] 任鴻雋，〈五十年來的科學〉，頁 195。
[178] 嚴濟慈，〈二十年來中國物理學之進展〉，劉咸，《中國科學二十年》，頁 41。
[179] 鍾盛標，〈物理學〉，頁 1-2，《中華民國科學誌》（一）。

1839-1928）合譯的《化學鑑原》（無機化學）及《續編》（有機化學）、《化學補編》、《化學求數》、《化學分原》八卷、《化學考質》（八本）諸書為濫觴，各書皆由江南製造局出版。[180]

　　民國建立以後，具有研究性的論文，最初是在化學名詞方面，如民國 4 年，陳文哲的〈無機化學名詞〉，曾由教育部公布。到民國 7 年，胡嗣鴻研究自黃銅提煉銅鋅，[181]開工業化學研究之端。民國 12 年，方漢城作竹紙料之研究。[182]關於國產原料及工業品之調查與分析，曹元宇、韓組康、陳文熙、王義珏、臧惠泉等[183]先後開始從事。生理化學方面，經利彬於民國 11 年，已有研究論著發表。[184]然在當時，國人比較重要的研究工作，實為對中國化學歷史的考據。在民國 9 年左右，王璡率南高師學生，以課餘之暇，作中國制錢成份的分析，並加考據。[185]此外王璡對於我國古代化學工藝，亦加以考證研究。[186]此方面的研究成果，頗為西方學者所稱道。同時期尚有章鴻釗、梁津、曹元宇、陳文熙對傳統化學研究的整理，均頗有成績。[187]

---

[180] 譚勤餘，〈中國化學史與化學出版物〉，見《學林月刊》，第八輯，頁 100。

[181] 胡嗣鴻曾發表〈以火蒸法於黃銅中取純銅純鋅之索隱〉一文。

[182] 方漢城曾發表〈竹紙料之研究〉一文。

[183] 他們的研究論文見曾昭掄，〈二十年來中國化學之進展〉，劉成，《中國科學二十年》，頁 133-134。

[184] 經利彬曾發表〈麻醉劑與血中甘質之研究〉一文。

[185] 曾發表〈中國制錢之定量分析〉、〈宋錢成分內之鉛〉及〈五銖錢化學成分及古代應用鉛錫鋅鐵考〉等文。

[186] 如〈中國古代金屬之化學〉、〈中國古代酒精發酵業之一斑〉及〈中國古代陶業之科學觀〉等文。

[187] 曾昭掄，〈二十年來中國化學之進展〉，頁 86。

　　民初時期組成的化學學術團體，重要的有：中國化學研究會（民國 7 年，法國），中華化學工業會（民國 11 年，北京），上海化學會（民國 11 年，上海），中華化學會（民國 13 年，美國），而中華化學工業會出版的會誌，為當時僅有專載化學論文的雜誌。至於研究機關，僅有一私立的黃海化學工業研究社，在民國 11 年時成立於塘沽，由孫學悟為社長。該社經費，係由久大精鹽公司及永利製鹼公司（後改稱永利化學公司）共同擔負，惟該社在研究性質上則為獨立的，其工作為發展整個中國化學工業著想，並不僅限於解決該兩公司所遇的問題。惜當時經費支絀，在民國 20 年以前，研究成績不多。[188]

（六）天文學

　　中國天文學發達甚早，自伏羲有仰觀俯察之典。而唐堯定曆象，晉虞喜發明太陽歲差，隋劉焯定日之盈縮，至元世，觀測事業已相當興盛。清代仍襲舊制，略採西法，但未能擷取精華。[189]民初時期，當事者雖曾釐定綱要，擬次第施行，但因經濟困難，僅有計劃，而實現者甚少，此時期的天文研究機關團體，有中央觀象台、青島觀象台，及中國天文學會。

　　觀象台在金、元、明、清時代，僅作為觀測之用。至民國改稱中央觀象台，屬教育部，乃將行政與技術合而為一。台中儀器，計有古代儀器：渾儀、黃道經緯儀、天體儀、赤道經緯儀、圭表、漏

---

[188] 曾昭掄，〈二十年來中國化學之進展〉，頁 96。
[189] 陳遵媯，〈民國以來中國之天文工作〉，見《學林月刊》，第二輯，頁 13。

壺……等十二種，但僅供觀覽之用，不能實測。實測應用的儀器，計有中星地平儀、返光鏡、頂距儀、紀限儀、計時錶、六十度等高儀……等。其研究工作有：編製曆書、編纂天文圖書、觀測星象等。青島觀象台亦有天文儀器多種，其工作有天體攝影觀測、天體位置之推算及其他天文學上之研究。中國天文學會的主要工作，如發行宇宙月刊，編纂天文學叢書，訂正天文學名詞，獎勵天文學著作，派員出席國際天文協會，觀測變星等。[190]

這個時期天文學方面的研究成果，可從三方面來看：

(1)編製曆書　此屬於天文學的應用部分，中央觀象台為應社會日用所必需，編有《民國曆書》一種，自民國元年至 16 年止，年出一冊，由教育部頒發各省縣；又編製《觀象歲書》一種，以供步天、測地、航海使用，因限於經費，僅出民國 4 年、民國 6 年二冊。

(2)編製中國標準時區圖說　中國地方廣大，西自東經七十二度，東至東經一百三十五度，時間可差至四小時以上，故不能用一種時刻，通行全國。光緒 28 年間，海關曾定一種劃一時間，以東經一百二十度經線之時刻為標準，謂之海岸時，而內地則無一致的規定。民國成立後，中央觀象台劃分全國為五時區，較為完備，但亦僅為初步劃分；回藏、崑崙兩時區的界限，均作直線，以致甘肅、寧夏、青海、新疆、西康有同屬一縣、蒙古中有同屬一旗，而採用兩種標準時的弊病。[191]

---

[190] 陳遵嬀，〈民國以來中國之天文工作〉，頁 13-15。
[191] 陳遵嬀，〈民國以來中國之天文工作〉，頁 21。

(3)研究論著　關於太陽的研究方面，有論文五篇；太陰研究，
二篇；行星研究，十五篇；流彗研究，五篇；恆星研究，七
篇；宇宙論研究，一篇；中國古代天文學研究，十篇；共四
十五篇。主要的作者，如：高均、高魯、竺可楨、胡文耀、
謝家榮、余青松、常福元等人，均為當時天文學界著名的學
者。[192]

六、結語

綜觀以上所述，近代中國科學的進展，從西方科學新知的介紹
與傳播，到本土化科學的建立和傳統科學歷史資料的整理，以及基
本科學學理的研究；西方科學在民初時期開始有了相當的基礎。但
此時期的中國科學界仍處在草創階段，僅地方性的科學，如地質學
上突出的表現，受到國際學術界的重視外，其餘的，或可勉強視為
學術研究，其實仍是以譯介科學知識和基礎科學理論的探究為學術
界的重心。

（原載：教育部主編，《中華民國建國史》，第二篇，民初時期（四），第六章，
第二節，學術研究，頁 2008-2067，民國 76 年 3 月，臺北，國立編譯館出版。）

---

[192] 陳遵嬀，〈民國以來中國之天文工作〉，頁 25-31。

統一與建設時期的學術研究
（1927-1937）

一、學術機關與學術團體

　　自民國 16 年 4 月國民政府奠都南京以後，在教育政策方面採取了很多新措施，以提倡學術研究。例如擬訂學術研究實習獎金及補助辦法，以獎勵學術人才；又以科學名詞未能統一，為學術進步上的莫大障礙，特設譯名委員會，延聘專門學者，分科擔任科學名詞的翻譯工作；復因外人入境考察學術者向無監督辦法，致有敦煌寶藏流入異域一類情事發生，故對於外人入境考察科學者，如西北科學考查團、中法科學考察團，以及德國人韋歌爾請求考察等，均由教育部會商中央研究院及有關各部，派員隨同，藉便監視，或限制測量，且均訂有採集物品留贈我國之辦法。至於對於外人入境考查形跡可疑者，則令飭地方予以制止，或勒令出境。由於各項科學考查，向由外人參預者居多，國民政府為提倡學術界考察研究，乃組織西陲學術考察團，指定各學術機關遴派專門人員，就地理、地質、人類、生物、考古各科目從事考察，並特派本國學者多人，充任理事，共策進行。又因我國古籍私運出國者特多，經教育部會同交通、財政各部，令行各交通機關及海關嚴厲查禁，以保存珍本古籍。凡此，皆係有裨於學術研究之措施。其最重要者，則為推廣學術研究機關。因為學術研究，於一國之文化所關甚巨，國民政府為樹立我

國學術研究獨立之基礎，並提高民族文化之水準，除特設中央及北平兩研究院，延致專門學者，分科從事高深研究外，又就國立大學加意提倡，以資鼓勵。教育部並通令全國國立大學酌設「研究所」，並令各大學及學術機關，酌設「科學諮詢處」，以供社會人士對於科學之諮詢及研究。[1]

在政府的大力提倡下，學術空氣日趨濃厚，各種學術研究機關及團體，也紛紛成立，成績頗為可觀。據統計，民國 17 至 24 年度經教育部查核備案之學術團體，普通類 25，理科類 15，農林類 6，工程類 12，醫藥類 18，文藝類 12，社會科學類 26，教育類 20，體育類 10，總計為 144 團體。茲將其發展情形，按年列表如下：[2]

類別 年度	實類	文類	普通類	體育類	合計
17	15	15	5	6	41
18	19	21	6	7	53
19	25	27	8	7	67
20	27	32	8	7	74
21	31	38	12	7	88
22	33	43	17	7	100
23	34	46	22	7	109
24	46	61	27	10	144

[1] 參考：〈教育部過去工作之回顧及今後之計畫〉一文，刊《中央週報》，第 189 期，民國 21 年 1 月 18 日出版；民國 20 年國民政府：〈中國國民黨第四次全國代表大會教育工作報告〉；又見《革命文獻》，第 53 輯，頁 149-151。
[2] 黃建中，〈十年來的中國高等教育〉，收在中國文化建設協會編《十年來的中國》，下冊，頁 528-529，民國 28 年 2 月，商務印書館三版，其分類不甚精確。

　　由上表可知，民國 17 年度計 41 團體，至 21 年度增至 88 團體，較 17 年度增加一倍以上；至 24 年度增至 144 團體，較 17 年度增加二倍以上。據另一項資料統計，至 27 年度增至 159 團體，較 17 年度增加三倍。[3] 十年之間，增加了三倍，可見其發展之迅速。茲將自民國 16 年起所成立之學術團體（16 年以前成立，這時仍繼續從事學術活動之團體，不包含在內。），擇要列表如下：[4]

名稱	類別	所在地	成立年月
靜生生物調查所	自然科學	北平	17 年 10 月
中國西部科學院	自然科學	重慶	19 年
中等算術研究會	自然科學	南京	18 年
中國學術團體協會西北科學考查團	自然科學	北平	16 年 4 月
一九學術考察團	自然科學	北平	18 年
中國化學會	自然科學	南京	21 年
中國物理學會	自然科學	北平	21 年 8 月
中華礦學社	自然科學	南京	17 年 3 月
中華自然科學社	自然科學	南京	16 年 9 月
雷氏德醫學研究院	自然科學	上海	18 年
中華林學會	應用科學	南京	17 年 8 月
中國礦冶工程學會	應用科學	南京	16 年 2 月
中國度量衡學會	應用科學	南京	19 年 7 月
熱帶病研究所	應用科學	杭州	17 年 7 月
中國科學化運動協會	應用科學	南京	21 年 11 月
中國建築師學會	應用科學	上海	16 年

[3]　教育部高等教育司編，〈全國高等教育概況〉，見《革命文獻》，第 56 輯，頁 163。

[4]　參考莊文亞編，《民國二十三年全國文化機關一覽》，民國 62 年 4 月，臺北，中國出版社影印本；教育部編，《第一次中國教育年鑑》，丙篇，頁 1121-1153，民國 60 年影印本，臺北，傳記文學社；《十年來的中國》，下冊，頁 656。

中國營造學社	應用科學	北平	18 年
中華醫學會	應用科學	上海	21 年 4 月
中國航空工程學會	應用科學	杭州	23 年 4 月
中國紡績學會	應用科學	上海	19 年 4 月
中國工程師學會（係前北平中華工程師學會與中國工程學會合併改組而成）	應用科學	上海	20 年 8 月
中國統計學社	社會科學	南京	19 年 3 月
中國社會學社	社會科學	上海	19 年 2 月
中華工商教育協會	社會科學	北平	21 年 1 月
北平中醫學術研究會	社會科學	北平	20 年 11 月
福建學術會	社會科學	福州	20 年 6 月
中國農村經濟研究會	社會科學	南京	22 年 12 月
中華政治經濟學會	社會科學	上海	21 年 8 月
中國地政學會	社會科學	南京	21 年 1 月
中華鄉村教育社	社會科學	京滬路棲霞山	23 年 1 月
中國教育學會	社會科學	南京	21 年 1 月
中國合作學社	社會科學	上海	17 年
中國經濟研究會	社會科學	南京	21 年 10 月
中華地學會	社會科學	上海	20 年
中國計政學會	社會科學	南京	22 年 5 月
中國文化建設協會	社會科學	上海	23 年 3 月
中國文化經濟協會	社會科學	北平	20 年 7 月
中國太平洋國際學會	社會科學	上海	20 年
中國政治學會	社會科學	南京	21 年 9 月
中國經濟學社研究委員會（21 年 1 月改組為中國經濟統計研究所）	社會科學	上海	19 年
中國太平洋國際學會	社會科學	上海	20 年
中華國學研究會	社會科學	上海	19 年
中國考古會	社會科學		22 年
中國古泉學會	社會科學	上海	25 年 3 月
吳越史地研究會	社會科學	上海	25 年 8 月

上表祇是舉例，並非一一列舉；僅就所舉，已可看出其從事學術活動範圍之廣。

當時的重要學術機關及團體，就其組織性質言，約可分為政府創辦的機關、私人組織的團體及各大學研究院等三類。茲簡單介紹如下：

（一）政府創辦的機關

如國立中央研究院與國立北平研究院，都是直屬於中央政府，專門研究學術的機關；此外還有附屬於中央政府各部會的研究機關，其組織的動機，乃在應付其所屬機關的特殊需要，因此其工作性質偏重於實用方面的較多，理論方面的較少，工作範圍亦以某種特定科目為限，這種機關最重要的有：實業部北平地質調查所、中央農業實驗所、全國經濟委員會（該會已成立的研究機關有：西北畜牧改良場、祁門茶葉改良場、棉產改進所、棉紡織染實驗館、蠶絲改良場）、衛生實驗處等。又如國立編譯館，係從事編譯專著、科學名詞、教科圖書及審查學校用之圖書標本儀器及教育用品等。

其中最值得注意的，則為國立中央研究院和國立北平研究院的先後成立，帶領著我國的學術研究工作，進入一個新的紀元。這兩個規模最大的研究院的設立，都和中華民國大學院有著極為密切的關係，而大學院的成立，則是國民政府著重學術研究的具體例證。要了解北伐與訓政時期的學術研究成就，探討一下這三個具有代表性機關的來龍去脈，就是最好的說明。

1. 中華民國大學院

民國 16 年，教育界的先進蔡元培、李煜瀛（石曾）、張人傑（靜江）、吳敬恆（稚暉）等，以教育不可無主管機關，但又不願重蹈北京教育部以官僚支配教育之覆轍，所以在中央創設「中華民國大學院」來代替教育部，以管理全國學術及教育行政事宜；同時在地方廢止了原來省教育行政機關的教育廳而試行大學區。大學院於 16 年 10 月正式成立，17 年 10 月結束；大學區則自 16 年 7 月至 18 年 8 月間，先後在江蘇、浙江及北平、河北、天津等地試行。[5]在中國教育史上這是一種新的制度，這一新制度的試行，為時雖甚短暫，而特色頗多。其最重要者，即為刷新教育行政，注重研究精神，俾有學術之根據。

根據大學院的組織法：中華民國大學院，為全國最高學術教育機關，承國民政府之命，管理全國學術及教育行政事宜。（第一條）設大學委員會，議決全國學術上、教育上一切重要問題。（第三條）大學委員會，由各學區中山大學校長、本院教育行政處主任及本院院長所選聘之國內專門學者五人至七人組織之；以院長為委員長。（第四條）設中央研究院及勞動大學、圖書館、博物院、美術館、觀象臺等國立學術機關。（第七、八條）[6]

由此可知大學院所努力的方向與舊式教育部不同，其組織亦迥異。蔡元培曾於民國 17 年 4 月間發表談話，指出大學院之特點有三：

---

[5] 陳哲三著，《中華民國大學院之研究》，民國 65 年 12 月出版，臺北，商務印書館。

[6] 《大學院公報》，第 1 年，第 1 期，頁 49-50，民國 17 年 1 月出版。

(1)學術教育並重，以大學院為全國最高學術教育機關。

(2)院長制與委員制並用，以院長負行政全責，以大學委員會
負議事及計畫之責。

(3)計畫與實行並進，設中央研究院為實行科學研究，設勞動
大學提倡勞動教育，設音樂院、藝術院實現美化教育。[7]

　　由第一點，可知他以學術化的大學院代替官僚化的教育部為全
國最高學術教育機關，是側重在研究方面，不單是辦理教育行政而
已，要使一切設施教育（行政）得有學術之根據。第二點為實行合
議制，以大學委員會為大學院最高立法機關，決議全國教育上、學
術上重要事宜，所議決之事項，由大學院執行。大學委員會委員分
兩種，除大學院院長、副院長、國立各大學校長及副校長為當然委
員外，另有聘任委員，聘任的條件為：(1)曾任大學院院長、副院長
及曾任國立大學校長、副校長者；(2)具有特殊之教育學識或於全國
教育有特殊之研究或貢獻者；(3)國內專門學者。[8]都是學有專長或對
教育有相當貢獻，才可入選。除了大學委員會外，尚設有許多專門
委員會，如：政治教育（分社會教育組及政治教育組）、教育經費計
畫、考試制度、科學教育、藝術教育、華僑教育、體育指導、譯名
統一、古物保管等委員會，其委員亦皆聘請對各該方面有長才者充
任。此種以學者為行政之指導，就是以學術化代官僚化之一端。在
第三點中，所有學術研究工作，歸中央研究院主管，以實行科學的

7　《新聞報》，民國 17 年 4 月 12 日，上海。

8　〈中華民國大學院大學委員會組織條例〉，見《國民政府公報》，第 55 期，
　頁 2-4，民國 17 年 5 月出版。

研究與普及科學的方法，並設科學教育委員會以籌畫全國科學教育之促進與廣被。為加重大學院的學術職分，大學院長同時也是中央研究院院長。又為養成勞動的習慣，該院直接設立勞動大學，以調劑勞心者與勞力者。為提起藝術的興趣，設有藝術教育委員會，負計畫全國藝術教育之責；嗣又創辦國立藝術院於杭州。（後因學制關係，改稱專科學校。）在音樂教育方面，創設國立音樂院於上海。（民國 18 年 7 月改組為音樂專門學校）此外，又設特約著作員，聘國內在學術上有貢獻而不兼有給職者充之，聽其自由著作，每月酌送補助費。設國際出版品交換所，以溝通學術界消息。

大學區為教育行政之單元，教育區域與普通行政區域不必一致。根據大學區組織條例：全國依各地之教育、經濟及交通狀況，定為若干大學區，每大學區設大學一所，大學設校長一人，綜理大學區內一切學術與教育行政事項。（第一條）設研究院，為本大學研究專門學術之最高機關。（第四條）[9]

大學區係以行政學術化相號召，由大學校長統轄全區教育行政。這種制度比省教育廳、市教育局好的地方，就是大學內有多數學者，多數設備，決非廳、局所能及。

至大學區與大學院的關係，就大學言：大學院為全國主校，且祇有此一主校，其下分區設立大學，是為分校，再由區大學分設中、小學等；就性質言：分區大學是大學院系統所屬之大學，其他獨立或私立的大學，為大學院特許的大學；分區大學既為系統所屬，故兼管區內之教育行政；其他大學則不兼管行政。[10]

---

[9]　《國民政府公報》，第 42 號，頁 10，民國 17 年 12 月 13 日出版。

[10]　〈吳稚暉對分區大學問題意見〉，民國 17 年 4 月 25 日，《申報》。

大學院及大學區的存在，為時雖甚短暫，但由於特別重視以學者為行政之指導及行政學術化，卻為我國創立了兩個重要的學術研究機構，一為中央研究院，一為北平研究院。這兩個研究院可以說都是實施大學院、大學區的產物，大學院與教育部最大不同之處，即在領有中央研究院；大學區與教育廳最大的區別，亦在其有研究院的組織。中央研究院直屬於國民政府，為全國性的研究院；北平研究院則歸教育部管轄，乃地方研究院性質。兩院地位雖不相同，但對國家的學術——特別是科學事業的發展，都有其不可磨滅的貢獻。

2.國立中央研究院

民國 16 年春，國民革命軍底定江南後，國民黨內的學界人士感到為國家設立正式的研究機構，是刻不容緩的事。因為當時我國大學教育及留學事業在量的發展方面，至為迅速，學術界已深感有提高學術研究之必要。所以於 16 年 4 月 17 日晚在南京舉行的中央政治會議第 74 次會議中，即由李煜瀛提議設立中央研究院（簡稱「中研院」）案，會中決議推李煜瀛、蔡元培、張人傑三人共同起草組織法。[11]此為籌設中研院的最早紀錄。

民國 16 年 5 月 9 日，中央政治會議第 90 次會議，議決設立中研院籌備處，並推定蔡元培、李煜瀛、張人傑、褚民誼、許崇清、金湘帆為籌備委員。[12]16 年 6 月，教育行政委員會提出變更教育制度案，以大學區為教育行政之單元，組織中華民國大學院，為全國

[11] 中國國民黨中央執行委員會政治會議（簡稱「中央政治會議」），第 74 次會議紀錄。
[12] 中央政治會議，第 90 次會議紀錄。

最高學術教育行政機關。[13]至是，籌設中之中研院，遂成為大學院中附屬的機關之一。在 7 月 4 日國民政府公布的「中華民國大學院組織法」[14]中，其第七條為：「本院設中央研究院，其組織條例另定之。」10 月，大學院院長蔡元培根據此條，著手籌備中研院，聘請學術界人士王季同、胡剛復、王璡、王世杰、周覽（鯁生）等三十人，於 11 月 20 日召開中研院籌備會及各專門委員會聯合成立大會，討論該院組織大綱及籌備會進行方法。議決先籌設各研究單位，計有：理化實業研究所、地質調查所、社會科學研究所、觀象臺四個研究機構，並推定各常務籌備委員，積極展開籌備工作。[15]

　　民國 17 年 4 月 10 日，修改組織條例，[16]中研院改為獨立機關，23 日，特任蔡元培為院長。[17]5 月，啟用印信。[18]籌備工作，暫告一段落。6 月 9 日，蔡元培召集各單位負責人在上海東亞酒樓舉行第一次院務會議，中研院就在這天宣告正式成立。[19]

　　至中研院的發展，在成立之初，曾擬訂一個總計畫，分為三個時期：(1)民國 18 及 19 年度，為完成籌備時期，在此期中以全力充

---

[13] 中央政治會議，第 102、105 次會議紀錄。

[14] 《大學院公報》，第 1 年，第 1 期，頁 49-50。

[15] 《國立中央研究院十七年度總報告》，頁 415-420。

[16] 《國民政府公報》，第 48 期，頁 10-12，民國 17 年 4 月出版。

[17] 民國 17 年 4 月 18 日，中央政治會議第 137 次會議中，宋子文提議請特任蔡元培為中央研究院院長，決議通過。（中央政治會議紀錄）23 日，國民政府公布任命，見《國民政府公報》，第 52 期，頁 3，民國 17 年 4 月出版。

[18] 《國民政府公報》，第 57 期，頁 15-16，民國 17 年 5 月。

[19] 〈國立中央研究院第一次院務會議紀錄〉，載《國立中央研究院十七年度總報告》，頁 53-54。

實現有各研究所之房屋、圖書儀器及人才，以達最低限度之工作需
要。(2)民國 20 及 21 年度，為集中建築時期，在京、滬、平三地集
中建築該院各所各機關之房屋，召集全國研究會議，以收聯絡合作
之效，並積極參加各種國際研究會議。(3)自 22 及 23 年度起，為擴
充事業時期，視經濟能力所及，就組織法所已列而未設或未列而應
有之研究所，擇要逐漸增加，並擴充已設各所之事業。[20]就該院以
後發展的實際情形而言，由於經費支絀，以及國家多故，所以未能
完全按照預定計畫進行。

　　中研院的組織，依組織法規定，直隸於國民政府，為中華民
國最高學術研究機關。故就系統言，為國民政府統治下之一院；
就性質言，則為一純粹學術研究機關。院中組織，於院長之下分
行政、研究、評議三大部。行政方面，以總辦事處主持之，設總
幹事一人，商承院長執行全院行政事宜。研究部門，以各研究所
及博物館、圖書館主持之。又設評議會，為全國最高學術評議機
關。組織單純，運用靈便，尚合執簡馭繁之旨。[21]茲列其組織簡
圖如下：[22]

---

[20] 《國立中央研究院十七年度總報告》，頁 49、273-274。
[21] 《革命文獻》，第 59 輯，頁 289。
[22] 中研院的內部組織，迭有小部分變動，本表係採自《國立中央研究院二十四
　　年度總報告》，頁 6。至各研究所之分組及附屬機關，如工程研究所之棉紡織
　　染實驗館等，概不列入。

國立中央研究院組織圖

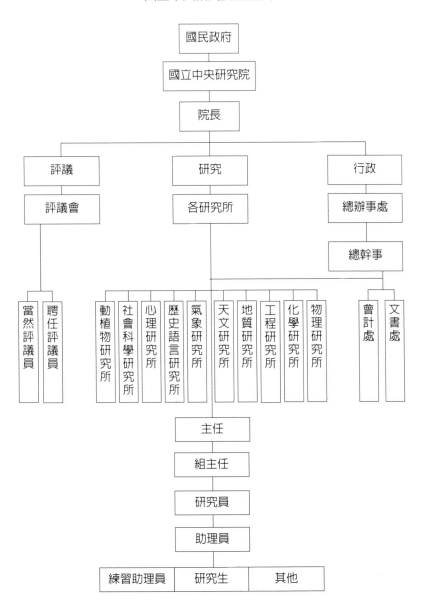

由於中研院是一個側重研究工作的機關，故行政部門的組織較為簡單。該院既以研究為其中堅，而各研究所又為研究部門之主體，茲將其成立情形略作說明。

根據「中華民國大學院中央研究院組織條例」[23]第一條規定：「本院定名為中央研究院，為中華民國最高科學研究機關。」其研究範圍，暫以下列各組科學為限：(1)數學，(2)天文學與氣象學，(3)物理學，(4)化學，(5)地質學與地理學，(6)生物科學，(7)人類學與考古學，(8)社會科學，(9)工程學，(10)農林學，(11)醫學。又特別說明：因科學之發達與時代之需要，得添加新組；或將原有之組，分立擴大。（第三條）

此為中研院創設時最初所定的工作目標。上述兩條之要旨，在 17 年 4 月 10 日的「國立中央研究院組織條例」中，沒有改動；但在同年 11 月 9 日公布的「中央研究院組織法」[24]中，卻將「為中華民國最高科學研究機關」中的「科學」二字改為「學術」了。（第一條）「學術」一詞的含義，顯然要比「科學」廣泛。原來第三條所規定的研究範圍雖已刪去，但在第六條中明定設立：(1)物理，(2)化學，(3)工程，(4)地質，(5)天文，(6)氣象，(7)歷史語言，(8)國文學，(9)考古學，(10)心理學，(11)教育，(12)社會科學，(13)動物，(14)植物等十四個研究所。在規定要設的十四個研究所中，在抗戰前，共設立了十個，其中考古學作為歷史語言研究所之一組，只有國文及教育兩研究所不曾成立。這十個研究所的名稱，係由理化實業、社會科學、歷史語言三研究所，以及地質調查所、觀象臺與自然歷史博

---

[23] 《大學院公報》，第 1 年，第 1 期，頁 63-69。

[24] 《國民政府公報》，第 15 號，法規，頁 2-3，民國 17 年 11 月 10 日出版。

物館演展而來，以後亦歷有改變。為便於明瞭起見，茲將其成立的
時間及名稱演變情形，列表如下：[25]

　　　　　　　　　　　　　　　／物理組－物理研究所（17 年 7 月成立）
A.理化實業研究所（16 年 11 月籌設）－化學組－化學研究所（17 年 7 月成立）
　　　　　　　　　　　　　　　＼工程組－工程研究所（17 年 7 月成立）

B.地質調查所（16 年 11 月籌設）－地質研究所（17 年 1 月正式成立）

C.社會科學研究所（16 年 11 月籌設，17 年 5 月正式成立。23 年 7 月中華教育文
　　　　　　　　化基金會董事會之北平社會調查所併入該所）

D.時政委員會（16 年 6 月國民政府教育行政委員會附設，16 年 10 月改屬大學院）－
　　　　觀象臺（16 年 11 月改稱）／天文組－天文研究所（17 年 2 月成立）
　　　　　　　　　　　　　　　＼氣象組－氣象研究所（17 年 2 月成立）

E.語言歷史研究所（16 年夏設於廣州中山大學）－歷史語言研究所（17 年 4 月設
　　　　　　　籌備處，17 年 10 月 22 日正式成立）

F.自然歷史博物館（18 年 1 月籌備，19 年 1 月成立）－動植物研究所（23 年 7 月
　　　　成立）

G.心理研究所（17 年 11 月決定設立，18 年 1 月籌備，18 年 5 月正式成立）

---

[25] 本表係根據中研院十七～二十四年度總報告中各研究所的報告製成。至於教
　　育研究所，在 16 年 11 月 20 日中研院籌備會成立大會中，主張以教育歸入
　　社會科學。17 年 4 月及 11 月之組織條例及組織法，均明定設立教育研究所，
　　旋改為心理教育研究所。又於 18 年 1 月 13 日院務會議中，議決易名為心理
　　研究所，以研究心理及教育有關之心理問題。（見《國立中央研究院十七年
　　度總報告》，頁 63、67、258）教育研究所雖經多次研商，則始終沒有成立。

　　中研院除了自己設置各研究所從事研究外，還有一項國家學院更重要的任務，即「組織法」第二條所規定的：指導、聯絡、獎勵學術之研究。要負起這項任務，必須先在本身求其體制的完成。學院構成的分子，在歐西各國通稱為會員（Member），由學術界負有重望的人士擔任。中研院成立之初，在組織條例中也有設會員（即院士）[26]的規定：祇以當時國內情形複雜，要選舉院士頗有困難；而且國內的學術研究工作，基礎很差，還沒有成熟的學人，設置院士，也尚非其時；其所以不得不先從自身設立各研究所，做一些示範工作，理由在此。

　　不過，在未選院士之前，中研院總得有一個適當代替的方式，使學術界人士可以參與該院的工作。這就是在設置各研究所以後，首先積極籌設評議會的根本原因。

　　評議會是全國最高學術評議機關，其性質與歐美各國之全國研究會議（National Research Council）相仿。其職務在集中國內的人才，聯絡各學術研究機關，以謀國內外研究事業之合作。惟因關係複雜，牽涉太多，未能及時成立。直到23年5月丁文江接任總幹事後，才認為不可再緩，積極著手進行。

　　民國24年5月27日，國民政府修正中研院組織法第五條條文，[27]同時頒布根據此條而設立的「中央研究院評議會條例」。[28]根據「組織法」第五條規定，評議會：

---

[26] 最初係參照英文譯為「會員」，幾經考慮，僉以為「會員」一詞太通俗，歷史語言研究所所長傅斯年建議稱「院士」，經評議會通過後始確定稱為「院士」。見《朱家驊先生言論集》，頁111。

[27] 《國民政府公報》，第1752號，法規，頁1，民國24年5月28日出版。

[28] 同上，頁1-2。

> 由國民政府聘任之評議三十人，及當然評議員組織之。中央研究院院長及其直轄各研究所所長為當然評議員，院長為評議會議長。

其第一屆聘任評議員之產生：

> 由中央研究院院長及國立大學校長組織選舉會，投票選舉三十人，呈請國民政府聘任之。（評議會條例第二條）

至候選人的產生：

> 在評議會選舉評議員前，應由國立大學及獨立學院各院系之教授，就相關科目及有第三條資格者，加倍選舉候選人。候選人不以國立大學及獨立學院各院系之教授為限。（同上第九條）

其中第三條對被選舉人資格的規定為：

> 一、對於所專習之學術有特殊之著作或發明者；二、對於所專習之學術機關，領導或主持在五年以上成績卓著者。

對於所研究之科目，則以中研院已有的為限，其他學科的人員並不包括在內。[29]每科目的名額不得逾三人。（同上第四條）

民國 24 年 6 月 20 日，中研院在南京舉行第一屆評議員選舉會，經過上述審慎而繁複的手續，選出聘任評議員 30 人，加上 11

---

[29] 朱家驊最初對此頗持異議，經丁文江力勸他不要堅持，不必再擴大範圍，以免發生其他枝節，朱方表同意。見《朱家驊先生言論集》，頁 749。

位當然評議員，共 41 人，於同年 9 月 7 日正式成立評議會。有了評議會，才有後來的院士會議；有了院士會議，中研院的體制才算正式完成。

3.國立北平研究院

國立北平研究院（簡稱「平研院」）之成立，當追溯至民國 16 年 5 月 9 日，李煜瀛在該日所舉行的中央政治會議第 90 次會議中提議設立中研院籌備處，同時又提出設立局部或地方研究院之擬議。經決議通過。[30]此即以後在大學院中設中研院、大學區中亦設研究院之張本，亦即平研院之發端。在各大學區中，祇有北平大學區設立了研究院，即平研院。

民國 17 年 8 月 16 日，大學院之大學委員會通過「北平大學區組織大綱」。[31]同年 9 月 21 日，李煜瀛代表大學院大學委員會列席國民政府國務會議，說明國立北平大學之組織與預算，研究院既為北平大學之一部份，故隨北平大學通過於國府會議，並於 11 月開始籌備。初由北平大學校長和副校長負籌備之責，繼於 18 年 5 月設籌備委員會，由李煜瀛任籌備主任，蔡元培、張人傑及學術合作機關代表等為籌備員。

關於院址的規畫，吳敬恆於 18 年 2 月提議以北平的和平公園（即舊太廟）為院址。先後商請於故宮博物院及教育、內政兩部。嗣將該院之總辦事處設於懷仁堂西四所，生物部設於天然博物院內，理化部設於東皇城根，人地部分設於西四所及豐盛胡同與兵馬司。[32]

---

[30] 中央政治會議，第 90 次會議紀錄。

[31] 《申報》，民國 17 年 8 月 17 日。

[32] 見《國立北平研究院院務彙報》（以下簡稱《彙報》），第 1 卷，第 1 期，頁

　　民國 18 年 7 月，北平大學區在困難重重及各方強烈反對聲中宣告結束。8 月 7 日，行政院在所舉行的第 32 次會議中，決議：國立北平大學之北大學院仍改為國立北京大學，而正籌備中的國立北平大學之研究院，則改為「國立北平研究院」。8 月 8 日，由教育部聘李煜瀛為院長。[33] 自 16 年 5 月 9 日即動議設立的局部或地方研究院，直至 18 年的 9 月 9 日，方以「國立北平研究院」的名義正式宣告成立。同年 11 月，由院長李煜瀛聘李書華（潤章）為副院長，襄理院務，並在教育部備案。[34] 在籌設之初，曾有將大學區所設立之研究院作為中研院分院之議，由於蔡元培不同意用分院名義，[35] 故平研院終成為一獨立學術研究機關，隸屬於教育部，與中研院之直隸於國民政府，其地位顯有不同。

2-3，民國 19 年 5 月。《彙報》為雙月刊，共出版 7 卷，除第 1 卷祇有 4 期外，其他各卷皆為 6 期，共出 40 期，於民國 25 年 12 月 15 日 7 卷 6 期出版後停刊。其重要內容，有公牘摘要、中央法令、各所會之研究專著、論文或撮要、各所會之工作消息、工作人員採集、考察時之遊記報告等。為研究早期平研院的重要資料。其停刊原因，據停刊啟事云：「本彙報自發刊以來，已滿 7 卷。最初目的，係將本院各部分工作情形及研究成績，集中本報發表，以為對內觀摩對外報導之媒介。嗣因各部分工作日繁，研究論文，分別以叢刊及專著形式獨立印行。至於工作進程與事務發展，又有每周年工作報告，足資彙載。此外，若調查報告、專題作品之類，亦可採用單行本形式，隨時刊印。故院務彙報，已無續辦之必要。爰自民國 26 年起，將本彙報停刊，所有彙報原有內容、專題作品之類，分別以上述各種方式，隨時出版。」見《彙報》，7 卷 6 期扉頁。

[33] 丁致聘，《中國近七十年來教育記事》，頁 198-199，民國 24 年 5 月初版，上海，商務印書館。

[34] 《彙報》，第 1 卷，第 1 期，頁 4。

[35] 《彙報》，第 1 卷，第 1 期，頁 2-3。

平研院成立後，由於籌議已久，所以發展很快，在其成立之初，即有物理、化學、生理（生物）、地質、動物、植物等六個研究所；21 年增設鐳學（37 年改為原子學研究所）與藥物學兩個研究所，25 年復將史學研究會改為史學研究所，前後共有 9 個研究所。

民國 25 年與 26 年之間，因北方形勢日趨嚴重，平研院乃先將植物研究所的圖書、標本、儀器及工作人員全部遷往陝西武功中國西北植物調查所內。史學研究所的一部分，亦遷至西安陝西考古會內。物理與化學研究所的一部分圖書、儀器，則遷到上海。在發展期中，經此遷移疏散，對研究工作影響甚大。

七七事變後，則又分別輾轉內遷，以避敵人的砲火。及抗戰勝利，陸續復員回平。至民國 38 年 6 月，因中央政府播遷來臺而告結束。

依照民國 18 年 10 月由籌備委員會通過之平研院組織規程，全院內分事務及學術兩大部份。事務方面分總務、出版、海外三部；學術方面分天算、理化（工業屬之）、生物（醫農屬之）、人地、群治、文藝、國學七部。每部設部長一人主持其事。每部設若干研究所，各研究所設主任（後改稱所長）一人，設專任、兼任、特約研究員及助理各若干人，均由院長聘任。以後真正成立者，有理化、生物、人地三部九研究所。與研究所同列者，有若干研究會，或設於尚在籌備中未成立研究所之各部，以代研究所之職務，或以之輔助其他研究所之不足。各研究會由院長聘請會員若干人，各研究會各設常務委員及幹事各一人或數人，均由院長聘任。研究所與研究會之區別，據李煜瀛說：

研究所有機關性質，有研究員及辦事人，每日辦公。研究
會則僅集多數專門人才，於私人研究之餘，在一定時間，
共同集合，以交換心得及討論進行方法。又研究所有如外
國大學博士實驗組，及各學院等性質。研究會則與國外大
學博士會、學會、研究會等相似。此二者本係兩種組織，
在本院合而為一，實為各國所無，亦為新環境使有新結果
之定例。[36]

與各部同列者，最初擬設學會，即以後之學術會議，由該院內
外學術專家組合成之。為便於明瞭，茲將平研院先後成立之各部、
所、會等及其負責人，列表於下：[37]

(1) 行政方面各部（總辦事處）

　　A.總務部　李煜瀛兼部長

　　B.出版部　李書華兼部長

　　C.海外部　李麟玉任部長

(2) 學術方面各部會

---

[36] 《彙報》，第 1 卷，第 1 期，頁 22。

[37] 本表係從各期《彙報》及李書華，〈二十年北平研究院〉一文中摘出。李文
　　收在所著《碣廬集》，頁 113-162，民國 56 年 1 月初版，臺北，傳記文學社；
　　為研究北平研究院的一篇重要文獻。

A. 理化部　　　　　　┌ 物理學研究所（十八年十一月成立）李書華
　民國十八年十一月成立│ 化學研究所（十八年十一月成立）李麟玉
　李書華任部長　　　　│ 藥物學研究所（二十一年夏成立）趙承嘏
　　　　　　　　　　　│ 鐳學研究所（二十一年成立）
　　　　　　　　　　　│ 　－原子學研究所（三十七年改組）嚴濟慈、
　　　　　　　　　　　│ 　錢三強
　　　　　　　　　　　└ 水利研究會（十八年十一月成立）李書華暫兼

B. 生物部　　　　　　　┌ 動物學研究所（十八年十月籌備）陸鼎恆
　民國十八年九月成立　│ 植物學研究所（十八年九月成立）劉慎諤
　李煜瀛兼部長　　　　│ 生物學研究所
　　　　　　　　　　　│ 　－生理學研究所（二十三年夏改名）李煜瀛兼
　　　　　　　　　　　└ 　經利彬代

C. 人地部　　　　　　　┌ 地質學研究所（十九年三月成立）翁文灝
　民國十九年二月成立　│ 史學研究會（十八年十一月成立）
　李煜瀛兼部長　　　　│ 　－史學研究所（二十五年改組）徐炳昶
　　　　　　　　　　　│ 測量組（十八年十月成立）┐測繪組（十九年九月
　　　　　　　　　　　│ 製圖組　　　　　　　　　┘合併）高銘閣
　　　　　　　　　　　│ 人地學研究會
　　　　　　　　　　　│ 博物館藝術陳列館
　　　　　　　　　　　└ （附屬機關，二十五年五月開幕，幹事趙震瀛）

D. 天算部　　　　　　　┌ 測候所
　高魯任部長　彭濟群代│ （附屬機關，由天然博物院之氣象觀測所移歸平研
　　　　　　　　　　　└ 　院）

E. 群治部　　　　　　　┌ 經濟研究會（二十四年七月成立）崔敬伯
　　　　　　　　　　　│ 自治試驗村
　　　　　　　　　　　└ （附屬機關，十八年十月託魏叶貞籌備）

F. 文藝部　字體研究會（十九年一月成立）卓定謀（君庸）

G. 國學部
　學會（學術會議）
　基金委員會

民國 24 年 7 月，平研院為力求辦事敏捷及增加工作效率起見，將組織規程略加修正，在學術研究工作方面，將理化、生物、人地三部名稱取消，在院下直接分設若干研究所；在行政方面之總務、出版二部，亦予取消，改設總辦事處。[38]

（二）私人組織的團體

其重要者有：中國科學社、北平靜生生物調查所、塘沽黃海化學工業研究所、重慶中國西部科學院、上海雷氏德醫學研究院、中國地質學會、中國天文學會、中國氣象學會、中華平民教育促進會、中華職業教育社等。

（三）各大學研究院

民國 23 年，教育部曾制定大學研究院暫行組織規程，以為設立大學研究院之準則。茲將各大學及獨立學院依照該項規程設立之研究院或研究所，經教育部核准者，列表如下：[39]

---

[38] 蔡元培，〈中央研究院與中國科學研究之概況〉，見《革命文獻》，第 53 輯，頁 431；〈國立北平研究院組織規程〉，見《彙報》，第 7 卷，第 5 期，頁 3-4，民國 25 年 9 月 9 日出版。

[39] 蔡元培，〈中央研究院與中國科學研究之概況〉，《革命文獻》，第 53 輯，頁 428-436；民國 24 年行政院，〈中國國民黨第五次全國代表大會教育工作報告〉，見同上，頁 174-178；教育部高等教育司編，〈全國高等教育概況〉，見《革命文獻》，第 56 輯，頁 153-156。

校名	民國 24 年度	民國 25 年度	民國 26 年度
中央大學	1.理科研究所：設算術部 2.農科研究所：設農藝部		
北京大學	1.文科研究所：分中國文學、史學兩部 2.理科研究所：分數學、物理、化學三部 3.法科研究所：暫緩招生	理科研究所增設地質部	理科研究所增設生物部
清華大學	1.文科研究所：分中國文學、外國語文、哲學、歷史四部 2.理科研究所：分物理、化學、算學、生物四部 3.法科研究所：分政治、經濟兩部		
武漢大學		1.工科研究所：土木工程部 2.法科研究所：經濟部	
中山大學	1.文科研究所：分中國語文、歷史兩部 2.教育研究所：分教育學、教育心理兩部 3.農科研究所：分農林植物、土壤二部		
金陵大學		1.理科研究所：設化學部 2.農科研究所：設農業經濟部	1.文科研究所：設史學部
燕京大學	1.理科研究所：分化學、生物學部 2.法科研究所：設政治學部	1.文科研究所：設歷史學部	1.籌設理科研究所物理部
輔仁大學			1.文科研究所：設史學部 2.理科研究所：設物理部
東吳大學			1.法科研究所：設法律學部
南開大學	1.商科研究所：設經濟部	1.理科研究所：設化學工程部	
嶺南大學			1.理科研究所：設生物、化學兩部
北洋工學院	1.工科研究所：設採礦冶金部		

　　教育發展的結果，是各地大學的數量激增；而各大學中又相繼設立研究所，師生共同從事學術研究工作，風氣既開，自會帶動整個學術界之發展。

　　由以上概略敘述各種學術機關及團體的相繼成立，不難看出當時學術研究蓬勃發展之情形。

二、學術研究之成就

　　自北伐完成後到抗戰前的十年間，雖然全國歸於統一，可是政局仍不穩定；而日本帝國主義者更是虎視眈眈，不斷在各地製造衝突。國民政府於應付之外，仍然在致力於國家的建設工作，政治、經濟、社會和文化等方面都有長足的進步，在教育與學術研究方面的成績亦很可觀。有些大學的設備和教授水準，也可以和外國著名的大學相比較了。而中央研究院和北平研究院的發展，十分迅速，各研究所中研究人員的研究興趣極為濃厚，所完成的學術論文很多。由於這兩個研究院在學術研究方面極具代表性，而各專科以上學校教員之研究工作，亦不容忽視，同時彼此又互相分工合作，故在學術研究方面有良好之成績。茲分別探討如下。

（一）中央研究院

　　我國的新教育，有人說是西方民族的船堅砲利所威迫出來的；而學術研究，也可以說是受外國的刺激和潮流而產生的。

在中研院成立前，我國的學術團體是散漫的，各自為政的；但很多外國學術團體所遣送來華的各種科學工作「遠征隊」，都有堅強的組織，並挾其豐富的物質配備和純熟的科學技巧，把我們的自然科學資料，甚至歷史的、考古的、美術的資料，一部份一部份搜集去，乃至偷了去。對這種文化侵略，當時學術界普遍存在著「不滿」和「不服氣」的情緒。要反對這種文化侵略，祇有自己去蒐集、去研究。直到中研院成立後，才站在國家學院的地位把學術界這種情緒導入了正軌，才使學術界有了一個有系統而又能代表全國學術團體的組織。[40]有此組織，然後工作得有中心，促成各機關間的合作，提高研究工作的效率。遇有國際學術會議，亦得藉此現成的綜縮組織，便於彼此接洽，並由此組織以轉與全國各學術機關或專門學者商洽推進。所以中研院的成立，在我國學術研究史上，具有十分重大的意義。[41]

關於中研院的任務及研究取向，蔡元培在〈國立中央研究院院務月刊發刊詞〉中說：「就職責言，實兼學術之研究、發表、獎勵諸務，綜合先進國之中央研究院、國家學會及全國研究會議各種意義而成；使命重大，無煩多述。」[42]根據該院組織法規定，其重要任務有兩項：（一）實行科學研究，（二）指導聯絡獎勵學術之研究。（第二條）其所設各科研究所，就是在執行第一項任務。朱家驊說：「現在各國國家學院，凡是其本國科學研究已經有了很好基礎的，多數的祇居於領導和聯繫的地位，其本身亦在做研究工作的，反而比較少數。其實國家學院能於領導聯繫以外，本身也做研究工作，更可

---

[40] 李濟，《感舊錄》，頁72-75，民國56年9月初版，臺北，傳記文學社。

[41] 翁文灝，〈追念蔡孑民先生〉，民國29年3月24日，重慶，《中央日報》。

[42] 《國立中央研究院院務月報》，第1卷，第1期，頁1，民國18年7月出版。

以使新興的科學研究事業，進步加速，收效加宏，像蘇聯的國家科學院，即其一例。」[43]

事實上，在中研院創立之初，當時國內的科學研究工作還沒有很好的基礎，科學人才，無論質與量均極貧乏，要想實行第二項任務——指導聯絡獎勵學術之研究，實有困難；所以不得不先由本身設研究所，做一點示範工作，期使社會各方面，能逐漸建立研究風氣，以促進科學事業和科學人才之全面發展；俟稍有基礎後，再實行第二項任務。

起初大學院之所以設立中研院，最重要的即為實行科學的研究與普及科學的方法，並以中研院為全國學術之中堅。[44]中研院之注重科學研究，除了表現在已設的各科研究所方面，尚可由該院的拉丁文名稱「Academia Sinica」見出。胡適認為：「這個洋名字的正確譯文應該是『中央科學研究院』。它『研究』的方向和對學術衡量的標準，亦以『科學』為依歸。」[45]可是一般人對「科學」的觀念並不一樣，許多人對於「科學」的認識，到極粗淺的應用（科技）為止，其次也不過包括所謂自然科學，如物理、化學、生物、地質等。丁文江認為，所謂「科學」與「非科學」，是方法問題，不是材料問題；祇要用的方法不錯，都可以認為科學。[46]

注意科學方法，是中研院在從事研究工作時的基本原則；其研究取向，實際的情形如何？有兩個重要文件，可作為剖析之資：一

---

[43] 《革命文獻》，第 59 輯，頁 221。

[44] 蔡元培，〈大學院公報發刊辭〉，載《大學院公報》，第 1 年，第 1 期。

[45] 唐德剛，《胡適雜憶》，頁 21，民國 68 年 3 月初版，臺北，傳記文學社。這個譯名是朱家驊建議的，見《朱家驊先生言論集》，頁 105。

[46] 丁文江，〈科學化的建設〉，載《獨立評論》，第 151 號，頁 10，民國 24 年 5 月 19 日出版。

為丁文江所撰〈中央研究院的使命〉；[47]一為〈國立中央研究院進行工作大綱〉。[48]在這兩個文件中，很清楚的可以看出中研院各研究所從事研究工作的內涵及貢獻。茲分析如下：

1.常規或永久性質的研究（routine service）

如天文研究所的推算曆本、研究變星、數日中黑子、測量經緯度及時間；氣象研究所的觀測溫度、氣壓、風度、雨量、預告未來天氣；化學研究所的普通分析；工程研究所的標準試驗；物理研究所的地磁測量；地質研究所的測繪地質圖，以及動植物研究所採集標本皆是。嚴格的說，這不能算是研究工作，但是這是許多研究工作的基本，而且往往要經過長期的時間方始得到結果。這種工作，在任何國家都是政府來直接擔任，不必一定與學術機關發生關係。擔任這種任務的機關，往往是獨立的。在中國卻偶然在中研院之下。中研院之所以包涵此類工作，〈工作大綱〉的解釋是：「一方固為社會作此項經常服務，而祈求其正確；一方亦因此類工作聚集研究之資料，既便於所內若干純粹研究，又可供人之研究也。」同時，要利用中研院特殊的地位，使做這種工作的機關，互相聯絡，互相援助，一切的工作合理化、合作化，可以以最少的經費來做最大量的任務。

---

[47] 丁文江,〈中央研究院的使命〉, 載《東方雜誌》, 第 32 卷, 第 2 號, 頁 5-8, 民國 24 年 1 月 16 日出版。

[48] 〈國立中央研究院進行工作大綱〉, 載《國立中央研究院評議會第二次報告書》, 頁 83-87。

2.應用科學的注重

當初中研院最重要、最有實用的職務，即〈工作大綱〉第三項所云：「對於各項利用科學方法以研究我國之原料與生產諸問題，充分注意之；其為此時國家或社會所急需者，尤宜注意。」按照丁文江的解釋：「在我們工業落後的國家，要自己有新異的發明是極不容易的。然而我們有我們特殊的天產，傳統的技能。假如我們先徹底了解我們原料的質量，生產的原理，很容易利用科學方法來改良舊的工業，或是開發新的事業。」各研究所在這方面所做的工作很多，如工程所之棉紡織染實驗，用科學方法改進紡織染製造事業，研究江、浙、閩、贛等省的陶土及釉料，參用機械以謀陶磁業的復興，鋼鐵及玻璃之試驗，以及受外間委託代製物品、試驗材料、鑒察機件等事；地質所之各省地質、礦產調查，研究各種礦產的質量、地層、構造和成因，期為開發資源之助；化學所浙江平陽明礬石（Alum）之工業利用，中國天然藥材之研究，抗戰期間應用「相則」於川、滇井鹽之研究等，均係根據此項主旨進行。以科學應用之試驗結果，供之社會。科學本身之需要與國家之需要，兩相兼顧。

就以上兩項任務而言，中研院的研究工作，似乎偏重在應用方面；實則從事應用方面的研究，祇是其工作的一部份，〈工作大綱〉中明定對純粹科學與應用科學是兼顧的：

> 科學研究，本不當專以應用為目的，若干具有最大應用價值之科學事實，每於作純粹科學研究時無意得之。……自另一點看，亦有甚多科學，具以實際應用的需要而發展。純粹科學研究之結果，固多為應用科學之基礎，而應用科學之致力，

> 亦每為純粹科學提示問題，兼供給工具之方便。故此二事必
> 兼顧然後兼得。若偏廢或竟成遍廢。況若干利用科學之實際
> 問題，為此時國家及社會所需要者，不可勝計，本院允宜用
> 其不小部分之力量從事於此。

事實上，在蔡元培主持中研院時，正值十年艱苦建國時期，國家需
要建設事項的專門知識極殷，國人對中研院的期望甚大，該院自應
盡其能力，推廣科學之應用，以期能普遍科學風氣於全國，促進科
學的迅速發展。

〈工作大綱〉又云：

> 凡科學發達之國家，皆可於應戰時召集其國內作純粹科學研
> 究者，臨時變作為國家軍事技術服務之人。本院同仁，準備
> 於如此機會之下，用其技術的能力，盡其國民的責任。在準
> 備過程中，本院之個人及集體，自當隨時應政府之需求，供
> 獻其技術的能力。

在抗戰期間，中研院除了從事純粹學術研究外，並為適應當時的急
切需要，也多注意有關抗戰建國各項實際問題的研究工作。如物理
所研究「超短波收發機之製造」，作為流動通訊之用；工程所從事內
燃機及燃料之研究；社會科學所受經濟部委託，進行「戰時物價變
動研究」，受軍事委員會參事室委託，進行「我國抗戰損失估計」等，
確已盡到了他所應盡的職責。又如地質所從事山岳地帶礦產地質之
調查與研究，在廣西發現鐵礦與煤礦，在湘西發現金礦，在抗戰時
期物質極度缺乏的情形下，此舉貢獻尤大。

3. 純粹科學、人文及社會科學的研究

上述兩種使命——執行常規性的研究和解決工業上的問題——容易立見功效，是大家都可以承認的。此外，中研院還有許多工作，一部分是沒有直接經濟價值的，如所謂「純粹」科學研究的物理和化學；一部分是完全沒有經濟價值的，如與文化有關係的歷史、語言、人種、考古等人文及社會科學。〈工作大綱〉對後者的看法是：

> 若干應用最廣，收經濟價值最大之技術事業，其所憑藉之最初步科學研究，表面上每屬於純粹科學之微細題目。即至若干科學研究，毫無經濟價值，且永無應用可言者，如不少人文科學之問題，果能以事理之真，布之世人，開拓知識之領域，增加對於人文進化之了解，其影響縱屬遲緩而間接，其功效有時仍極巨大。

對從事這種探求本源之科學研究的人，丁文江認為還有一個絕大的使命：

> 中國的不容易統一，最大的原因是我們沒有公共的信仰。這種信仰的基礎，是要建築在我們對於自己的認識上。歷史和考古是研究我們民族的過去；語言、人種及其他的社會科學是研究我們民族的現在。把我們民族的過去與現在都研究明白了，我們方能夠認識自己。……用科學方法研究我們的歷史，纔可造成新信仰的基礎。歷史如此，其他也復如此！了解遠東各民族根本是無大區別，有測量可證；了解各種方言完全是一種語言的變相，並且可以找出他們變遷的規則；了

> 解中華民國是一個整個的經濟單位，分裂以後，無法生存；
> 然後統一的基礎纔建設在國民的自覺上！

其重要性於此可見一斑。如由傅斯年主持的歷史語言研究所，所從事的就是研究我們民族的過去與現在的工作，從而喚醒了中國學人最高的民族意識。

4.與教育事業的關係

由於中研院是學術研究機關，並非教育機關，所以未能分其大部分力量從事於與學術研究無關或所關甚少之教育事項。（〈工作大綱〉）但該院之研究工作，在教育上仍有其影響。因為研究之結果，固可為一般的擴充知識之資，而研究工作所樹之標準，又可為提高高等教育水準之用。尤其是各所的助理員，係選拔大學畢業生，予以長期的培植訓練者，若經各大學吸收為師資，其根柢自較大學畢業後未經此訓練者深厚。事實上，由中研院歷年總報告所記人事的變動資料中，得知該院的研究人員轉至各大學任教者，為數不少。此對高等教育師資方面的幫助相當大。

5.學術自由的原則

中研院雖是國家最高的學術研究機關，但從來不利用他的地位去統制一切的研究工作。丁文江說：

> 國家什麼東西都可以統制，惟有科學研究不可以統制，因為
> 科學不知道有『權威』，不能受『權威』的支配。……中央研
> 究院祇能利用它的地位，時時刻刻與國內各種機關聯絡交

> 換，不可以阻止旁人的發展，或是用機械的方法來支配一切
> 研究的題目。

這是中研院最重要的原則。例如民國 26 年 5 月首屆評議會舉行第三次年會時，討論「調查國內學術研究事業，以為製作全國學術上合作互助方案之基礎」等案時，特別強調此項方案，祇是供人參酌採用，決無強人以必行之意；並說明各機關對於自身工作仍各有自身職權，不受他人之干涉。[49]因為蔡元培一向主張學術研究自由，他不僅不統制其他學術研究機關的研究，對於該院各所的研究工作，也充分顧及到所謂「學院的自由」。〈工作大綱〉解釋云：

> 西洋所謂『學院的自由』，即憑研究者自己之興趣與見解，
> 決定動向，不受他人之限制之原則，仍應於合理範圍內充
> 分尊重之。蓋學院自由，正是學術進步之基礎也。……就
> 中央研究院立場言，更宜注意科學研究之自由精神，自不
> 待言。

漢朝的董仲舒下帷講授，曾三年不窺園。中研院也不乏以研究為終生事業的學者。這種終生專心壹志、潛力於學術的專業精神，固然是由於個人的深嗜篤好所致，而中研院予以充分的研究自由，當亦為重要因素之一。

6.對學術貢獻的抽樣評估

要想對中研院在學術上的貢獻作一評估，其最大的困難，就是資料的缺乏。作為評估最可靠的基本根據，當然是各研究所歷年來

---

[49]　〈國立中央研究院評議會第二次報告書〉，頁 9、27。

的研究結果——所刊行的出版品。由於民國 38 年播遷來臺的祇有歷
史語言一個研究所及半個數學研究所，其他各所連同其檔卷及出版
品，此間均蕩然無存。唯一能找到一點線索的，是歷史語言研究所
所保存的中研院歷年的《年度總報告》。現在祇能從一些不太完全的
《年度總報告》中，將各所出版品的種類作一大概的統計，並徵引
一些評論性的資料，以說明其貢獻所在。

　　中研院的每個研究所，大都有自己的刊物，作為本所同仁發表
研究成果的園地。主要的分，其名稱約有：集刊（Bulletins）、專刊
（Monographs）及叢刊（Transactions）等。各研究人員的研究成果，
除在本所的出版刊物中發表外，尚有因文字之性質或其他關係，發
表在國內外其他學術性刊物或報章雜誌者，為數亦相當可觀。如社
會科學研究所曾自作統計，24 年度在所外發表之論文，重要者有 25
篇，[50]25 年度有 34 篇。[51]在其他各所的報告中，也偶有記載，但不
完整。茲舉數研究所之出版品及在所外發表論文之主要刊物，列表
如下：[52]

所別	本所出版品名稱	在所外發表主要刊物名稱
物理研究所	集刊	1.中國物理學報 2.美國 Physical Review
化學研究所	1.研究報告 2.工作報告	1.中國化學工程雜誌 2.中國化學會會誌 3.美國化學會會誌(J. Amer. Chem. Soc.) 4.德國化學會會誌（Bcr. d disch. Ges.） 5.德國纖維化學雜誌（Cellulosechemie）

---

[50] 〈國立中央研究院二十四年度總報告〉，頁 152-153。
[51] 〈國立中央研究院社會科學研究所二十五年度報告〉(鉛印單冊)，頁 10-12。
[52] 本表係自中研院歷年總報告中擇要錄出。

氣象研究所	1.專刊（集刊） 2.氣象季刊 3.氣象月刊 4.氣象年報 5.叢刊 6.紀念刊	1.「科學」雜誌 2.地理學報 3.科學世界 4.氣象雜誌
心理研究所	專刊	1.中國生理學雜誌 2.中國動物學雜誌 3.法國生物學會會報 4.法國國際藥物學雜誌
地質研究所	1.專刊（分甲乙兩種） 2.中文集刊 3.西文集刊 4.叢刊 5.地質研究所簡報 6.地質研究所臨時報告 7.地質圖及其他刊物	1.地質評論 2.北京大學地質會誌 3.兩廣地質調查所年報 4.中央地質調查所彙刊 5.中國地質學會會誌 6.江西地質調查所彙刊 7.福建建設廳地質專報 8.武漢大學理科季刊
社會科學研究所	1.叢刊（1936 年出至第 11 種） 2.社會科學雜誌季刊（1936 　年已出至 8 卷 2 期） 3.專刊 4.中國近代經濟史研究集刊 　（半年刊，1936 年出至 4 　卷 1 期，自 1937 年改為季 　刊，並改名為中國社會經 　濟史研究集刊） 5.北平生活費指數月報（自 　1929 年 1 月起，至 1937 年 　已出至 8 卷 6 期）	1.天津益世報「史學」 2.中央日報「史學」 3.大公報 4.東方雜誌 5.天津益世報「農村周刊」 6.銀行週報 7.獨立評論

　　由於資料所限，上表所列，只是舉其大要而已。至於各出版品中，究竟發表了多少篇論文，實難作詳細之統計。不過，由以上粗

略的估計，仍可以約略看出一點普通的現象，那就是各所在最初的十年中間，確已發表了不少學術性論著，其中如物理、化學及工程等研究所，除了本身的研究工作外，還要應付各界大量的委託或代辦工作，如物理所代製高中物理實驗儀器，代為修理或設計各種儀器；化學所代為化驗或檢查物品；工程所代製物品，試驗材料及鑒察機件，幫助上海許多小工廠解決技術問題，並審查國人新的發明事項等，都要佔去不少時間。緣中研院成立之初，外界並不明瞭其性質，類似這種技術性的服務，本非一個國家學院所應作，但中研院為普遍科學風氣於全國，使人民接受科學知識，以求科學迅速發起起見，仍然盡力而為。

在中研院成立前，我國在科學方面已經著有成績，奠下良好基礎的是地質學。照任鴻雋的說法：

> 其原因，是因地質調查所成立最早（民國元年），而最初主持所務的幾位地質學家（如丁文江、翁文灝）又是有計畫、有遠見的領袖人才。[53]

在中研院籌設地質所時，即聘請翁文灝、李四光、朱家驊、諶湛溪、李濟、徐淵摩等為籌備委員，並以李四光為所長，分途聘請人才，添購設備，又與北平地質調查所合作，積極展開工作。如在地質調查所領導古生物學研究的美國哥倫比亞大學教授葛利普（A. W. Grabau），也於 17 年 9 月應聘為地質研究所的兼任研究員，給予該所不少協助。由於地質學的研究在我國已有基礎，而

---

[53] 任鴻雋，〈十年來中基會事業的回顧〉，載《東方雜誌》，第 32 卷，第 7 號，頁 19-25，民國 24 年 4 月 16 日出版。

地質所所聘請的人，又多為地質學界知名之士，所以其研究成績迅即贏得國內外人士的重視，使地質學成為近代中國科學史上最有成就的一門科學。

再如社會科學研究所的研究工作，原分民族、法制、經濟、社會四組進行，民族組不久改歸歷史語言研究所，法制研究則因研究人員缺乏中止進行，故其工作集中於社會及經濟兩方面之研究，而尤重在經濟方面。[54]23 年 7 月，將中華教育文化基金董事會所主辦之北平社會調查所合併於該所，並由中基會補助經費，得以延攬人才，提高水準。該所在從事社會、經濟調查方面，既深入又廣泛，亦深為國人所推重。

在現存各所的資料中，最為完整的是歷史語言研究所，其所印行的各種出版品也最多。茲將其自 17 年至 26 年間已印行者統計如下：[55]

出版品＼年份	集刊		專著		單刊		史料叢書	其他刊物	集刊外編		中國考古報告集	影印流傳書籍
	本及分數	論文篇數	期或本數	論文篇數	甲種本數	乙種本數	種類及數目	本數	種數	論文篇數	種數	種數
17	1:1	8										
18			1 期	7								

---

[54] 《國立中央研究院二十三年度總報告》，頁 143。

[55] 摘自王懋勤編，〈中央研究院歷史語言研究所大事年表〉，載《中央研究院歷史語言研究所四十週年紀念特刊》，頁 1-31，民國 57 年 10 月。ABCDEF 等字母，用以各代表一書刊。

19	1:2-4 2:1-2	38	1期	8	4	2	A B甲	1 4	2				
20	2:3 3:1-2	22	1期 5本	5	1		B甲 C	6 1					
21	2:4 3:3 4:1	25	1本		3		D	2					2
22	3:4 4:2	15	1期	11	4		E	1		F上	16		
23	4:3-4	12	1本		1							1	
24	5:1-4	26	2本							F下	19		
25	6:1-4 7:1-2	32	1期 2本	6	1		B乙 B丙 E補	10 10 1					
26	7:3	5	1本		1								
合計	7本 27分	183	17	37	13	4	5	36	2	1	35	1	2

　　由上表可知，在短短的十年間，歷史語言研究所刊行學術性的論著有六大類，共 65 本，其中除單本的專著外，含有論文 255 篇；編纂及影印的史料有七種 38 本。從這一數字，至少可以見出該所研究工作的辛勤。

　　中國雖是幾千年來史籍最完整的國家，但對史學的研究，尤其是在方法上，一直沒有什麼進步。自從傅斯年主持歷史語言研究所以後，他即立志為史學開闢一個新的途徑，就是用科學的方法來從事研究。他把歷史學、語言學和自然科學一樣看待，主張用新的工具、新的材料，研究新的問題。誠如朱家驊所說：

> 廿餘年來，中國歷史語言學所以能樹立一個相當的基礎，和
> 本院歷史語言研究所所以能博得國際間的讚許，他【傅斯年】
> 領導研究的力量，實在不小。[56]

傅斯年的最高目標是以該所為大本營，在中國建立「科學的東方學正統」。這號召是具有高度的鼓舞性的，所以能在很短的時間內，聚集了許多位專家學者，運用現代學術工具從事集體研究，而獲得輝煌成就。例如安陽與城子崖的發掘，曾震驚世界；而明清史料與集刊、專刊，也在不斷的刊布出版。其影響所及，使國內其他公私立學術機關，也紛紛用他們的學報、期刊與專著，參加了中國歷史科學化的運動。[57]

　　中研院各所的研究工作，有一個最大的共同之處，那就是不僅在從事西方科學新知的介紹與傳播，並特別注意到本土化科學的研究，以及傳統文獻的整理與闡述。一個科學的發達，總不免有地方關係的在先，有世界性質的居後。因為從事有地域性之研究，係就地取材，比較方便，而且與切身利益有關，自然容易產生濃厚的興趣，很快收到較大的效果。地質學與生物學在我國所以最早發達，其主要原因之一便是因為帶有地方性質。〈工作大綱〉在定各所研究工作程序時，也注意到這點，故特別說明：

> 有地域性之研究，吾人憑藉大優於外國人，若吾人放棄，轉
> 受國際間之合理的責難者，宜儘先從事。

---

[56] 《朱家驊先生言論集》，頁 745。

[57] 黎東方，〈歷史不僅僅是一種科學〉，載《中國歷史學會史學集刊》，第 7 期，頁 3，民國 64 年 5 月出版。

在這一方面，中研院的確在做了不少的事。

（二）北平研究院

平研院所研究之項目，與中研院不盡相同。該院對學理與實用並重，以實行科學研究、促進學術進步為其任務。在成立之初，由於經費有限，且以中國自然科學尚無基礎，故注重純粹科學的研究，然更注重國家及社會所實際急需問題的研究，同時亦從事其他方向如人文科學與社會科學等之研究。至於研究的成績，以純粹科學研究貢獻最多，歷史考古的貢獻亦不少。

平研院先後共設了九個研究所：物理、化學、生理、動物、植物、地質、鐳學（37年改為原子學）、藥物及史學。前八所皆為自然科學及應用科學方面，祇有史學一所是屬於人文科學，而且成立最晚，係25年由史學研究會改組而成。於此，可知其研究的重點所在。

我國對物理、化學的研究，是在北伐成功後才注意加強的。物理方面如光學、X光、無線電、近代物理、理論物理、地球物理等研究，均有重要貢獻。化學方面，如中國藥物、內分泌、維生素、營養、有機化合物的合作，亦有顯著成績。

平研院物理所之研究工作，注重光學與地球物理之研究。化學所除著重於純粹化學研究外，並注意應用化學研究。生理所著重藥物生理與實驗細胞學。藥物所研究目標，為以科學方法，分析中國藥物之成分，提取其有效素質及鑑定其藥理作用。生理、藥物兩所之工作，均與化學所有連帶關係。

由於我國科學的基礎薄弱，工業落後，各所研究工作雖大體以純粹學理為主，但對科學之應用，亦莫不盡力從事提倡。如物理所

即以其原有之設備，或以其研究之成果，為他人或其他機關提供服務，如礦產及金屬之光譜分析，各地電臺水晶振動器之製造，以及該所光學工廠受其他機關委託代製光學零件等。化學所之工業化學實驗室，並附設化學工廠，準備於純粹國產各種化學藥品及原料外，兼作小規模有機原料之製造。此點與中研院相同。基於國內事實上之需要，不得不如此。

　　一般說來，在治學方面，愈具體者愈易引人入勝，愈抽象者愈難使人發生興趣。而屬於地方性質以調查分類為重要工作者，則又研究較易而有成績，故地質和生物在我國的發展雖較遲而反最速。國內研究植物之機構，其研究工作，多集中於中國植物之調查與種類之鑑定。此種工作，自甚重要，但不足以代表純正植物學研究之整體。各研究機構之設備，亦僅限於標本、圖書及顯微鏡等，設有近代實驗室者，尚罕有見及。近代中國對動植物的採集已遍及全國，即蒙古、新疆、西藏，亦有中國學者前往工作。無論陸地動植物與海產生物方面，均有很多貢獻。

　　平研院植物所之研究工作，以植物分類為主，兼及植物地理。其採集工作，以中國北部植物為主體，曾多次派員至東北、蒙古、新疆、察哈爾、晉、陝等處調查採集，俾對於中國北方植物及其分布，能得一具體的觀念。其專任研究員鍾憲鬯（觀光），則為中國用新方法研究植物分類之第一人，貢獻甚大。

　　動物所之研究工作，注重海洋動物及淡水動物之調查與研究，每年派員赴沿海各地採集動物標本，研究其生活及分布狀態。

　　在地質方面，地質所與經濟部地質調查所合作，其工作有古生物研究，在北平西南周口店石灰岩洞穴中發現北京猿人（Peking Man）及同時代的脊椎動物化石多種；又有地震記錄、土壤研究、

燃料研究，調查各地地質、煤田、鐵礦及其他礦產，製出各地地質圖。其地震記錄自民國 19 年 9 月開始記錄，在我國是相當早的。

鐳學所係民國 21 年與中法大學合作所成立，是當時各研究機關所獨有的一門科學。鐳學所專研究放射性物質及 X 光。放射性物質的研究，亦即早期原子核物質的研究，自民國 35 年起籌備改組，至 37 年正式改為原子學研究所，以錢三強為所長，研究對象為核子物理與原子能。此為中國最早成立的原子科學研究所。這代表一個新時代的來臨，也代表我國在科學研究方面一個新的努力方向。

就平研院已設的九個研究所來看，大致可以說是非常注重自然科學的研究的。然就平研院所舉辦的其他各種事業來看，如字體研究會、經濟研究會、人地學研究會、博物館藝術陳列館、群治部的自治試驗村（從事公眾衛生、社會經濟、地方建設、合作事業等工作）等，相當龐雜，似乎又不單是個自然科學機關或學術機關。但平研院對學術特別是自然科學研究方面的貢獻，仍是不容抹煞的。尤其是在抗戰前的七、八年間，我國各種科學研究皆有顯著之進步，平研院的工作人員，都很努力，貢獻也很多，確曾扮演過相當重要的角色。

總結平研院二十年中，其研究人員在各學術刊物所發表的論文，至少有六百餘篇以上，出版之專書約有五十種，足證確有相當貢獻。茲將其出版之刊物及論文篇數，列表於下，以見其梗概。

所別	刊物及專著名稱	論文篇數
物理	叢刊	90 餘
鐳學（原子學）	叢刊	約 20
化學	叢刊	約 40

藥物	叢刊	50 餘
生理	叢刊　生理學研究所中文報告彙編	70 餘
動物	叢刊　動物學研究所中文報告彙編	70 餘
植物	叢刊　編製「中國北部植物圖說」五巨冊	100
地質	地質彙報、地質專報、中國古生物誌、土壤專報、地震專報。	數百（均與經濟部地質調查所合作）
史學	史學集刊、考古專報、北平半月刊，編纂《北平史表長編》、《北平金石目》、《北平廟宇志》。	100 餘
氣象臺	氣象月報，北平氣象年報。	
各研究會		30
院務彙報　共出版 7 卷 40 期　共出版圖書約 50 種		

　　此外該院研究人員，在國內外重要的雜誌，如中國生理學雜誌、中國植物學雜誌、中國化學會會誌、法國科學院週刊、法國化學會會刊、法國物理與鐳學雜誌、美國光學雜誌、英國哲學與科學雜誌等，均不斷有論文發表，並且引起國內外科學界人士的注意。如物理學研究所兼鐳學研究所所長嚴濟慈，於民國 24 年被舉為法國物理學評議會評議員，便是其中的一個例子。[58]

　　民國 25 年 9 月 9 日，時任清華大學理學院院長的吳有訓，應邀在平研院成立七週年紀念會中演講〈中國最近七年來自然科學發展情形〉，他指出國內的科學工作進步之處為：

> 在七年以前，……究竟是高談科學研究者多，實地工作者少。在這七年之內，每一學科，均有些人佔據一個區域，埋頭工作，所得的結果，有的在國外發表，有的在國內發表，頗有驚人的表現。……這些年，國家成立了不少同北平研究院性

---

[58]　《國立北平研究院院務彙報》；李書華，〈二十年北平研究院〉一文。

質相同的機關，目的在研究學理及應用的問題。我是北平研究院院外的人，可以立在客觀的地位說：『北平研究院七年來的工作，同任何機關相較，已有了特立的地位。』

他因而認為「這文化中心的北平，是很幸運的有一個北平研究院；而北平研究院，也很幸運的成立在北平。」[59]就平研院的整個情形來看，這幾句話誠非溢美之辭。

（三）專科以上學校教員之學術研究情形

學術研究工作，不僅繫於研究機關，全國之專科以上學校，實同負其責，並居重要之地位。自北伐成功後，國內專科以上學校研究學術之風氣漸盛，教育部曾於民國 23 年著手調查全國專科以上學校教員研究專題情形，至 25 年冬完成，將所得材料，編為《全國專科以上學校教員研究專題概覽》，於 26 年 1 月由商務印書館刊行。統計院校教員關於專題之研究情形，約如下列兩表：

表一　研究員人數統計表

單位：人

院校別 ＼ 人數	獨立研究	合作研究	助理研究	總計
國立院校	339	72	96	507
省立院校	110	44	21	175
私立院校	289	31	64	384
總計	738	147	181	1066

---

[59] 《國立北平研究院院務彙報》，第 7 卷，第 6 期，頁 189-191。

表二　研究專題類別統計表

單位：人

專題類別		院校別	國立院校	省立院校	私立院校	總計
甲類	理科	完成	65	16	46	127
		未完成	81	13	39	133
	農科	完成	34	12	6	52
		未完成	67	27	10	104
	工科	完成	11	1	1	13
		未完成	19	10	0	29
	醫科	完成	26	5	228	259
		未完成	8	6	14	28
	合計	完成	136	34	281	451
		未完成	175	56	63	294
乙類	文科	完成	28	12	30	70
		未完成	79	23	29	131
	法科	完成	20	5	11	36
		未完成	24	6	20	50
	教育科	完成	12	9	10	31
		未完成	21	10	2	33
	商科	完成	6	0	3	9
		未完成	8	0	2	10
	合計	完成	66	26	54	146
		未完成	132	39	53	224
總計		完成	202	60	335	597
		未完成	307	95	116	518

根據上表所列情形，教育部曾有如下的分析：

1. 全國專科以上學校教員於民國 23 年至 25 年間作專題研究者，計 1,066 人。其中獨立研究者 738 人，合作研究者 147人，共 885 人，大率皆為教員；助理研究者 181 人，多屬助教。按之當時全國專科以上學校之教員總數為 7,560 人，則從事專題研究者，約佔百分之十四強。

2. 調查時間包括兩年半中之研究工作（23 年 8 月至 25 年 12 月），人數為 1,066 人，題數為 1,115，則其中同時研究兩題者不過 59 人，平均每一教員於兩年半時間內僅研究專題一種左右，似嫌太少。

3. 合作研究（包括助理研究）人數為 328 人，平均每一研究主任所用合作研究人數尚不足一人。而合作研究者以助教、助理為多，研究生次之，大學本科生絕少。

4. 就研究專題性質言，實科專題較文科專題為多，實科 745 題，文科 370 題，約為二與一之比。

5. 以學校論，國、省立院校研究員共 682 人，專題 664 件；私立院校研究員 384 人，專題 451 件，是後者較前者所需研究人員數較少而研究之專題反多。

6. 以專題研究完成與否而論，全部專題完成者 597 件，較未完成者 518 件稍多。而就國、省立院校與私立院校完成之題數相比，前者完成 262，後者完成 335，私立院校研究生完成之專題數亦較多。

由以上說明，可見國內專科以上學校教員對於學術研究之趨勢。其中調查容有未周，各校教員對於呈報之熱心與否亦不一致，而研究題目之大小亦未必盡同，但於此不難概見學術研究情形於一斑。

學術研究之重要，即單就教學之本位而言，為教授者，若對所教學科不事研究，不能與時俱進，則其授予學生之知識，必不免陳腐而機械，亦不能得學生之敬仰。反之，則教授若能從事研究，其研究學問之興趣與方法，均可無形中為學生所模範，則其貢獻，必將超過研究中祇能研究學問而無機會訓練學生之人。故專科以上教員，樂於研究學問與否，影響於學風至大。根據這次調查顯示，專

科以上教員從事學術研究的情形，不夠普遍，無法令人滿意；但與北伐前相較，已經是一大進步了。[60]其中如北京大學地質學、史學的研究，南開大學的經濟學研究，協和大學的生理學研究，都有名於時。在此尚需特別一提的，就是各大學研究院中的教授，往往與其他學術機關互通聲氣，兼在雙方擔任工作的，亦復不少。這一事實，也是在探討學術研究成就時，不容忽視的一點。

（四）教育學術界的分工合作

自北伐成功以後，各教育及學術研究機關有一普遍的現象，即朝著分工合作的路途前進。在學術研究進步的國家，固需分工合作，在學術研究剛剛起步的國家，尤需分工合作；重複衝突，既浪費精力，也浪費物力。

中央研究院以其特殊的地位，與國內各有關機關互相聯絡，互相扶助，自然成為我國學術合作的樞紐。該院在 24 年所成立的評議會，其職權之一，就是促進國內外學術研究之合作與互助。在當選為第一屆評議員的三十人中，就他們所主持或服務的機關而言，無疑的都是學術界的中堅人物，而又代表中研院十四種的研究科目，即：物理、化學、工程、地質、天文、氣象、歷史、語言、人類、考古、心理、社會科學、動物、植物。凡國內重要的研究機關，如北平研究院、北平地質調查所、中央農業試驗所、全國經濟委員會、中國科學社、靜生生物調查所、黃海化學工業研究社，設有研究所的著名大學如北京、清華、協和、燕京、中央、中山、浙江、南開、武漢大學等，

---

[60] 教育部高等教育司編，〈全國高等教育概況〉，見《革命文獻》，第 56 輯，頁 156-159。原文所列數字有多處錯誤，本文已予更正。

以及與學術研究有直接間接關係的教育部、交通部，無不網羅在內，都有代表當選，真可以說是一個代表全國學術研究的評議機關。至是，中研院才算粗具國家學院的初基。其和各研究機關之間，透過評議會而得到更進一步的聯絡，並展開了廣泛的合作事業。[61]

1.海洋學研究的合作

民國 24 年 4 月，太平洋科學協會中國分會在中研院成立，其內部分為：漁業技術、漁業、珊瑚礁、海洋物理學及化學、海洋生物等五組，各組會員所代表的機關，以及在各種方式下援助事業進行的機關，除中研院外，有北平研究院、中國科學社、靜生生物調查所、經濟委員會、資源委員會、實業部、海軍部海道測量局、第三艦隊、中國動物學會、中華海產生物學會、青島市政府、青島觀象臺、膠濟路委員會、威海衛管理公署、福建省政府、山東、廈門兩大學、天津、吳淞、廈門集美三處水產學校、江浙兩省水產試驗場等多處。這是中國科學界向來少有的大規模的集團組織。會中決定在廈門、定海、青島、煙臺四處設立海洋生物研究所，在定海的由中研院主持，在廈門的由廈門大學主持，在青島的由青島市觀象臺及山東大學主持，在煙臺的由北平研究院主持，均隸屬於中國分會之下，彼此合作。

2.氣象研究的合作

氣象測候機關的預報天氣、研究氣候，更有待於多方面的合作。中研院氣象研究所，除自設泰山日觀峰氣象臺，並襄助各省政府設

---

[61] 陶英惠，〈蔡元培與中央研究院〉，見《中央研究院近代史研究所集刊》，第 7 期，頁 14，民國 67 年 6 月。

立測候所外，又和歐亞航空公司合作，添設鄭州、包頭、寧夏三個
測候所，和中國航空公司合作，添設貴陽測候所。再為集思廣益起
見，在民國 19 年 4 月曾經召集第一次全國氣象會議。24 年 4 月，
因為一切氣象用語電報號碼，及普設全國測候所等問題，有待全國
氣象機關會同商榷的必要，又召集各機關作第二次氣象問題的討論
會議，到會的有青島市觀象臺、航空署、交通部、海軍部、中國航
空公司、歐亞航空公司、全國經濟委員會、水利處等各機關的代表，
通過議案七大類，如「增進氣象電報效能」一案，其辦法為分全國
為五區，依次廣播各區內氣象，並由該所分上下午總廣播一次，各
地辦理天氣預報的測候機關，祇要收得該所的總廣播，就可得到全
國天氣的紀錄。

3. 生物學的合作

中研院動植物研究所，和中國科學社生物研究所的關係，一向
異常密切，不但書籍標本，常相交換，採集研究，亦時時合作。至
於靜生生物調查所，更不啻為中國科學社聯盟的集團，這三個生物
研究機關和北平研究院的生物研究所，多注重於生物的分類，惟性
質雖相類同，而彼此合作，仍有區別，不失分工合作的原意。大概
中研院動植物研究所注重於沿海的生物分類，中國科學社注重於長
江流域生物的分類，北平研究所和靜生生物調查所大多注重於中國
北部的生物分類，但二者之間並不衝突。

4. 關於棉紡織染研究的合作

民國 23 年夏，中研院與全國經濟委員會的棉業統制委員會合辦
棉紡織染實驗館，用科學方法，徹底研究改進紡織染製造事業，先

從研究棉紡織染入手，館址設於中研院上海理工實驗館，其宗旨為：
(1)研究棉紡織業的原料機械製品與工廠管理等項，(2)調查及徵詢國
內外棉業製造情形，並謀國際間技術合作，(3)試驗及檢定國內外的
各種棉織品及原料，(4)受政府或教育機關及棉業廠商的委託檢驗或
研究改進各項技術與學理上的問題，(5)獎助或補助有裨棉業的研究
及發明，(6)介紹國內外棉工業的新穎學術及其研究與應用的方法。

5.其他合作事項

除上述規模較大的事業外，中研院尚有很多與各方面的合作事
業，如：(1)地質研究所與北平地質調查所合作，派員到滇、皖等省，
調查地質；(2)心理研究所與清華大學合作，研究工業心理；(3)歷史
語言研究所與協和醫院合作，測量廣東人的體質；(4)地質研究所所
長李四光、歷史語言研究所所長傅斯年，在北京大學任教課，社會
科學研究所全體人員，亦輪流在該校授課，都不兼薪水；(5)物理研
究所與中美文化基金董事會，及管理中英庚款董事會合作，製造高
中物理儀器；(6)物理、氣象各研究所派員參加西北科學考察團，測
定經緯度及子午線，測量重力及地磁；(7)化學研究所和北平研究
院、雷斯德藥物研究院，對於藥物一門，亦有相當的聯絡。此外，
尚有一值得注意者，即當時最有影響力的科學團體——中國科學社
——的重要社員，由於志趣相同，大多應邀到中研院參加工作，如
四位總幹事中有三位（楊銓、丁文江、任鴻雋）為該社社員，十五
位所長中，有五位（王璡、周仁、任鴻雋、竺可楨、王家楫）為該
社社員。又如胡適、翁文灝、趙元任、胡剛復、秉志、胡先驌等，
也都是科學社社員，而先後在中研院工作過。其中楊銓、趙元任、
胡適（後來曾任中研院院長）、周仁、秉志和任鴻雋等，且為該社的

原始發起人。中研院在抗戰前所以能順利發展，與這些極具開拓性
和影響力的先驅之大量參加，是有很大的關係的。[62]

　　至於北平研究院與各有關機關合作的情形，李煜瀛曾說：

　　北平研究院雖係國立機關，但亦具有地方性質與社會國際關
　　係，故與世界社系統之研究院所，及大學專門各院校，在科學設備
　　與圖書館方面合作之處甚多。[63]

　　此處所說「世界社系統之研究院所，及大學專門各院校」，主要
的是指範圍頗廣的私立中法大學及國立天然博物院。其重要負責
人，多在上述三機關或其中之兩機關擔任重要職務，茲略舉數人列
表於下：

姓名	平研院職務	天然博物院職務	中法大學職務
李煜瀛	院長、兼總務、生物、人地三部部長	院長、兼生物館長	董事會董事長、陸謨克學院院長
李書華	副院長、兼出版、理化二部部長、物理所所長	副院長、兼農事館長	董事會董事、代理校長、服爾德學院院長
李麟玉	海外部部長、代理化學所所長		校長、居禮學院（理學院）院長、兼化學系主任
劉慎諤	植物所所長	植物組主任	講師
陸鼎恆	動物所所長	動物組主任	生物系主任
徐炳昶	史學所所長		文學院院長
周發岐	化學所所長		教務長、理學院長、化學系主任

　　北平研究院並曾與各學術機關進行廣泛的合作，如民國20年，
與中法大學居禮學院合作，由居禮學院補助國幣二萬元，在該院新

---

[62] 蔡元培，〈中央研究院與中國科學研究之概況〉，見《革命文獻》，第53輯，
　　頁436-443；陶英惠，〈蔡元培與中央研究院〉，頁36-37。
[63] 李煜瀛，《石僧筆記》，頁36。

設之理化部大樓內，組織一研究鐳學及放射學之實驗室。翌年所增
設之鐳學及藥物兩研究所，就是與中法大學合作的結果。又如地質
的研究，與經濟部地質調查所合作；植物方面，與國立西北農學院
合組中國西北植物調查所；史學方面，曾與陝西省政府合組陝西考
古會；動物方面，曾與青島市政府合組膠州灣動物採集團，並與天
然博物院多方合作等。[64]

　　至於各庚款機構，也與教育學術界有廣泛的合作，將於下面再
加討論。

　　綜上所述，可知各教育及學術機關，彼此已經不再各自為政，
而採取互助合作的方式，由過去個人的獨立研究，發展為分工合作，
互通聲氣，使各項學術研究，不僅消極的免除無意識的重複，並積
極的取得有計畫的合作，的確是一種進步可喜的現象。此舉對學術
研究的發展，幫助甚大。

三、從經費看學術研究的發展

　　經費的是否充裕，與學術的發展息息相關。各學術研究機關的
經費詳細情形，已難查考，根據丁文江在民國 24 年元月所發表的一
篇文章中估計，北平研究院、實業部的地質調查所、農業實驗所、
工業試驗所、經濟委員會的蠶絲改良會、棉產改進所、茶葉及畜牧
改良場、衛生實驗處等，以及參謀部和兵工署所屬的試驗室等機關，

---

[64] 陶英惠，〈國立北平研究院初探〉，見《近代中國》雙月刊，第 16 期，頁 108-111，
　　 民國 69 年 4 月 30 日出版。

所用於科學研究的經費，合計起來，在 350 萬與 400 萬元之間。[65]而中央研究院一院每年的經費為 120 萬元，佔全國各學術研究機關經費總數的三分之一，可見其規模之大以及地位的重要。茲先將該院的經費情形作一粗略的描述。

（一）中央研究院

在民國 16 年 6 月 6 日所舉行的第 102 次中央政治會議中，議訂中研院的經費為每月 10 萬元，[66]惟因當時北伐尚在進行，軍費所需甚鉅，該院因於籌備之初，自動將經費削減半數，暫定為每月 5 萬元，作為所設五個研究所之經費。到了 17 年度，所屬研究所已增加為九個，每月 5 萬元之經費，實不敷用，方呈准自 17 年 11 月起，恢復最初所議定之每月 10 萬元，全年的經費共為 120 萬銀元。[67]18 年度奉准每月增加 1 萬元，全年為 132 萬元，自 19 年 5 月起算，並核發臨時費 40 萬元。嗣因中原戰事關係，國家元氣大傷，復減為每年 120 萬元，且不能按時發給。[68]及至 21 年 1 月，滬戰爆發，國難臨頭，各機關均縮減經費，官員則停止薪給，僅發維持生活費，中研院職員亦在停俸之列，凡薪在 60 元以下者照發，以上者支付生活費 60 元；至於經費，則與各大學一樣，按三成支給。[69]直到民國 25 年，才增加為年支銀元 130 萬元，另有 10 萬元為臨時建設費。但在

---

[65] 丁文江，〈中央研究院的使命〉一文。

[66] 中央政治會議，第 102 次會議紀錄。

[67] 民國 17 年 9 月 5 日國民政府第四七四號訓令，載《國民政府公報》，第 89 期，頁 11，民國 17 年 9 月出版。

[68] 《國立中央研究院十八年度總報告》，頁 56；《國立中央研究院評議會第二次報告書》，頁 22。

[69] 《國立中央研究院二十年度總報告》，頁 385-387、401。

民國 26 年會計年度開始時，七七事變發生，經常費照六三折實發，其他費用一律刪除。[70]

（二）北平研究院

　　至於北平研究院的經費，原定為每月國幣 5 萬元，民國 17 年 9 月，確定為每月 3 萬元。事實上，自九一八事變後，國庫收入銳減，一直未能擴充到最初所議每月 5 萬元之數。七七事變後，平津相繼淪陷，該院在北平的各項工作停頓，其經費亦因戰事停發數月。自民國 27 年 1 月起，經費改照原數的四成發給；自同年 3 月起，又照四成九扣發給。由於北平研究院的組織龐大，各所、會、館、臺等單位甚多，所進行的各種事業，異常龐雜，而經費卻如此之少，其困難情形，不言而喻。[71]

（三）庚款的補助

　　經費不足是當時各學術研究機關普遍的現象，祇是程度稍有不同而已。在經費困難的情形下，其所以尚能本著各機關的職責而有所貢獻，乃是由於在正常經費之外，又獲得各國退還庚子賠款的補助。以下再就庚款的情形加以探討。

　　民國 23 年 3 月 20 日，在行政院召集各庚款保管委員會之第二次聯席會議中，關於各庚款機關對於教育文化事業的分工合作原則，作了幾點決定：(1)美庚款機關，應注重自然科學事業；(2)英庚

---

[70] 《朱家驊先生言論集》，頁 110；《革命文獻》，第 59 輯，頁 228。
[71] 陶英惠，〈國立北平研究院初探〉，見《近代中國》，第 16 期，頁 109-111。

款機關應注重農、工、醫等應用科學事業；(3)法庚款機關應注重醫、藥學、生物學及藝術事業；(4)各庚款機關對於社會科學與文藝，每年應酌定一部分款額，以資獎進；(5)各庚款機關對於文化教育事業之補助，應注重鄉村文化教育之發展。又為提高我國學術程度，並謀國家學術之獨立與發展起見，決定由庚款機關自 23 年度起，擇定若干成績優良、設備較有基礎之國立大學，設立各種研究所，擔任其創設費用，[72]其中以美國庚款的貢獻較大。

管理美國退還庚款的機關為中華教育文化基金董事會（簡稱「中基會」），其章程中明確的規定：「使用該款於促進中國教育及文化之事業。」所謂教育文化的範圍，根據中基會在民國 16 年第一次年會的決議案，為：(1)發展科學智識及此項智識適於中國情形之應用，其道在增進技術教育、科學之研究、試驗與表證及科學教學法之訓練；(2)促進有永久性質之文化事業，如圖書館之類。質言之，即科學事業，並特別規定為自然科學及其應用，也有一小部分為社會科學事業。其在補助事業方面，約可分為四項：[73]

1. 設置科學研究教授席：中基會為發展科學研究起見，自民國 19 年起，設置科學研究教授席，聘請國內成績久著、學界共仰的學者，就設備完美的機關，從事於他的專門研究。曾被聘為研究教授的有下列五人：

---

[72] 《革命文獻》，第 53 輯，頁 458-459。

[73] 美國庚款部份，參考：任鴻雋，〈十年來中基會事業的回顧〉；高平叔，〈蔡元培對中國科學事業的貢獻〉（下），載《自然辯證法通訊》雙月刊，第 4 卷，第 2 期，頁 59-61，1982 年 4 月 10 日出版；莊文亞編，《民國二十三年全國文化機關一覽》，頁 165-168。

姓名	學科	研究地點
翁文灝	地質學	實業部地質研究所
李　濟	考古學	中央研究院歷史語言研究所
秉　志	動物學	中國科學社生物研究所
莊長恭	化　學	中央研究院化學研究所
陳煥鏞	植物學	中山大學植物研究所

是項教授席，除薪俸外，該會每年撥予設備等費國幣 3,000
元，自 16 至 26 年的八個年度中，共撥發薪俸、設備等費，
約國幣 23 萬 1,000 餘元。

2. 設置科學研究補助金及獎勵金：其目的一部分為獎勵科學的
   貢獻，一大部分為造就專門研究的人才。於民國 16 年決定設
   立此項補、獎助金，分甲乙丙三種，甲種金額較鉅，為有成
   績能獨立研究的學者而設；乙種為方在大學畢業，進而從事
   研究的青年學者而設，期使學者得到研究的訓練；丙種金額
   較少，但有許多研究並不需大量經費者，得此亦可進行。茲
   將民國 17 至 23 年度接受科學研究補助金者的學科分類列表
   如下：

學科　年度	天文氣象及地學	算學及理化科學	生物科學	總計
17 年度	2	7	11	20
18 年度	3	11	21	35
19 年度	5	15	26	46
20 年度	4	19	20	43
21 年度	3	19	22	44
22 年度	4	19	23	46
23 年度	6	20	23	49
總計	28	110	146	283

自民國 17 至 26 年度止，撥作科學研究補助金及獎勵金的經費，共約國幣 65 萬 2,000 餘元，美金 9 萬 4,000 餘元。此對具有研究潛力的學人，是一項大的鼓勵。

3. 設立科學講座：中基會為改良科學教學起見，自民國 15 年起，在相當的學校設立科學講座，每一講座又附帶若干設備費。接受此種講座的計有：北平師範大學、東北大學、中央大學、武漢大學、中山大學及四川大學。每校計得講席五座，皆為對物理學、化學、動物學、植物學、教育心理學等五種科學研究具有成績之學人，以六年為期滿。自民國 15 至 26 年的十一個年度中，計撥發科學講座的薪俸、出國研究、增補設備等費用，共約國幣 106 萬 1,000 餘元，美金 5 萬 2,000 餘元。

4. 設備補助費：中基會為改進科學設備，又補助成績優良之大學研究機關及文化學術團體，作為添購圖書、儀器或其他事業費用，所補助之單位及數額，列表如下：[74]

年份	大學	研究機關	文化學術團體	其他	數額	
					國幣（元）	美金（元）
16 年度	13	3	5	1	419,905	--
17 年度	6	2	6	1	263,750	--
18 年度	11	5	6	1	467,350	--
19 年度	7	4	7	1	959,500	--
20 年度	14	7	7	0	547,687	10,000
21 年度	21	11	7	1	815,700	9,500

---

[74] 王樹槐，《庚子賠款》，頁 332，民國 63 年 3 月出版，臺北，中央研究院近代史研究所專刊之 31；與任鴻雋，〈十年來中基會事業的回顧〉文中所列數字稍有出入。

22 年度	12	8	6	0	565,600	6,000
23 年度	11	9	7	1	541,800	14,000
24 年度	9	9	3	1	513,000	6,500
25 年度	11	7	4	2	565,200	6,000
26 年度	12	9	3	3	909,100	26,500
合計	127	74	61	12	6,568,592	78,500

　　再就科學性質分之，其所補助者為：普通科學設備、物理及化學、生物學、地質學、氣象學、工程學、醫學、農學、文化事業及教育事業等。

　　此項用於對學校、學術團體，以及教育文化團體發展科學事業的補助，佔中基會用款的大部分。如補助南開大學、浙江大學、燕京大學、廈門大學、廣西大學、中國科學社生物研究所等增加物理、化學、生物等科學設備、添購科學人材，補助齊魯大學醫學院、上海醫學院、嶺南大學農學院、金陵大學農學院、上海交通大學工業研究所、黃海化學工業社等開展醫、農、工技術的研究和增加設備，補助地質調查所進行地質研究及土壤調查等等。此對學術研究工作的進行，貢獻至大。

　　至於不屬於補助範圍而由中基會創辦的事業，也有幾種：

1. 北平圖書館：此館的建築設備，俱由中基會獨力負擔。
2. 生物調查所：這個生物研究機構，雖由尚志學會紀念該會第一任董事范源廉（靜生）而設，但在它的基金未積到一定成數，一切經費都由中基會擔任。中基會所以願意承擔這個責任，是要在北方設立一個生物研究機關，以便與南京的生物研究所、廣東的植物研究所（這兩所也受中基會的補助），聯絡一氣，以完成中國整個的生物研究計畫。中基會對於生物學的貢獻，即此可見一斑。

3. 社會調查所：這個調查所的成立，對國內關於社會問題的研究，具有提倡風氣的功用。

4. 編譯書籍：中基會起初設有科學教育委員會，後來改為編譯委員會，其譯著範圍，也由純粹的科學而推廣到一切歷史思想材料科目，於幫助各學校教課的改進是很有益的工作。

5. 供給科學儀器：向中央研究院物理研究所定製中學用試驗儀器若干套，以半價分給需要的高中學校。又補助東吳大學及廈門大學的生物材料供給所，供給生物標本。

由上所述，足見中基會對於科學研究的提倡，用錢不為不多，用力不為不勤，特別是對於本土化科學的研究，曾有極大的幫助。例如，中基會感覺到地質調查在中國科學上、經濟上關係的重要，便對地質調查所的經費大量予以補助，使該所在學術上的貢獻卓著。僅就 22 年度來說，地質調查所在各地調查的派遣隊多至十二起，其地點，由西北的綏遠、陝西、甘肅，中部的皖、贛、蘇、浙、兩湖，以及西南的四川、東北的山東，無不到達。其室內研究，除原有之古生物研究室外，又添設有礦石、燃料、地震繪圖等研究室。中基會又委託地質調查所辦理土壤調查，調查的範圍遍及江蘇、浙江、河南、河北、安徽、湖北、四川、陝西、新疆、綏遠諸省。此種工作，與中國農工各業及經濟復興有絕大關係。政府所給予地質調查所的經費，僅勉可維持所內人員的生活，若無中基會的大量補助，很難有力量去做實際調查的工作。

再如中國的生物科學，也和地質科學一樣，帶有地方性質，非先經過一番調查的工作，不能得到當地的材料以成為本國的科學。因此，中基會在北方設立生物調查所，在南方及西南方，補助生物研究所、植物研究所、西部科學院及沿海的海產的生物學會。使全

國的生物學研究，成為有聯絡有組織的工作。而且各方面雙管齊下，同時進行，使生物科學的發展一日千里。

其次為英國庚款。管理中英庚款董事會成立於民國 20 年 4 月，依中英庚款協定，先以全部退還之款作為基金，借充興辦鐵道及其他生產建設事業，以借款所得利息興辦教育文化事業。中英庚款董事會對於該項利息，曾訂定支配標準，分應辦之教育文化事業為五類，大部分用於補助保存固有文化史蹟古物，建設中央博物館和中央圖書館，考選留英公費生，以及支助湘、鄂、皖、贛、閩五省特種教育的迫切需要；其乙類補助高等教育研究機關，則特別注重農、工、醫、理四科，佔總額百分之三十五，大概可以分建築、設備及講座三項。計補助學術機關團體如中央研究院製造科學儀器設備費 10 萬元，補助北平研究院設備費 10 萬元，均分三年撥給；其補助公私立專科以上學校者，23 年度為 27 萬 5,000 元；24 年度為 29 萬 5,000 元；25 年度為 75 萬 5,000 元；26 年度為 130 萬 5,000 元（內有 50 萬元，係抗戰開始後臨時決定於西南、西北設置兩臨時大學者）；27 年度為 68 萬 5,000 元。

據估計，英庚款退還之數，約為美庚款的一點七倍，但用於教育文化方面的數目，則不及美庚款之多。[75]

依照中法庚款協定，退還之款充中法教育事業之用。由中法教育基金委員會保管分配。經常接受補助之教育機關，在國內者僅有：上海中法工學院、天津海軍醫學院、天津法國高等商業學校、北平中法大學、上海震旦大學等校。[76]

---

[75] 王樹槐，《庚子賠款》，頁 476-477；《革命文獻》，第 53 輯，頁 459、462-466；《革命文獻》，第 56 輯，頁 67。

[76] 王樹槐，《庚子賠款》，頁 421；《革命文獻》，第 56 輯，頁 68。

據王樹槐的研究，庚款用於教育文化者，約 6,270 餘萬兩，佔退回及停付總數的百分之十二‧○九。其中最大的一筆，即為美國退還之賠款。庚款退還後對教育文化方面之影響，亦以美國庚款為主，其他不過點綴而已。[77]庚款對各學術研究機關之幫助，茲舉中央研究院及北平研究院為例，即可覘知其重要性。

民國 23 年 5 月，管理中英庚款董事會第二十四次董事會，在討論第一次息金支配時，決議補助中研院製造科學儀器設備費 10 萬元，分三年撥給。[78]該會 26 年度息金收入，又經董事會通過繼續補助中研院 5 萬元。[79]

民國 18 年 6 月 29 至 30 日，中基會在天津開第五次年會，決議撥款 50 萬元為中研院理、化、工三所建築及初步設備費，分六次撥付。後又議決補助史語所經費三年，每年 3 萬元。最初每年分四期撥付，以後則按月撥付。[80]

民國 23 年 7 月，經丁文江的奔走，將中基會主辦的北平社會調查所合併到中研院的社會科學研究所，並由該會補助部分經費。[81]

又如中研院的鋼鐵、玻璃、陶磁三試驗場及棉紡織染實驗館，每年購買材料，添置設備，需款甚鉅，也曾屢得中基會、中英庚款會及全國經濟委員會之補助。[82]中研院與各學術機關舉辦的合作事業極多，如無像英、美庚款之類補助，僅靠政府撥給的經費，是無

---

[77] 王樹槐，《庚子賠款》，頁 564。

[78] 《革命文獻》，第 53 輯，頁 463。

[79] 〈本年度中英庚款支配計畫〉，載《教育雜誌》，頁 78，第 28 卷，第 10 號，民國 27 年 10 月 10 日。

[80] 散見中研院十八～二十一年度總報告中之大事記及總辦事處文書處報告。

[81] 《國立中央研究院社會科學研究所二十五年度報告》，頁 1；《朱家驊先生言論集》，頁 748。

[82] 《國立中央研究院二十四年度總報告》，頁 166。

法展開工作的。再如歷史語言研究所雖設有考古組，但對於田野考古工作，並沒有特別預算。據主持考古組的李濟說：

> 最初幾年，田野考古工作經費，差不多全由中華教育文化基金董事會捐助，但每季不過三、五千圓。還要東拼西湊一下，史言所方能把田野工作的經費打發下了。……在侯家莊第二、第三兩次發掘的經費，大半出自中央博物院的補助費。[83]

至於庚款機關對北平研究院的補助情形，據李書華在 25 年 9 月 9 日報告云：

> 中比庚款從前曾補助經費，購買鐳及理化儀器。中法庚款從前亦曾補助經費，建築生物樓，現在生理學、植物學兩研究所，全在該樓工作。中法庚款對於鐳學、藥物兩研究所之設備費，均各有補助，本年補助鐳學研究所國幣七千元，藥物研究所國幣七千元又法金一萬法郎。中英庚款從二十三年至到二十五年度，三年內共補助本院設備費國幣十萬元。其中補助物理學研究所共六萬元，化學研究所共四萬元，本年應撥而已撥到之補助費計三萬元。[84]

此外，如地質所研究設備之費，則多賴中基會之補助。[85]

再就當時全國專科以上之學校而言，在抗戰前的十年間，其建築、設備等，由於獲得庚款之補助，亦皆有相當之擴充。由退還庚

---

[83] 李濟，《感舊錄》，頁 63-65。
[84] 李書華，〈國立北平研究院一年來工作概況〉，見《彙報》，第 7 卷，第 6 期，頁 181-182。
[85] 〈國立北平研究院地質研究所十八年度工作報告〉，見《彙報》，第 1 卷，第 2 期，報告，頁 1。

款的運用情形,當可約略看出此筆正常經費以外的款項,對我國學術研究事業的一些貢獻。

四、結語

以上簡要的探討,多偏重於團體機構、特別是政府研究機構之學術研究情形,而於民間研究團體及地方(各省)之研究情形,較少論及;至於未設研究所的大學或科系,以及地方區域性的學術研究方面,也有不少著名的學者在默默地領導研究,成績也相當可觀,皆未能詳加論述,不免有所偏枯。雖有詳略不均之失,未能更清楚地描繪出這一時期學術研究之全貌,惟就所論列者觀察,如學術研究機關和團體的數量,增加甚快,學術活動的範圍,不斷在擴展,以及各研究機關和團體間,並進行廣泛合作等,仍不難看出國民政府在內憂外患交迫下,一方面應付層出不窮的事件,一方面在致力於各項建設事業,而學術研究方面,在有限的人力與物力下,仍然留有不少的成績。

(原載:教育部主編,《中華民國建國史》,第三篇,統一與建設(三),第七章,第二節,學術研究之成就,頁 1090-1144,民國 78 年 1 月,臺北,國立編譯館出版。)

中央政府遷臺後之學術研究
（1949-1981）

一、研究機關

　　抗日戰爭勝利，全國各界積極著手於復員重建工作，學術界亦
然；各學術研究機關或遷回原設立地點，或隨政府遷至南京新設機
構，原屬敵偽創辦之研究機關，則分別指定有關學術機構接收，如
中央研究院接收由中日庚款所辦之自然科學研究所及原設於東北之
大陸科學院。日人在臺灣設立之研究機關，則由臺灣省行政長官公
署接收改組。此時期全國學術界氣象更新，呈現一片頗有可為的遠
景。民國 37 年初，教育部曾對當時全國各學術機關作過統計，茲依
其名稱、地址、組織概況及負責人表列如後：[1]

名稱	地址	負責人	組織概況
國立中央研究院	南京	朱家驊	見後文全國學術最高機構概況介紹，此處從略。
國立北平研究院	北平	李煜瀛	設院長、副院長各一人，下設總辦事處。研究部分設物理、化學、藥物、鐳學、生理學、動物、植物、史學八研究所及中國西北植物調查所。各設所長一人，研究員、副研究員、助理研究員、助理員、技術員各若干人。

---

[1]　《民國三十七年中華年鑑》（下），學術篇，頁 1778-1779，中華年鑑社發行。

中國地理研究所	南京	林　超	分自然、人文二組。
中國蠶桑研究所	杭州	蔡　堡	設研究員、副研究員、助理研究員及助理員，並酌設技術員。
國立編譯館	南京	趙士卿	設館長、副館長各一人，下設總務、自然、人文三組。另設大學用書編輯委員會、中小學教科用書編輯委員會、社會教育用書編輯委員會、出版委員會及圖書資料委員會。附設會計、人事二室及設計考核委員會。
中國心理生理研究所	北碚	郭任遠	設所長一人，下設幹事若干人，分掌文書、圖書、會計、事務等，另設研究員、助理員各若干人。
兩廣地質調查所	坪石	何　杰	設所長一人，下設技正、技士、技佐、技術員、事務主任、事務員、會計員等。
南洋研究所	重慶	陳樹人	設所長、副所長各一人，下設總幹事、副總幹事。內設法政、經濟、教育、史地、資料、總務六組，每組設組長一人，研究員、副研究員、助理研究員及組員各若干人。
河南省地質調查所	河南淅川	張人鑑	設所長一人，下設技正三人，課長二人，會計員、技士、技佐、課員、辦事員、雇員各若干人。並分技術、總務兩課，技術課長由技正兼任。
甘肅省畜牧獸醫研究所	蘭州	酈榮祿	設所長一人，總理全所事務，下設獸醫研究部，計有研究員、研究生、技術練習生、技工各若干人。
甘肅省氣候測候所	蘭州		設所長、秘書各一人。分氣象、總務、統計、高空四股。
雲南農林植物研究所	昆明	胡先驌	設所長一人、副所長一人，下有研究員、採集員、繪圖員、助理員及會計員、事務員等若干人。
雲南省立昆明氣象測候所	昆明	陳秉仁	設所長一人，測算兼書記保管二人，街鐘巡校員一人，事務員一人。
西康經濟研究社	西康康定	李先春	設理事長、常務理事、常務監事、理事、監事、總幹事。內分編輯、調查、研究、總務及發行五部，各設主任一人，並設合作、農牧、貨幣、金融、自治、財政等專組。

四川省通志館	成都	李肇甫	設館長一人，下設秘書室、總務採訪二組，編纂部及會計室。
臺灣地質調查所	臺北	畢慶昌	有研究室、測繪室、化驗室、資料室等。
臺灣工業研究所	臺北	陳華洲	該所以化學肥料、窯業、纖維、醱酵、鹽碱、燃料、橡膠、微生物等為調查研究及試驗主要工作。
臺灣農業試驗所	臺北	凌　立	分育種、農藝、農藝化學、病理、昆蟲、畜產、園藝等。
臺灣林業試驗所	臺北	林渭舫	分殖育、施業、木材、林產、木酥等。
臺灣糖業試驗所	臺南	盧守耕	除總務科、農場管理科、會計室、圖書館外，計分育種、種藝、農藝化學、病理、昆蟲、製糖化學、醱酵化學、蔗渣利用等八科。
臺灣水產試驗所	基隆	李兆輝	分設漁撈、海洋、養殖、加工、總務等五科。
天然瓦斯研究所	彰化	孫明哲	
海洋研究所	臺北	馬廷英	
臺灣衛生試驗所	臺北	詹勇泉	分細菌、營養、藥物化學、血液、生物化學、寄生蟲、病理疫苗、血清、血庫、衛生工程等組。
江西地質調查所	南昌	夏湘蓉	分地質、礦產、化驗、土壤四組。
四川省立科學館	成都	梁　讓	分設總務、推廣、展覽三組，各組設主任一人，辦理各組業務。
青島市觀象臺	青島水道山	王華文	設天文、氣象、海洋及地球物理之觀測研究等三科，並設有水族館。
桂林科學實驗館	桂林將軍橋		設館長、秘書各一人，下分研究室、工務課、事務課、會計室等。
貴州省立科學館	貴陽	孟廣熙	設館長一人。內分總務、物理、化學、生物、展覽、推廣等五部。

　　當時全國各大學研究所亦為政府所設立之重要學術機構；在民國 18 年教育部公布之改進高等教育計畫內，即列有國立各大學得設立研究機構之規定。同年 8 月，國民政府公布大學組織法，更有「大學得設研究所」的明文規定。23 年，教育部公布大學研究院暫行組織規程；24 年，國民政府又公布學位授予法，於是各校成立研究院、所者，始有所依據。

　　民國 35 年 12 月，教育部廢除大學研究院與研究學部，僅有研究所，故將原規程更名為「大學研究所暫行組織規程」。至民國 36 年度，全國各國立大學及獨立學院學系附設之研究所有 134 單位，私立各院校學系附設者 23 單位，共計 157 單位。茲將當時各大學及獨立學院設立之研究所表列如次：[2]

學校名稱＼類別研究所	文學院	理學院	法學院	農學院	工學院	醫學院	商學院	師範學院
中央大學	中國文學、外國文學、史學、哲學	數學、物理、化學、生物、心理、地理	法律、政治、經濟、社會學	農業經濟、農藝、森林、獸醫學	土木工程、機械工程、電機工程	生物化學、生理、公共衛生、法醫學		教育學
中山大學	中國文學、史學	植物學		土壤學	病理、生理、細菌、解剖、藥理學			教育學
武漢大學	中國文學、史學	物理、化學	經濟、政治		土木工程、電機工程			

2　《民國三十七年中華年鑑》（下），學術篇，頁 1770-1771。

浙江大學	史地、教育學	數學、物理、化學、生物		農業經濟	化學工程			
四川大學	中國文學	化學						
同濟大學		大地測量				細菌學		
廈門大學		水產、中國海洋						
復旦大學			經濟學					
交通大學					電信學			
湖南大學					礦冶學			
貴州大學	中國文學							
東北大學	史學	地理學						
南開大學							經濟學	
清華大學	中國文學、外國文學、史學、哲學	數學、心理、地學、物理、氣象、化學、生物學	社會、經濟、政治	植物病理、植物生理、昆蟲	土木工程、電機工程、航空工程、機械工程、建築工程、化學工程			
北京大學	中國文學、東方語文、西方語文、史學、哲學、教育	數學、化學、物理、動物、植物、地質	法律、政治、經濟					
臺灣大學				植物、農業化、農業生物學	電機工程	熱帶醫學、生理、病理、結核病		

重慶大學		數學			化學工程、電機、		
政治大學			研究部				
山東大學		海洋研究所籌備處					
東吳大學			法律學				
金陵大學	社會、歷史	化學		農藝、園藝、農業經濟學			
北平輔仁大學	人類學、史學、經濟學	物理、化學、生物					
嶺南大學		生物、化學、物理					
齊魯大學						寄生蟲學	
朝陽大學			法律學				
燕京大學	史學、政治學	物理、化學、生物					

當時尚有七個獨立學院，其設立研究所情形如下：

西北工學院：礦冶工程研究所。

西北農學院：農業水利研究所。

上海醫學院：藥理學、病理及生物化學等三研究所。

江蘇醫學院：寄生蟲學研究所。

瀋陽醫學院：生理、病理、藥理、細菌、解剖、內科、外科及放射線科學等八研究所。

西北師範學院：教育學研究所。

北平師範學院：教育學研究所。

戰後學術界的一片生機，却因國共的內戰，再度陷入混亂黑暗之中。大陸淪陷後，學術機構所受破壞甚鉅，致使方興未艾的現代中國學術，失去了正常發展的環境，這是中國學術界無可彌補的缺憾。中央政府遷臺，政治環境逐漸安定後，學術研究工作亦逐步展開，經多方的努力，開創出一穩健進步的新局面。

政府為提高學術研究水準，推動科學發展工作，特於民國 48 年 2 月 1 日，由教育部與中央研究院評議會共同設立「國家長期發展科學委員會」（簡稱長科會），設置國家科學發展專款，以推動全國學術研究。其主要職掌如下：

1. 關於長期發展科學研究之規劃及推行事項。

2. 關於長期發展科學有關各種專款之管理事項。

3. 關於規劃各種專款之用途及其分配事項。

4. 關於籌劃並決定「國立研究講座教授」之選聘事項。

5. 關於籌劃並決定「國家客座教授」之選聘事項。

6. 關於在各大學及研究機構設置研究補助費之審查事項。

7. 關於各大學及研究機構申請科學專款之審查事項。

民國 56 年 8 月，長科會擴充改組為「國家科學委員會」（簡稱國科會），為常設科學發展主管機構，以制訂科學政策，規劃並推進科學技術之研究發展，推進一般相關應用科學技術，以及補助科學教育之推展。[3]長科會及國科會二十多年來對於推動我國學術研究之貢獻，厥功甚偉，茲略述如下：

---

[3] 《行政院國家科學委員會概況》，簡史，頁 1-2。

1. 關於人才之培育及延攬：⑴設置研究獎助費；⑵遴選專任教學及研究人員在國內或出國進修；⑶遴聘國外專家學人回國教學或從事研究工作。

2. 推動專題研究計畫：為集中人力與財力，有計畫、有目標的推動科學研究發展，補助各公立大學、獨立學院及公立研究機構進行各項短程、中程的科學研究。

3. 成立科學研究中心：民國 54 年 7 月，長科會成立數學、物理、化學、生物及工程五研究中心，每一研究中心以某一大學之研究所為主辦機關，另以一至二大學之研究所為合作機關，選定重點，進行高深的學術研究。同年 9 月，又與農復會合作，設置「農業研究中心」，以臺灣大學為主辦機關，中興大學、臺灣省農業試驗所為合作機關。各研究中心並擔任博士班及碩士班研究生之培育工作，多年來，頗具成效。

4. 其他在國際科學合作研究方面，有中美科技合作，友好國家雙邊科技合作，協助政府機構延攬國外專才，解決國內經建及科技方面遭遇之問題。在科學研究之輔助工作方面，包括精密儀器發展，科技資料服務，及編印研究成果與國內外學術機構交換。在全國科學發展工作之協調聯繫與管考方面，對運用國科會經費從事科學發展研究之機構，如中央研究院、經濟部、交通部、國防部、農復會，及省市政府所屬研究發展機構等，國科會負責居間協調聯繫，以發揮整體力量，促進科學全面性發展。[4]

---

[4] 《行政院國家科學委員會概況》，工作概況，頁 10-54；吳大猷，〈我國科學發展的政策和措施〉，《東方雜誌》，復刊第 5 卷，第 6 期，頁 5-10。

　　以下對於臺灣復興基地學術界關係學術研究重大之機構，擇其
二者：（一）全國學術最高機構──中央研究院，（二）各大學研
究所；略述於後，以窺政府方面所設研究機關研究績效之概況。

（一）中央研究院

　　中央研究院正式成立於民國 17 年 6 月 9 日，至民國 26 年，已
陸續設立了十個研究所，[5] 其主要工作是從事純粹理論方面的研究，
後為順應當時社會需要，亦酌量兼顧應用方面；例如化學所設玻璃
工廠，物理所設儀器工廠，工程所設鋼鐵工廠，地質所應各省之邀，
作礦產勘查等。[6]

　　抗日期間，各所一再播遷，研究工作受到嚴重影響，由於政府
重視學術發展，對研究院的經費，不僅未緊縮裁撤，且更添設擴充，
在若干研究方面，並有特殊的發展，譬如氣象所，因軍事測候的需
要，使得該所辦的全國氣象測候網管理工作特別繁重，政府為不妨
礙氣象所之研究只得另設中央氣象局，專事負責。民國 30 年，增設
數學研究所，聘姜立夫在昆明籌備；33 年，又增醫學研究所，聘林
可勝主持籌備；同年，動植物所之植物學組獨立成所，聘羅宗洛為
所長；史語所也在此年將人類學組擴充為體質人類學研究所，聘吳
定良負責；34 年春，行政院調整各機關，將中國醫藥研究所，交由
研究院化學所接辦，南洋研究所交史語所接辦。於是研究院較戰前
更具規模。

5　《中央研究院概況》，中華民國 17 年至 49 年，頁 1-2。
6　《中央研究院概況》，頁 2。

及至抗戰勝利，院內除趕辦各所復員外，又接收三個日偽機構；一是偽上海自然科學研究所，一為偽北平人文科學研究所，一為偽北平近代科學圖書館。後二者的圖書，由歷史語言研究所接收，設北平檔案整理處，專責整理，其餘接收之房屋儀器圖書設備等，都按性質分配有關各所。這個時期，院內有兩件重要的工作：1.選舉院士，2.籌設近代物理研究所。

院士的選舉，是先由各大學，各獨立學院，各專門學會，和各研究機關，就學術界有資望人士，分科提名，當時被提名的共四百餘人，民國 36 年 10 月由第二屆評議會第四次年會就其中選出一百五十人為院士候選人，公告四個月，到了 37 年 3 月，再由評議會第五次年會正式舉行票選，選出第一屆院士姜立夫、淩鴻勛、朱家驊、陳克恢、林可勝、李先聞、胡適、王寵惠等 81 人。按中研院組織法規定，院士為終身名譽職，主要職權是：1.議定國家學術方針；2.受政府之委託，辦理學術設計、調查、審查及研究事項；3.選舉評議員和以後的院士及名譽院士。在此以前，該院的工作，只著重於院內各研究所本身的研究，自院士選舉以後，同時對全國學術研究，負起指導聯絡和獎助的任務。

在這段時期內，中研院並開始籌設近代物理研究所，經國民政府於民國 35 年 4 月核准後，由物理研究所所長薩本棟（由該院總幹事兼）負責籌劃，一面立即派趙忠堯赴美國洽購三百萬伏特的「范特格拉夫」加速器及水晶控制發射機等設備，一面更邀約吳大猷、錢三強、吳健雄等知名物理學者返國服務。惜籌備未竣，內戰已起，全盤計畫均遭破壞。

民國 37 年，中研院決定遷臺灣，但因運輸工具缺乏及經費困窘，結果只搶運了歷史語言和數學兩所的古物與圖書設備，其餘各

所儀器圖書，雖都已在上海候運，終無法運出。遷臺後的最初幾年仍由朱家驊院長主持院務（39 年至 46 年），重要工作約可分為五項：1.南港新院址的建立；2.陸續設置了植物、近代史、民族學及化學研究所；3.召開院士會議；4.第三屆評議會正式成立；5.續辦院士選舉。[7]

民國 47 年至 59 年之間，在胡適院長（47 年至 50 年）及王世杰院長（51 年至 59 年）的任期中，中研院規模繼續拓展，茲擇要敘述如下：[8]

(1)籌設動物、經濟、物理三研究所。

(2)曾迭次建議政府，擬訂長期發展科學計畫，寬籌經費，積極進行。行政院經邀集有關方面，商討多次，於 48 年 1 月公布「國家長期發展科學計畫綱領」；中研院與教育部隨即依照綱領第三條規定，共同組織「國家長期發展科學委員會」。

(3)接受美國國家科學院的委託，於 48 年及 50 年兩次舉辦科學家赴美訪問研究之選拔。

(4)胡適院長於 49 年的西雅圖中美學術合作會議中，與美方出席代表懇切商談，奠定了加強中美合作的基礎。

(5)與臺灣大學商訂合作辦法，以為教學與研究的密切配合，於 51 年 8 月開始實行。

(6)與美國國家科學院於 53 年成立了「中美科學合作委員會」，該會之聯席會議，在開始的三年每年至少舉行一次，其後兩年舉行一次，會議地點，經協定以輪流在華盛頓及臺北舉行

---

[7]　《中央研究院概況》，頁 3-8。
[8]　《中央研究院概況》，中華民國 69 年 7 月至 71 年 6 月，頁 7-9。

為原則。最初,中美商討推進的科學合作係以自然科學為範圍;56 年,又訂立人文及社會科學方面的合作方案。

錢思亮院長時期(59 年至 72 年),增設美國文化研究所、三民主義研究所、地球科學研究所、生物化學研究所、資訊科學研究所及生物醫學、統計學、原子與分子科學研究所籌備處和分子生物學綜合研究室籌備處。此時期,該院的重大建樹,主要有四項:

(1)實施五年發展計畫:各研究所處自民國 70 年度起積極執行,而該項計畫所需增加之研究經費及員額,並承政府核定逐年增撥。

(2)各研究所處舉辦重要學術活動:舉辦大型學術研討會,邀請國內外專家學者與會並發表論文。

(3)加強邀訪工作:為促進與國際學術交流及因應我在科學組織方面環境之需要,並確保中華民國會籍,特加強邀訪工作,邀請國際科學聯合會(ICSU)所屬分會(UNION)及其他有關之重要外籍人士來華訪問。茲將近年重要學人來訪之次數及人數列表如下:

年份	來訪次數	人數
68	3	8
69	4	10
70	10	27

(4)積極參加各項國際學術會議:中研院一向代表中華民國參加國際科學聯合會總會,並支援國內各項學會參加其各單項科學聯合會,茲將近年出席之次數及人數列表如下:

年份	出席次數	人數
66	31	49
67	32	45
68	27	43
69	38	61
70	69	126

民國 70 年，中研院已具備 12 個研究所、四個研究所籌備處的規模。各所處的一般研究工作，茲簡述於後。[9]

1. 數學研究所

民國 36 年始正式成立，所址設在上海，由陳省身代理所長之職。成立之初，接收偽上海科學研究所之圖書，內即有數學書籍千餘冊，定期刊物 85 種及期刊合訂本 1,300 餘卷；38 年該所遷臺，此珍貴藏書亦隨所遷臺。

來臺後，由中研院總幹事周鴻經兼代所長，當時僅安頓於臺灣大學之一間教室內，除繼續購置圖書及與國外學人保持聯繫外，所內之研究工作幾乎停頓，直至 46 年中研院遷南港新址始克重新展開工作，錄用青年後進，加強訓練與研究，林致平繼任所長後，增聘國內數學家為兼任研究員，及旅外數學家為通訊研究員，並增加應用數學研究。

研究工作的方向分泛函分析、邏輯、統計、數論與分析、複變分析、代數幾何、機率論、多元複變分析、應用數學等方向。

該所出版的定期刊物有：

---

[9] 有關中央研究院資料，係採自各年度出版之中央研究院概況及各研究所工作報告。

(1)中央研究院數學研究所集刊　自民國 62 年 6 月開始刊行，
每年兩期，68 年起，改為每年 4 期。由於刊載之論文頗具學
術水準，受到國內外數學界的重視。目前與該所交換期刊之
研究單位約有二百處，廣布世界各主要學術機構，包括德
國、芬蘭、奧地利、匈牙利、比利時、西班牙之國家科學院
所出版刊物及美國、英國、日本之主要數學雜誌，訂購及交
換機構遍及四十國。

(2)數學傳播季刊　於 65 年 5 月創刊，為數學教育性刊物，每
年發行 4 期，發行宗旨在將數學的正確認識傳播於國內在學
或社會青年及有心人士，為提高國內數學水準鋪路。該刊的
目的在希望提升數學學者及有關人士之使用及創作數學之
能力，並使社會上對數學有正確之觀念，不再誤認數學只是
玩符號遊戲，而是強有力之科技工具。

2. 物理研究所

該所成立於民國 17 年 3 月，其研究工作範圍包括原子核物理、
光譜學、無線電及電子學與冶金等。38 年大陸淪陷，該所未及遷臺。
民國 51 年，物理所在南港復所，由吳大猷任所長，初期因人力與設
備較薄弱，故與清華大學以合作方式展開研究工作。復因吳大猷旅
居國外，於 57 年增設副長代為主持所務，由王唯農擔任，其後陸續
聘請旅外物理學人回國參與研究，並加強訓練工作及擴展研究。

近年來該所研究工作分為原子核物理、固態及生物物理、大氣
物理及流體力學等組分別進行：

(1)原子核物理組　該組研究工作主要係利用：A.清華大學及核
能研究所范氏加速器，從事低能量實驗原子核物理方面之研

究；B.利用原子反應器作捕獲中子後原子核之伽瑪能譜研究；C.利用中子產生器作中子物理之研究等。

(2)固態及生物物理組　以實驗研究為主，主要設備有紅外線分光計、震動樣品式磁力針、高真空蒸鍍系統、電弧冶金爐、電磁鐵及氣體雷射、低溫系統等。該組進行有關研究之專題主要有：A.導波薄膜實驗研究（積體光學）濾透現象之實驗與理論；B.半導體及金屬中雜質之研究；C.運輸現象及磁性轉變之研究；D.生物時鐘及飛行疲勞問題；E.脊椎動物視覺產生原理與視紫模型；F.半導體銻化銦單晶體中介電函數在短波波段中之共鳴測定……等多項研究。

(3)大氣物理及流體力學組　研究範圍及研究工作包括大氣科學、環境科學、船用流力等方面，近年來進行研究專題有：A.大氣科學方面有中央山脈對颱風影響的實驗及數值研究、傳遞方程式之變分數值方法之研究與分析、用有限元素法進行正壓預報及求大氣垂直速度、客觀分析程式之實驗及對大氣垂直速度計算的影響等；B.環境科學方面，有海洋放流排放之特性研究、空氣污染測定分析、評估預報與控制之研究、水文儲蓄與放流關係之研討等；C.船用流力方面，有模型重量對撞擊壓力影響之研究、艉契對快艇性能影響之探討、細長物體高攻角運動流場與溫度場之研究等。

該所自民國 60 年起每年定期編印《中央研究院物理研究所集刊》，刊載所內研究人員於年度內之部份研究成果；另不定期編印研究報告專刊，歷年來所內研究人員曾撰述專書二十餘種。

3.化學研究所

民國 46 年 4 月籌備在臺復所，47 年底正式成立，由籌備主任魏嵒壽擔任所長，展開研究工作。62 年陳朝棟繼任，68 年起，由林渭川接任所長。

該所研究工作範圍，包括物理化學、有機化學、觸媒化學、食品化學、海洋及環境科學等項。並經常舉辦學術討論會。

所內的重要儀器設備有大型變速攪拌器、高溫觸媒反應爐、總有機碳分析儀、張力壓力測定器、連續黏度計、偏光顯微鏡、紅外線光譜儀、核磁共振譜儀、冷凍高速離心機及精餾裝置等，近年來又增添有紫外光可見光分光光度計、氣體層次分析儀、模組儀器電子計算機、高性能液相層析儀、原子吸光分光光度計及小型噴霧乾爆器及 ATP 光譜儀。

出版品有《化學研究所集刊》，內容多為所內研究人員工作之成果，自民國 48 年 7 月創刊，至 70 年已出版 28 期。

4.植物研究所

民國 30 年夏，設立於重慶，由羅宗洛出任首任所長。抗戰勝利後，遷至上海，未及擴充人員與設備，大陸即告淪陷。直至 43 年，由胡適院長延聘該所資深研究員李先聞主持在臺恢復植物所的籌備工作，當時恢復工作艱難；沒有既定的所址，又缺乏從事研究的適當人才，更談不上研究所需的設備。新聘人員只得暫時以合作方式安頓在臺灣糖業試驗所、臺灣大學等研究機構內，利用各機構的設備有計畫地進行研究。當時最主要的研究工作是李先聞所領導的水稻細胞遺傳學的研究。

民國 48 年獲長科會之補助，在南港中研院現址興建生物館；50年，人員遷入，集中研究，植物所始初具規模。51 年，植物所在臺正式成立，由李先聞出任所長。當時研究工作範圍包含有水稻細胞遺傳、放射線育種、微生物以及竹筍醣類之代謝等。61 年，由郭宗德繼任所長，66 年鄔宏潘接任。

研究工作以有關植物學的理論研究為基礎，並配合與國計民生有關問題進行探討，研究計畫可分為八大類：A.有關水稻之基礎研究；B.細胞及組織培養學之研究；C.微生物及菌類之研究；D.植物病理學之研究；E.植物生理學之研究；F.生物化學之研究；G.分子生物學之研究；H.生態學之研究。

植物所主要的出版物有《植物所年報》及《植物學彙刊》兩種。前者每年發行一次，內容介紹該所一年來之組成人員，研究計畫及所發表之論文；後者則為全國植物學界發表研究成果之刊物，每年發行二次。此外，尚不定期出版《植物所專刊》，針對特殊之研究專題而發行。

5.動物研究所

民國 48 年，成立動物所籌備處，由梁序穆主持。59 年 2 月正式設所，由蘇仲卿出任所長。67 年，由張崑雄繼任。

該所研究工作方針，是以理論動物的研究為基礎，並輔導應用科學的發展，及配合當前發展科學富裕民生的國策。在實施上，以積極「開發動物性蛋白質的來源」及「防治環境污染」為該所長期發展富裕民生的具體目標。該所依實際需要將研究範圍區分為三組，分別是海洋生物組、生理生化組、形態組。各組之七十年度工

作重點為：(1)海洋生物組：臺灣四面環海，動物性蛋白質有一半是仰賴海洋(2)生理生化組(3)形態組

6.生物化學研究所

民國 59 年 2 月成立籌備處，63 年 3 月成立設所諮詢委員會，聘請國內外生化專家為諮詢委員，並推李卓皓為主任委員。該所並於民國 62 年 2 月與臺灣大學生化科學研究所簽「合作研究生化科學合約」，經由中央研究院院長及臺大校長核定。至 66 年 7 月 1 日正式成所，聘羅銅壁為首任所長。69 年 7 月由王光燦接任，所址設在臺大校總區。

初期研究工作集中於蛇毒蛋白質之化學與藥理研究，成所後已擴大範圍；其工作重點，除蛇毒蛋白質外，為荷爾蒙蛋白質、腦咖啡蛋白質及臨床上可供利用酵素之研究。依各研究人員之專長，所內分四個部門：生物分析化學部門、生物物理部門、生物有機化學部門、生物機能部門，但目標集中於大專題蛋白分子之結構及生理活性之相依關係研究。

該所每週定期舉行一次研討會，並不定期邀請國內外科學家舉辦公開學術研討會。有關出版品，主要是每年出版一次的《生化所論文集》（Collected Papers of the Institute of Biological Chemistry, Academia Sinica），內容為所內研究人員一年內在國內外科學雜誌上所發表之研究成果。

7.歷史語言研究所

民國 17 年 10 月，成立於廣州。初設史料、漢語、文籍考訂、民間文藝、漢學、考古、人類學及民物學、敦煌材料研究八組。遷

北平後，因工作集中，將原設各組取消改為三組：第一組——史學及文籍校訂；第二組——語言及民間文藝；第三組——考古學人類學及民物學，並各推陳寅恪、趙元任、李濟為三組主任。23年南京所址落成，所內各單位逐漸遷入，並增設第四組——人類學組。抗戰期間，各項研究工作仍循序進行，35年冬復員還都，且奉令接收偽北平東方文化研究所及偽近代科學圖書館之藏書，該所乃設立北平圖書史料整理處專責整理。37年冬，在傅斯年所長主持下，將人員圖書標本由京遷臺，暫設臨時所址於桃園楊梅，在極端艱苦情況下，研究工作未嘗間斷。39年底，董作賓繼任所長；44年，李濟接任；62年初，屈萬里繼任；67年8月，高去尋繼任。

　　該所之主要工作項目，有：

(1)發展傅斯年圖書館。充實其漢學圖書之典藏，使此世界上有數的漢學圖書館更臻於完備。

(2)甲骨文研究與整理。積極搜集已未著錄之資料，加以釐訂、分類、刪重、補闕，使之成為上古史及文字學之重要參考的正確典籍。

(3)庫藏原始資料之保管及維護，與發展傅斯年圖書館計畫相輔相成。保全圖書完整，用以配合研究之需要。

(4)領導進行「臺灣省濁水大肚兩溪流域自然與文化史科際研究計畫」。

　　該所早年即定工作旨趣在於擴張研究之材料與工具，使歷史學、語言學成為與生物學、地質學同樣之科學。目前研究工作仍分四組進行：

　　第一組　從事史學研究及文籍考訂。

第二組　從事語言學研究（漢藏語言學、中國語言學、南島語言學），並經常與臺大中文研究所、師大英語研究所合作舉辦語言學座談會及特約座談會，互相交換研究成果。

第三組　從事考古學研究。

第四組　從事人類學研究。

所內並有考古館一幢，主要設有陳列室，專供陳列該所掘獲之新石器時代的彩陶、黑陶及商、西周、戰國、漢、唐、宋等時代之文物。

8.民族學研究所

中央研究院成立之初，即注意民族學之研究，於社會科學研究所設民族學組，由院長蔡元培自兼組主任。民國 23 年，民族學組改隸歷史語言研究所。44 年 8 月又另行設所，聘凌純聲為籌備主任。54 年，籌備工作完竣，4 月正式成立研究所，由凌純聲出任所長。59 年，李亦園接任；65 年，文崇一繼任。

成立初期，研究範圍著重於：(1)中國民族文化史；(2)臺灣土著民族社會文化；(3)臺灣漢人社會及民俗；(4)東南亞華人社會；(5)臺灣社會文化變遷及其適應等的研究。58、59 年間，在研究工作上作了重大調整，從對土著民族研究，擴展到對複雜的漢人社會文化的研究；從單一的民族學研究，進而發展行為科學的綜合研究，並積極參與國內現代社會實際問題的探討。

自民國 57 年提出中華民族的涵化及拓殖研究以後，即開始加強了集體研究計畫方面的研究。

該所並揭櫫兩個主要的發展目標：(1)建立我國人類學及行為科學的理論體系；(2)分析實驗社會問題並提出對策。故發展方向，一方面要發展我國特有的社會科學研究途徑與理論，另一方面，希望從研究傳統文化的過程中，建立新的人文精神。

該所出版刊物有三種，《民族學研究所集刊》、《民族學研究專刊》甲種及乙種。

9.近代史研究所

民國44年2月，在院長朱家驊的支持下，成立近代史研究所籌備處，聘郭廷以為主任。所址初設於臺大校區內，旋移臺北市雲和街，同年10月遷至南港。54年4月，正式設所，由郭廷以出任首任所長。60年改聘梁敬錞為所長，62年由王聿均繼任，68年由呂實強繼任。

該所研究範圍以十九世紀以來之中國近代史為主，初期側重於準備及訓練工作，最近十年則以專題研究為主，每一專題以完成一種專書為主，至69年，出版計43種，已完成初稿者計有20餘種。自62年8月起至69年元月底止，該所曾從事下列集體研究計畫：一為「中國近代化的區域研究」（1860-1916），二為「中國現代化的區域研究」（1916-1937），三為「中國現代化的專題研究」（1860-1916）。前二者計畫的研究方式，依地區劃分，以一省或數省為單位，並以沿海沿江的省區為優先，將各省區政治、經濟、社會現代化的進程及其問題，作深入的研究。後一計畫的研究成果，對全國各方面的現代化進展，如工業、都市化、政治參與、社會流動，以及軍事、交通等方面的發展等，作深入的研究。這三個集體

研究計畫，參加者各十人，助理人員五人，研究報告總計六百餘萬字，經審訂後，陸續出版。

自民國 58 年 11 月起，近史所發行論文集刊，以每年出版一次或二次為原則，至 70 年，已出版集刊 10 期共 12 冊，發表論文一百八十篇。在史料編纂方面，已出版海防檔、礦務檔、四國新檔、中法越南交涉檔、中俄、中日、中美關係史料、近代中國對西方列強認識資料彙編、教務教案檔等 17 種，90 冊。此外，自 69 年 6 月繼續進行之編纂工作，計有下列三項：(1)經濟檔案之編目（1901－1949）；(2)朱家驊文書之整理；(3)當代資料之剪輯。

有關經濟檔編目之工作重點在完成經濟檔案之分類編目，依卡片類別及時間順序，將原檔裝入特製函套，附加標籤，以便查閱，此計畫獲得國科會獎助，為期二年，增聘研究助理五人。至 69 年 6 月止，已完成墾殖、漁業、畜牧、林業、蠶業、農田水利、農林部附屬機構等類，共編製卡片三種七千餘張。自 69 年 7 月起，獲得美國學會聯合會（The American Council of Learned Societies）之合作，為期一年，已完成 1927-1937 部份，包括全國經濟委員會、導淮委員會、實業部等單位之檔案。

該所歷年來出版品，計分四類：一為中國近代史資料彙編，共 17 種，二為專刊，三為史料叢刊共 6 種，四為集刊。

10.經濟研究所

民國 51 年 10 月成立籌備處，59 年 2 月正式成所。在籌備期間，由於人才及設備均缺，工作重點放在基本研究人員的培植與訓練，相關文獻之蒐集，研究設備的購置，及展開臺灣經濟結構的分析；正式成立所後，即從事以臺灣經濟發展為主題的研究，以及積

極推展學術活動，同時自民國61年以來，該所每隔一年分別舉辦一次國際性學術會議及全國性學術會議。對於促進國際間學術交流，推動國內經濟研究風氣，不遺餘力。該所近年來之研究範圍包括：

(1)基本經濟理論之探討；

(2)中國經濟演變之研究；

(3)臺灣地區經濟發展之研究；

(4)國際經濟研究。

已完成之研究成果豐碩，論文有：中文部份 44 種，英文部份 34 種；並有大型之研究計畫，已完成部份，有：(1)臺灣對外貿易之發展；(2)清代中國經濟發展中政府之功能與貢獻；(3)中日韓農業發展；(4)臺灣經濟發展研究；(5)中國社會經濟史等五項。其中「臺灣經濟發展研究」計畫，曾邀集國內外經濟專家26位，經兩年餘時間共同研究臺灣光復以來經濟發展之經驗與教訓，可供日後臺灣計畫與決策之參考及其他開發國家之借鏡，共發表論文17篇。

該所定期出版《臺灣經濟預測》及《經濟論文》期刊，另出版中文、英文專刊多種，如現代經濟探討叢書，經濟專題研究叢書等。

11.美國文化研究所

民國58年8月，中研院中美人文社會科學合作委員會主任委員王世杰倡議，於該委員會下籌設「美國研究中心」，63年3月正式成立，由陳奇祿擔任主任。62年5月中美會建議將該研究中心移轄中研院，後經中研院院務會議及評議會通過，63年7月1日正式成立美國文化研究所，聘請陳奇祿擔任所長；66年7月，由朱炎繼任。

為配合全院五年發展計畫，該所今後研究依下列五方面進行：(1)美國文學與思想；(2)美國歷史與中美關係；(3)美國政治與法律；(4)美國民族與社會；(5)美國經濟與民主。研究重點則基礎研究與應用研究並重，由各研究人員就其專長對美國文化的不同方面作基礎的純學術研究，或是針對當前美國或中美關係上的若干實質問題，由該所相關的研究人員集體進行專題研究，以實用為目的。在基礎研究方面，以研究人員經常性之研究為主，已完成論文23種；在實用研究方面，以多人參與之集體專題研究為主，已完成「中美關係年度報告計畫」第一次、第二次報告。另外「美國社會年度報告計畫」、「美國政治年度報告計畫」及「臺灣之貿易與投資」增補修訂計畫諸項都在進行中。

該所定期出版《美國研究》季刊，另有專刊多種，按學科編成系列。

12.三民主義研究所

民國63年4月，中研院決議設置三民主義研究所籌備處，以弘揚三民主義之理念與精神。64年7月，敦聘有關之專家學者13人，組成設所諮詢委員會，由韓忠謨擔任主任委員，並兼代籌備處主任。翌年2月，由經濟研究所研究員陳昭南繼任籌備處主任。該所籌備處自成立以來，即積極展開各項研究工作，幾年來在研究成果的出版、圖書設備的充實、學術活動的推展，以及研究人才的羅致等各方面均具績效。民國70年8月1日正式成立為研究所，由陳昭南擔任首任所長。

關於未來研究發展，該所擬定了四項目標：

(1)積極推動三民主義之學術研究，建立三民主義之學術體系。

(2)透過科際整合及研究的途徑，使三民主義思想融化於政治、經濟、社會等各種社會科學之中。不但求其理論的擴大與充實，而且使其國際學術的研究發展相聯繫。

(3)本諸民有、民治、民享的建國原則，擬設政治、經濟、社會以及歷史與思想四組，分別由民族、民權、民生的角度，研究國家發展的情形，以及推行三民主義的成效。除分析政經等各方面之實際問題外，並進一步提到對策，以供當局參考。

(4)協調各大學三民主義研究所及其他人文社會科學研究所，進行有關三民主義之各項學術研究計畫。

該所出版品分為四類：一為叢刊，計 7 種；二為專刊，計 2 種；三為專題選刊，計 51 種；四為社會科學論文，計 21 種，其中重印所內研究人員在國外學術刊物上發展之論文佔 13 種。總計該所已出版之研究成果，共有 81 種。

13.地球科學研究所籌備處

民國 63 年 7 月的院士會議中，建議成立「環境科學研究所」，嗣經評議會定名為「地球科學研究所」，並以原隸屬於物理研究所地震組之設備及人員為基礎先設籌備處。為集思廣益，特敦聘吳大猷等 14 位有關學者專家組成設所諮詢委員會，由吳大猷任主任委員，蔡義本任籌備處主任。

該處研究人員以從事地球科學基礎性研究為主。為配合經建需要，並經常與有關機關合作或接受委託，進行應用性之專案研究計畫。目前研究工作涉及地震學、工程地震學、重力學、地磁學、古地磁學、大地測量學、同位素地球化學等方面，茲簡述如下：

(1)地震學：主要研究項目有臺灣地區地震活動時空分布之長期性觀測分析；震源機制、地球內部構造、地震預測以及地震與斷層、地熱活動相關性等之研究。

(2)工程地震學：主要研究項目有以強震儀觀測地盤、房屋及工程結構物在強震時之振動情形；重大工程所在地區地震安全性之調查評估；此外並在羅東地區設置一個大型強震儀陣列，以記錄接近地震震央之地動情形，深入分析研究其特性與導因，供工程耐震設計之參考。

(3)重力學：主要研究項目有臺灣地區重力異常之量測解釋；重力變化與地殼變動相關性之觀測研究；地潮之觀測研究。

(4)地磁學：主要研究項目有臺灣地區磁力異常之量測解釋：地磁變化與大氣、海洋及地殼構造相關性之觀測研究。

(5)古地磁學：主要研究項目有量測岩石所含地磁性質以研究地層層序及大地構造演變歷史。

(6)大地測量學：主要研究項目有利用精密電子測距儀、經緯儀、水準儀觀測臺灣地區地殼變動情形。

(7)同位素地球化學：主要研究項目有量測各地天水、泉水、溫泉、岩心之氫、氧、碳等元素穩定同位素之比值，以研究其來源和演變歷史；另外還量測臺灣各地溫泉含氦量變化情形。

該處於從事各項研究計畫之同時，經常邀請國內外專家學者前來作學術演講或舉辦專題研討會。在促進國際學術交流合作方面，目前正分別與美國南加州大學合作進行臺灣地震預測研究計畫及與美國柏克萊加州大學進行大型強震儀陣列研究計畫。

14.資訊科學研究所籌備處

民國 62 年 8 月，中研院召開第一屆國際計算機會議，與會者有中外學者專家三百餘人，發表論文 92 篇，大會建議研究院應籌設計算機科學研究中心。民國 63 年夏院士會議中，經竇祖烈、樊壎等十位院士正式建議設置資訊研究所。至 66 年 7 月正式成立籌備處。

該處進行之研究計畫，以民國 70 年度為例：(1)混合語音通信網路；(2)電腦動畫之數學模式；(3)對美國國家標準局所訂「資料譯碼標準」之研究；(4)散布資料基本系統之設計與建立（第一期）；(5)具有多用者編輯能力的智慧型前端機；(6)延伸細胞狀邏輯裝置在資料庫管理上之功能（第一期）；(7)行政機關建立資訊系統。至於今後從事之研究工作，擬定項目有十：(1)計算機網路；(2)資料庫管理系統；(3)電腦圖學之研究；(4)計算機安全理論與技術；(5)資料庫機；(6)圖書館自動化系統；(7)醫學資訊系統；(8)計算機輔助教學；(9)決策分析計算機推演法、軟體程式可靠性、計算機作業系統等相關領域之研究；(10)高等自動化機器人的研究。

15.統計學研究所籌備處

民國 69 年 7 月院士會議中，由楊忠道等 21 位院士聯名建議設立「統計學研究所」，復經評議會同意，於 70 年 2 月聘請周元燊等 11 位組成統計學研究所設所諮詢委員會，以周元燊為主任委員，並根據委員會建議，聘趙民德為籌備處主任。

　　該處研究範圍，約分三方面進行：數理統計、生物統計、人文社會科學統計。目前之工作，一切都在草創階段，事務及經費，均由總辦事處支援；至於人才之延聘，制度之規劃，以及辦公大樓之興建，正積極推展中。

16.生物醫學科學研究所籌備處

　　民國 69 年 7 月院士會議中，由余南庚等 21 位院士共同提出建議設立「生物醫學科學研究所」。後經評議會討論通過，於 70 年 2 月，聘請余南庚等 11 位院士組成生物醫學科學研究所設所諮詢委員會，聘余南庚為主任委員及籌備處主任。

　　各諮詢委員認為發展醫學，應以解決國內當前最感迫切之問題為中心，更決定分為心臟血管病系、感染病系、癌症系和其他（包括神經科學、脂質代謝等）四大部份，各學門均涵蓋基礎醫學、臨床，及公共衛生三方面之工作。為達成上項目標，決定先於最短時間內，在三所具有規模之國立醫學院及教學醫院合作，分別設立臨床醫學研究中心，各中心彼此相互協助，以期對常見疾病之成因、預防、診斷及治療，作重要之貢獻。

　　為介紹醫學新知及鼓勵年輕優秀對教學、研究有興趣之醫師參加工作，設所諮詢委員會決議舉辦「新知研討會」、「工作研習會」、「專題研究補助」等項，民國 69 年 7 月，曾舉辦一次「生物醫學科學新知研討會」，相當成功。

　　綜上所述，不難發現，中央研究院自遷臺以來，即針對國家當前的需要，並追隨國際學術研究潮流，不斷的在拓展其研究領域，由民國 38 年遷臺的兩個研究所，增加為 16 個研究所。由其陸續增

設的各研究所，與在大陸時期已成立的研究所作一比較，將可清楚
的看出其演變及進步的軌跡。

（二）各大學研究所

　　政府遷臺後，對學術研究之提倡更是不遺餘力，以臺灣一省所
設大學研究所之數目而言，即超過大陸時期三十六省所設之總和。
至民國 70 年 9 月為止，臺灣各公私立大學及獨立院系所設立之研究
所共有 230 單位，茲依人文學科、社會科學、自然科學三方面，表
列[10]各大學所設研究所的情況：

	人文學科	社會科學	自然科學
臺灣大學	※中國文學、※外國語文學、※歷史學、哲學、考古人類學	圖書館學、地理學、※法律學、※政治學、※經濟學、商學、社會學、三民主義	※數學、※物理學、※化學、※地質學、動物學、※植物學、※心理學、生化科學、海洋解剖學、※生化學、生理學、微生物學、※藥理學、公共衛生學、※病理學、藥學、※土木工程學、※機械工程學、※電機工程學、※化學工程學、造船工程學、資訊工程學、環境工程學、※農藝學、農業工程學、※農業化學、※植物病蟲害學、※森林學、※畜牧學、※獸醫學、農業經濟學、※園藝學、農業推廣學、食品科技、△臨床醫學

10　本表採錄自教育部編，《公私立大學獨立學院暨專科學校一覽表》，民國 70
　　年 9 月。

政治大學	中國文學、歷史	※教育、※政治、外交、新聞、財政、公共行政、※企業管理、※地政、※法律、※東亞、統計、會計、邊政、經濟、國貿、三民主義	
清華大學			原子科學、數學、※物理、※化學、※原子核工程、應用數學、應用物理、應用化學、※材料科學、※化學工程、※動力機械工程、分子生物、計算機管理決策、電機工程、幅射生物、高分子、工業工程
交通大學			※電子、※管理科學、※計算機工程、交通運輸、應用數學、電信、光電、控制工程、機械工程
中央大學			數學、統計、※地球物理、物理與天文學、大氣物理、化學工程、土木工程、資訊工程
師範大學	※國文、英語、※歷史	※教育、三民主義、輔導、衛生教育、音樂、美術	地理、數學、生物、體育、物理、化學、工業教育
成功大學			※機械工程、※電機工程、※土木工程、※化學工程、建築、工業管理、※礦冶及材料科學、物理學、水利及海洋工程、航空測量、交通管理科學、工程科學、環境工程、應用數學
中興大學		法律學、都市計畫、公共行政及政策、經濟學	糧食作物、園藝學、森林學、※農業經濟學、※植物病理學、昆蟲學、土壤學、水土

			保持學、植物學、食品科學、畜牧學、應用數學
中山大學		中山學術、企業管理	海洋生物學、材料科學
陽明醫學院			神經科學、微生物及免疫學
海洋學院			漁業、水產製造、海洋、河海工程學
高雄師範學院	國文、教育		
臺灣教育學院		輔導	
東海大學	中國文學、歷史學	※社會學	生物學、建築
輔仁大學	※哲學、中國語文、歷史、語言學、德文、英文	法律學	數學、物理、化學、生物
東吳大學	※中國文學、日本文化	※經濟、※法律學、會計學、社會學	
淡江大學	西洋語文	歐洲、美國	數學、※化學、物理、資訊工程、機械工程、※管理科學、建築、土木工程
逢甲大學		經濟學	保險學、※紡織工程學、自動控制工程、化學工程
私立中國文化大學	※中國文學、※史學、西洋文學、※哲學	※三民主義、※實業計畫、政治學、※經濟學、法律學、藝術、家政、日本、勞工、民族與華僑、大陸問題、中美關係、企業管理、兒童福利	※地學、海洋、應用化學
中原大學			應用物理、化學、機械工程、※化學工程、電子工程
高雄醫學院			※醫學
中國醫藥學院			中國藥學、中國醫學
大同工學院			電機工程、事業經營、機械工程

註：※號者，包括有碩士班及博士班；無記號者僅設碩士班。△號者，僅設博士班。

　　由上表可知，各大學研究所，在數量及研究學科方面，均較前增加甚多。此外，在師資及設備方面，也有顯著的改善。由於教育部深知要提升教育的品質，係以提高大專院校學術研究風氣為其重要的一環。因將如何倡導高等教育學術研究風氣，作為提升教育品質的重點工作。其所採行的措施，約有下列八點：

1. 積極延攬海內外學術人才，充實大學院校師資陣容：除加強辦理「擴大延攬旅外學人回國任教案」、「獎勵私立大專院校改善師資案」、「國立大學院校研究所教師員額及設備經費分配要點」、「補助海外學人回國教學研究」等外，並積極鼓勵大學院校教師從事學術研究，以提升各校研究風氣。

2. 責成駐外文教機構增進與各學術權威人士聯繫工作，相機聘請來臺作短期講學。

3. 鼓勵各大學及學術團體舉辦學術研究會，給予經費上的補助。

4. 鼓勵大學研究所與工商企業機構或政府機構，進行有關的研究計畫，推動建教合作。

5. 協助大專教師著作出版，獎助具有學術價值的專業性期刊、學報出版。

6. 專案補助各大專院校購置研究所需的圖書儀器，並重點協助回國任教學人建立完備之研究室。

7. 資助大學教師出國進修或參加國際學術會議。

8. 提高研究生生活津貼，使專心從事研究工作。

　　教育與學術是無法分的，教育發展的結果，一定會帶動學術的發展。由於上述教育部各項政策的推行，使大專院校的學術研究風氣，大為提高，研究成績，也相當可觀。

二、學術團體

（一）民國 37 年時的情形

　　根據民國 37 年初教育部的一項統計資料所示，大陸淪陷前夕由私人團體組成的學會、學社的數目，已頗為可觀，茲依其性質分文史哲學、社會科學、自然及應用科學三大類表列如次，以窺當時全國學術團體概況。[11]

1. 文史哲學類

名稱	成立時間	主要負責人	名稱	成立時間	主要負責人
中國邊疆文化協進會	28 年 3 月	陳立夫 馬　亮	人文社		蔣維喬
天津市國民文化促進會	35 年 2 月	張志通	完人哲學研究會	36 年 5 月	陳如一
中華學藝社		周昌壽	中國哲學會	25 年 10 月	馮友蘭
孔學會四川分會	30 年 4 月	劉咸榮	中華國學社	29 年 12 月	顧　實
四川文化事業協進會	32 年 3 月	劉明揚	陝西中華國學社	31 年 12 月	馮孝伯
經世學社	33 年 3 月	蕭一山	中華全國文藝作家協會		張道藩
			北平中國文學研究會	35 年 11 月	趙虹飛

---

[11]　《民國三十七年中華年鑑》（下），學術篇，頁 1780-1782。

2. 社會科學類

名稱	成立時間	主要負責人	名稱	成立時間	主要負責人
中山學社	24 年 5 月	梁寒操	中國力行學者	34 年	袁月樓
外交問題研究會	29 年 3 月	張道行 黃正銘	統一中外地名譯文委員會	34 年 2 月	林　超
中國勞動學社	28 年 4 月	吳聞天	北平知行勵學會	35 年 9 月	張建同
西北建設協會	24 年 9 月	陳立夫	中國地政學會	22 年 1 月	蕭　錚
中國邊疆學術研究會	28 年 3 月	張西曼	中國計政學會	26 年 7 月	楊汝梅
中國民族學會	25 年	黃文山 凌純聲	中國統計學社	19 年 1 月	吳大鈞 朱君毅
中國邊疆學會	31 年 3 月	顧頡剛	中華政治經濟學社	22 年 7 月	褚一飛
中國邊疆問題研究會	31 年 11 月	朱元懋	中國政治學會	21 年 9 月	王世杰
中國戰時社會問題研究會	32 年 2 月	羅　偉	中國經濟學社	11 年 2 月	馬寅初
中國地方自治學會	34 年 3 月	李宗黃	中國考政學會	24 年 3 月	周邦道
南洋研究社	34 年 11 月	伍崇溫	中華法學會	17 年 10 月	何元明
新亞細亞學會	34 年	許崇灝	中國行政問題研究會	28 年 1 月	臧啓芳
中國合作學社	24 年 10 月	陳果夫	中華兒童教育社	18 年	馬客談
中國社會學社	19 年 11 月	吳澤霖	中華職業教育社	20 年 11 月	楊衛玉
中國政治建設學會	28 年 3 月	田雨時	中國教育學會	22 年	張伯苓
中華計政學會	28 年 6 月	余威源	中國民生教育學會	25 年	邰爽秋
中國農民經濟研究會	29 年 5 月	劉光華	中國地理教育研究會	11 年 5 月	胡煥庸

中國心理建設學會	31 年 12 月	謝　濤	中國測驗學會	20 年 3 月	艾　偉
中國政治研究會	32 年 8 月	向理潤	中國衛生教育社	24 年	陳果夫
中國勞工問題研究會	35 年 9 月	李鴻儒	今日教育研究會	31 年 2 月	王文新
中國會計學社	35 年 11 月	聞亦有	生活教育社	27 年 12 月	
中國比較法學社	33 年 11 月	盛振為	四川平民教育促進會	28 年 2 月	高顯鑑
青島市會計研究會	35 年 6 月	關雁南	中國心理衛生協會	25 年 4 月	吳南軒
西華經濟研究社	26 年 10 月	楊吉甫	華僑教育研究會	34 年 12 月	
中國人事心理研究社	30 年 12 月	蕭孝嶸	中國教育學術團體聯合會	34 年 8 月	張伯苓
陝西法治學會	35 年 10 月		雲南省教育研究會		徐繼祖
中國社會教育社	11 年	陳禮江			

3. 自然及應用科學類

名稱	成立時間	主要負責人	名稱	成立時間	主要負責人
中國科學工作者協會	36 年 6 月	竺可楨	雲南省科學研究社		陳秉仁
中國科學社	6 年 3 月	任鴻雋	東北科學技術學會	34 年 8 月	王裴忱
中國地質學會	25 年	李四光	中華農學會	19 年	鄒秉文
中國化學會	22 年 8 月	吳承洛	中華林學會	18 年	姚溥法
中國氣象學會	14 年	竺可楨	中華農業學會	34 年 9 月	董時進
中國地理學會	2 年 3 月	胡煥庸	中華土壤學會	35 年 11 月	黃瑞采
中華算學研究會	18 年	余介石	中國稻作學會	33 年 10 月	趙連芳
中國度量衡學會	19 年 11 月	吳承洛	中國工程師學會	22 年	翁文灝
中華自然科學會	28 年 6 月	朱章賡	中國水利工程學會	24 年	沈百先

中國天文學會	19 年	余青松 陳遵媯	中國機械工程學會	25 年	莊前鼎
中國物理學會	21 年	吳有訓	中國化學工程學會	19 年 6 月	張洪沅
新中國數學會	31 年 2 月	姜立夫	中國土木工程學會	25 年 7 月	夏光宇
中國西部科學院	32 年 8 月	盧作孚	黃海化學工業研究社	28 年 6 月	孫學悟
國防科學研究社	33 年 12 月	萬　異	中華化學工業社		吳蘊初
中國營造學社	21 年 4 月	梁思成	中西醫藥研究社	24 年	朱恆璧
中國電機工程師學會	25 年 12 月	張廷奎	中國藥物自給研究社	30 年	陳　璞
中國建築工程師學會	31 年 11 月	董大西	中國藥學會	31 年 10 月	陳　璞
東北光音電波研究社	35 年 1 月	龐金銘	中國護士學會	31 年 11 月	徐藹諸
中華醫學會	20 年 10 月	金寶善	中國預防醫學研究會	29 年	胡定安
中國醫藥教育社	27 年 11 月	陳　郁 曾　義	熱帶病學研究所	18 年	洪式閭

（二）政府遷臺後的發展

　　政府遷臺後，學會組織仍持續發展，有大陸時期已成立，而在臺復會者；更有應新興科學需要與探討新社會所面臨諸問題而組成的各類型學術團體。根據《中華民國 70 年度年鑑》中一項統計資料，茲依其性質分為三大類表列如後，以窺目前國內各類學術團體之梗概。[12]

---

[12] 參見《中華民國年鑑》，七十年度，頁 916-921。

1.文史哲學類

名稱	主要負責人	名稱	主要負責人
中華聖道會	毛松年	中國船山學會	羅　光
中國孔學會	盧宗濂	中華民國比較文學學會	朱立民
中華民國孔孟學會	陳立夫	中華民國人文科學研究會	李偉成
中國文字學會	林　尹	中華民國青溪新文藝學會	尹雪曼
中國語文學會	劉　真	中華民國傳統詩學會	林錫牙
中國詩經研究會	何南史	中華民國歌詞作家學會	李中和
中國歷史學會	黃季陸	中華民國宗教哲學研究會	李玉階
中國哲學會	羅　光	中華文物學會	胡侗清
人生哲學研究會	杭立武	中華民國古典文學研究會	黃永武
中華民國新詩學會	左曙萍	中華民國易經學會	成惕軒

2.社會科學類

名稱	主要負責人	名稱	主要負責人
中國農村經濟學會	李登輝	中國市政學會	阮毅成
國父遺教研究會	任卓宣	中國僑政學會	何　適
國父實業計畫研究學會	張研田	中國考政學會	李學燈
三民主義教學研究會	葉守乾	中華計政學社	程　烈
中國五權憲法學會	任卓宣	中國人口學會	陳振榮
中國憲法學會	鄭彥棻	中國社會學社	文崇一
中國憲政學會	關吉玉	中國社會行政學會	陸京士
中國合作學社	樓桐孫	中國社會調查學會	簡　潔
中國地方自治學會	潘廉方	中國社會教育社	王星舟
中國民族學會	陳奇祿	中國視聽教育學會	許智偉
中國民俗學會	婁子匡	中國工業職業教育學會	唐　智
中國政治學會	連　戰	中華兒童教育社	孫沛德
中國人事行政學會	張金鑑	中國童子軍教育學會	蕭忠國
中國行政學會	張金鑑	中華家政學會	蔡淑昭

中國租稅研究會	吳越潮	中國刑事學會	韓忠謨
經濟研究社	侯庭督	中國圖書館學會	藍乾章
國際經濟研究社	陳 元	中國印刷學會	徐邦武
中國教育學會	朱滙森	中國心理學會	楊國樞
中國訓育學會	程 運	中國統計學社	黃子貞
中國輔導學會	宗亮東	中華民國品質管理學會	施政楷
中國測驗學會	路君約	中華民國產品包裝學會	趙常恕
中國會計學會	朱國璋	中華民國保險學會	吳幼林
中國預算管理學會	林 楨	中國旅業管理學會	趙筱梅
中國交通建設學會	王開節	中華民國特殊教育學會	施金池
中國國際法學會	張彝鼎	中華民國都市計畫學會	蔡勳雄
中華民國兒童美術教育學會	顏水龍	中華民國市場拓展學會	黃俊英
中國地方文獻學會	黃季陸	中國社會保險學會	劉脩如
中國比較法學會	劉茂本	中華民國工商管理學會	范光陵
中華民國海事學會	戴行悌	中國新聞學會	馬星野
中國職位分類學會	馬國琳	中華民國空中教育學會	李 模
中華民國商業職業教育學會	吳仕漢	中華民國法制史學會	戴炎輝
中華民國美術教育學會	袁樞真	中華民國超心理學研究會	汪少倫
中華民國比較教育學會	林清江	中華民國美國研究學會	孫同勛
中華民國系統分析學會	趙榮耀	中華民國農業職業教育學會	廖國驥
中華民國管理科學學會	呂鳳章	中華民國資料處理縮影學會	徐 鼐
中國經濟學會	王作榮	中華民國犯罪防治學會	李興唐
中華民國工藝教育學會	周談輝	中華幼稚教育學會	葉楚生
中華民國日本研究學會	陳水逢	中華民國觀光教育學會	趙筱梅
中華民國衛生教育學會	莊國實	中華民國社區教育學會	許水德
中華民國韓國研究學會	張存武	中華民國多國籍企業研究學會	劉泰英
中華民國工商經濟徵信學會	鄭 艇	中華倫理教育學會	戴炎輝

3.自然及應用科學類

名稱	主要負責人	名稱	主要負責人
中國工程師學會	張明哲	中國植物保護學會	韓又新
中國礦冶工程學會	楊玉幡	中國園藝學會	鄭達文
中國機械工程學會	王士杰	中國農業推廣學會	洪筆鋒
中國造船工程學會	吳大惠	中國農業化學會	林鴻淇
中國化學工程學會	王國琦	中華水土保持學會	葛錦昭
中國土木水利工程學會	陳宗文	中華林學會	徐學訓
中國電機工程學會	錢 戾	中國紡織學會	劉文騰
中國農業工程學會	楊學竦	中華民國建築學會	黃南淵
中國測量工程學會	王澤群	中國工業工程學會	毛高文
中華農學會	黃正華	中國化學會	沈祖馨
中華民國物理學會	王亢沛	中華民國鑄造學會	齊世基
中華民國數學會	顏啓麟	中國材料科學學會	魏傅曾
中國生物學會	吳京一	中國堪輿學會	曾子南
中華民國氣象學會	吳宗堯	中華生物化學會	郭宗德
中國航空太空學會	李永炤	中華民國貝類學會	王天燧
中國地理學會	劉衍淮	中華民國營養學會	謝孟雄
中國地質學會	王執明	中國畜牧學會	鐘 博
中國天文學會	沈君山	中華民國食品科學技術學會	蘇仲卿
中國航海技術研究會	申屠志偉	中華民國核能學會	錢積彭
中華民國航運學會	朱登臬	中華民國獸醫學會	傅祖慧
中國力餘學社	許聞淵	中華民國環境保護學會	王金茂
中華民國意識科學研究會	蔡肇祺	中國藥學會	林明道
中華植物學會	黃增泉	中華民國放射線醫學會	徐劍耀
中華民國物理教育學會	郭重吉	中國生理學會	姜壽德
中華民國力學學會	孫方鐸	中華民國麻醉醫學會	何維柏
中華民國工程環境學會	閻振興	中國精神療養研究會	黃 杰
中華民國金屬熱處理學會	韓顯壽	中華民國眼科醫學會	陳振武

中華民國航空測量及遙感探測學會	廖大牛	中華民國心臟醫學會	丁文農
中華民國建築技術研究發展學會	沈祖海	中華民國神經精神醫學會	陳珠璋
中華民國太陽能學會	張桐生	中華民國婦產科醫學會	徐千田
中華昆蟲學會	貢穀紳	中華民國耳鼻喉科醫學會	杜詩綿
中華民國光學工程學會	蘇青森	中華民國病理學會	林文士人
中華民國地籍測量學會	張維一	中華民國外科醫學會	施純仁
中華民國電子顯微鏡學會	李英雄	中華民國微生物學會	韓韶華
中華醫學會	鄒濟勳	中華民國消化系統醫學會	宋瑞樓

　　茲就民國 37 年及民國 70 年的兩項統計資料作一比較，很清楚的可以看出，由於科學的日新月異，後者的分工越來越細，以醫學方面的學會為例，其放射線醫學會、麻醉醫學會、精神療養研究會，以及眼科、心臟、神經精神、婦產、耳鼻喉科、病理、外科、消化系統等醫學會，皆為 37 年所沒有。其在數量上的增加，更是顯著，茲統計如下：

單位：類

類別	民國 37 年	民國 70 年	增加量
文史哲學	13	20	7
社會科學	53	82	29
自然及應用科學	40	72	32
總計	106	174	68

（三）參加國際學術組織

　　尤其值得注意的，就是對於國際學術組織及會議的積極參加。例如國際科學聯合會總會（International Council of Scientific Unions

簡稱 ICSU），目前共有 20 個科學總會，66 個國家會員，係具有最
高權力及影響力之世界性非政府科學組織，我國向由中央研究院代
表全國學術團體加入該總會為會員，並支持我有關學術團體分別參
加該總會所屬十五個科學總會。其他有關之國際學術團體，中央研
究院亦積極支援參加。茲表列如下，以見梗概：

加入之國際學術團體	由中研院或由該院支持出名申請之本國學術團體
國際科學聯合會總會（ICSU）	中央研究院
國際天文學聯合會（IAU）	中華民國天文學會
國際純粹及應用化學聯合會（IUPAC）	中國化學會
國際無線電科學聯合會（URSI）	該聯合會之中華民國委員會
國際純粹及應用物理學聯合會（IUPAP）	中華民國物理學會
國際生物科學聯合會（IUBS）	該聯合會之中華民國委員會
國際地理學聯合會（IGU）	中國地理學會
國際理論及應用力學聯合會（IUTAM）	中華民國力學學會
國際科學史與科學哲學聯合會邏輯、方法論及科學哲學組（DLMPS/IUHPS）	該聯合會邏輯、方法論及科學哲學組之中華民國委員會
國際數學聯合會（IMU）	中華民國數學會
國際生理學聯合會（IUPS）	中國生理學會
國際生物化學聯合會（IUB）	中國生物化學會
亞太生化聯盟（FAOB）	中國生物化學會
國際純粹及應用生物物理學聯合會（IUPAB）	該聯合會之中華民國委員會
國際營養科學聯合會（IUNS）	中華民國營養學會
國際藥理學聯合會（IUPHAR）	該聯合會之中華民國委員會
國際海洋研究委員會（SCOR）	該委員會之中華民國委員會
國際環境科學委員會（SCOPE）	該委員會之中華民國委員會
國際太陽大地物理學委員會（SCOSTEP）	該委員會之中華民國委員會
太平洋科學協會（PSA）	中央研究院
國際遺傳試驗委員會（COGENE）	該會之中國分會

亞太地區發展研究訓練機構協會（ADIPA）	中央研究院經濟研究所
國際發展協會（SID）	中央研究院經濟研究所
國際制御學會（AIO）	中央研究院
國際光學組織（ICO）	中華民國光學工程學會
海洋法研究所（LSI）	中央研究院
世界氣候研究計畫（VICRP）	中央研究院
國際動物命名委員會（ICZN）	中央研究院

　　出席國際學術會議的次數及人數，亦年有增加，以中央研究院為例，民國 66 年參加國際學術會議 31 次，出席 49 人次；至民國 70 年，則參加國際學術會議 49 次，出席 96 人次。又為促進與國際學術交流，經常邀請國際知名學人來訪，舉行座談及演講會，互相切磋，以吸收新知，提高我國之學術水準與地位。曾多次代表中研院出席國際科學聯合總會大會以維持我國會籍的吳大猷，於民國 72 年 11 月接任中研院院長時，對於中研院過去參加國際學術組職所做要努力，是一項「科學外交」工作，道出其重要性。他說中研院：

> 舉辦了多次國際性科學會議，和一次規模頗大的國際漢學會議。這些會議，除其本身的學術意義外，更重要的，是在我們國家處於國際不利的情勢下，使外國的學術人士對我國在學術上的努力，有較清楚的瞭解。……中研院十年來不斷的協助我國各種科學學會組織，致大力於保持在國際科學組織的會籍，俾我國科學家不致被摒於國際科學交流之外。這項「科學外交」工作，至為沉重。[13]

---

[13] 吳大猷文選③，《教育問題》（臺北，遠流出版公司，1986 年 8 月出版），頁 145-146。

三、研究成就

從以上對研究機關及學術團體的探討中，均顯示自政府遷臺後，在質與量方面的發展，成績相當可觀。至於學術研究之成就如何，茲就人文學科、社會科學，及自然科學三方面加以探討。由於涉及的範圍太廣，無法一一列舉；又因各屬專門知識，實在沒有能力各予以正確之評估，只能用舉例的方式，徵引一些評論性的資料，粗淺的作一描述。

（一）人文學科

1.考古學

臺灣在日據時代，考古工作已有相當的成果。日人金關丈夫與國分直一兩人依據出土的黑陶、彩陶與紅陶等，提出臺灣先民文化中的中國北方文化要素的問題；鹿野忠雄則根據遺物的形制及地理的分布，提出臺灣文化層系列的假設，這些成就至今仍頗具重要性。[14]

政府遷臺以後，田野考古工作主要由中研院史語所、臺大考古系、省市縣文獻委員會、臺灣省立博物館等機關領導，從事於臺灣各地文化遺址的調查與發掘。在民國38年初至45年年底期間，重要的調查與發掘，有：

---

[14] 石璋如，〈考古學〉，李熙謀主編，《中華民國科學誌》續編（一），頁71，中華文化出版事業委員會出版。

(1)圓山貝塚遺址：此遺址早已聞名，原為日人所發現，民國38
年2月初，李濟、石璋如前往該址調查，於指標所指貝塚處，
窺視貝層的堆積，於草叢中撿獲陶片及蚌貝多件。42 年 11
月，展開光復後的第一次發掘，為期兩週，參加工作者為臺
大考古人類學系石璋如、宋文薰、張光直、任先民、林明漢、
劉斌雄等人，發掘地區為圓山北麓，出土陶石器甚多。第二
次發掘在 43 年春，係臺大與臺北市文獻委員會合作發掘，
參加者比上一次發掘時多增加文獻會的蘇得志、王詩琅、李
進發等人。此次工作在圓山北、西北、西南麓共開有十三坑；
北麓及西北麓兩地之堆積：上層為表層土、次層為灰土貝
層、第三層為黃土貝層、第四層為黃土層，其中僅有少許
陶片。西南麓出有五具仰置人骨，陶、石、骨等器物出土
亦甚多。

(2)大馬璘遺址：該址為一臺地，位於南投埔里西北，日人與當
時邑人劉枝萬曾數度發掘，地面分布陶片、石器甚多，並有
石棺遺存。民國 38 年 11 月 10 日至 12 月 2 日，中研院、臺
大與林氏學田從事發掘工作，由李濟主持，參加者有石璋
如、高去尋、陳奇祿、宋文薰、劉斌雄等人；分遺址為三區，
計 A 區四坑、B 區四坑、C 區十二坑，共二十坑。在遺跡方
面，獲殘整石棺五處，灰坑八處，遺物方面，陶質標本三千
餘片，石質標本一千餘件。此為臺灣光復以來第一次有系統
的科學發掘。[15]

---

[15] 石璋如，〈臺灣大馬璘遺址發掘簡報〉，見國立臺灣大學《考古人類學刊》，
第 1 期；及石璋如，〈考古學〉，頁 74-83。

(3)南投濁水溪流域坪林遺址：民國 43 年 1 月 8 日至 10 日，劉枝萬與劉斌雄，沿著濁水溪中流調查，在隘寮埔遺址，採集有打製石斧三件，在田寮園遺址，因該地分布遺物頗多，撿獲了石器三十餘件，多為石打製石斧，餘為邊刃器、圓石器、端刃器等，另有陶片，以紅色為多，亦有少數黑色者，質地粗劣，含大砂粒。同年 3 月 1 日，劉斌雄調查烏溪沿岸時，發現坪林遺址，此址在草屯雙冬附近，火炎山南麓烏溪北岸之臺地上，遺物分布稀疏，採獲石器共 35 件。

(4)牛罵頭遺址：此址為日據時代建築神社時所發現，位於臺中清水鎮。日人國分直一曾前往調查；光復後，劉斌雄於民國 39 年、44 年 2 月間，先後三度至該址調查，得知該地之下層為繩紋紅陶層，上層為黑色陶片層。44 年 6 月，石璋如、宋文薰又往調查，發掘之陶器有從未見過之特殊形制出土。[16]

(5)臺東東海岸遺址：民國 45 年 4 月中旬，石璋如、宋文薰、黃勳臣等，作為期三週之東海岸考古調查；分別調查了掃別、竹湖、白守蓮、石寧埔、泰源及瑞穗巨石文化遺址，均有所獲。同時，並展開兩次發掘；4 月 13 日至 16 日，發掘忠雄村巨石文化遺址，巨石有呈圓形如車輪者，中有一孔或圓或方，有呈杵形者，頭細肩寬兩下端為尖狀。同出土者並有陶片及打製石器，並將巨石若干件運至臺大收藏。21、22 日，至東河鄉發掘石棺一具，其中已無人骨，僅有耳飾及珠等，石棺附近，路溝兩岸分布紅陶片甚多。[17]

---

[16] 劉斌雄，〈臺中清水鎮牛罵頭遺址之調查〉，《臺灣文獻》第 6 卷第 4 期，民國 45 年。

[17] 石璋如，〈考古學〉，頁 81-85。

　　田野調查與發掘工作雖限臺灣，而考古學之研究則不僅限於臺灣一隅；茲分考古報告、史前研究、殷周研究、一般研究等略作介紹；其中有些論著，頗具精創的見解：在考古報告方面，有石璋如的〈關中考古調查報告〉；在史前研究方面，以李濟的〈中國民族之始〉、〈中國史前文化〉，石璋如的〈中國彩陶文化的解剖〉為代表；在殷周研究方面，有董作賓、李濟、張秉權等多種論文；專著以董作賓的《殷虛文字乙篇》上中下三巨冊，最具參考價值；此外一般研究，有陳槃的〈先秦兩漢簡牘考〉、凌純聲的〈銅鼓圖文與楚辭九歌〉及石璋如、梁上椿、李書華等人多篇論文。[18]

2.哲學

　　臺灣哲學界的發展，仍是朝著二主流努力：(1)中國傳統哲學的整理與批評，(2)西洋哲學的介紹與研究。茲略述如後。

　　在研究中國傳統哲學方面，較有貢獻的學者有錢穆、陳大齊、唐君毅、牟宗三、吳康、方東美、謝幼偉等人。錢穆治中國史已有很高造詣，大陸淪陷後，他的注意力集中到中國文化與哲學方面，著有《四書釋義》、《中國思想史》、《宋明理學講述》、《中國歷史精神》、《中國思想通俗講話》及《朱子新學案》等，均為闡釋傳統哲學之書。他是以中國歷史文化的傳統為立足點，一方面闡揚中國傳統哲學的精神，一方面則謀求「開創我們時代的新思想，來完成我們的新使命」。

---

[18]　石璋如，〈考古學〉，頁 86-91。

　　陳大齊初治西洋哲學，後轉而研究印度邏輯和中國哲學，由於具備西洋傳統邏輯的基礎，加上對中國舊學的根基，故談中國哲學時頗能表現有條理和較精細的分析。來臺後，曾發表《印度理則學》、《荀子學說》二書。後者，尤受一般重視，為荀學權威著作；該書主旨「在於就荀子學說，搜求其要義，為之分類排比，整理出一個系統」，並闡述荀子學說的三個基本觀點：一是「天是無可取法的」，二是「人的特色在於有義辨與能群」，三是「人性是惡的」。

　　唐君毅於大陸淪陷後，避居香港，勤於寫作，曾先後發表《心物與人生》、《中國文化之精神價值》、《人文精神之重建》等書。其中《中國文化之精神價值》一書，謝幼偉認為是「討論中國文化的所有著作中之最佳者」，他的思想，是以中國的歷史文化為出發點，並掌握其精神而以哲學的概念表達。基本信念在「依於人當是人，中國人當是中國人，現代世界的中國人亦當是現代世界的中國人」，表現了濃厚的民族主義色彩。

　　牟宗三亦如唐君毅，其思想是以中國歷史文化為出發點，而謀建立其哲學體系。著作有《理性的理想主義》、《荀學大略》、《王陽明致良知教》、《歷史哲學》、《理則學》及《認識心之批判》等書。他曾提出「希臘傳統演變的結果是物本，基督教是神本，而人這一本是空虛」的觀點，對西方文化與哲學作一批判式的檢討。

　　此外，吳康著有《近代西洋哲學要論》、《宋明理學》、《康德哲學》等書，方東美撰《黑格爾哲學論文集》、《中國哲學思想》及《中國人生哲學概要》等，謝幼偉著有《哲學講話》、《黑格爾哲學論文集》、《當代倫理學說》及《中國文化精神》等書。

　　至於西洋哲學的介紹方面，五四以來所倡導的「實驗主義」仍廣泛的流行，學者相信實驗科學可以解決一切問題，又受美國哲學界的影響，在臺灣存在主義曾經風靡一時，尤以沙特型存在主義為然。存在主義的其他派別，尚有如海德格、雅士培、馬賽爾之說，亦受哲學界相當重視。輔仁大學在臺復校成立哲學系以來，新士林哲學也開始有了若干反響，但從整體而論，這派思想過於抽象且偏向以神的觀念為着眼點。[19]

3.歷史學

　　有關史學研究的學術機構，在臺灣主要有三處：(1)國史館，(2)中國國民黨黨史委員會，(3)中央研究院歷史語言研究所及近代史研究所；此三者對於臺灣史學研究的推動最力，三十年來，成就已頗為可觀，茲對前二者略述如下（中央研究院部分已於前段述及，不贅）：

　　(1)國史館係於民國 47 年在臺復館，其重要成就：1.編寫《中華民國史事紀要》初稿，截至民國 70 年，已出版者有民前 18 年至民國 17 年、民國 46 年至 47 年、50 年、60 年、61 年、64 年，共 31 冊。2.整理政府移交該館之已失時效之檔案。3.重印國民政府及總統府公報，以及編印第二次中日戰爭史料，此外並編撰重要人物傳記，已出版者有《李烈鈞先生紀念集》等。

---

[19] 謝幼偉，〈哲學〉，李熙謀主編，《中華民國科學誌》續編（一），頁 1-8；林能士，〈學術研究〉，《中華民國文化發展史》，第二冊，頁 914-916；項退結，《現代中國與形上學》，頁 47，黎明文化事業公司，民國 67 年 4 月。

(2)中國國民黨黨史委員會於民國 38 年隨政府遷來臺灣，由於
準備充份，所藏各種資料均全部運來臺灣，被公認為是收藏
中國現代史資料最豐富、最重要的機構之一。其原在臺中草
屯之史庫，經遷來臺北，與有關蔣中正總統之大溪資料合存
於陽明山，使其所藏更為珍貴重要。迄今該會在史料刊布方
面，已出版《革命文獻》87 集與《中華民國史料叢編》48
種 130 冊等。在研究工作方面，已出版有《國父孫中山年譜》，
《先總統蔣中正大事長編》初稿，以及其他民國時代重要人
物研究，其《革命人物誌》，已出版 20 集，平均每集有 180
人傳記。人物全集或專集，已出版有《國父全集》、胡漢民、
黃克強、陳英士、李石曾、吳稚暉等專集。該會極注重專題
研究，其已出版關於清末革命至抗戰時期各專著，甚受各方
重視。民國 66 年，黨史會為加強社會對現代史之了解，曾
邀請國內專家學者共同撰寫文稿，配以圖片，成《中華民國
史畫》三巨冊，另亦邀請名作家，以生動之筆法，撰寫先烈
先賢傳記，迄今已出版 25 種。在定期刊物方面，自民國 66
年起，辦有《近代中國》學術雜誌一種，漸已成為治民國史
者必讀之刊物。於提倡民國史研究方面，自 58 年起，該會
與國史館成立中華民國史料研究中心，每年舉辦十次民國
史學術研討會，並將研討結果刊印成《中國現代史專題研
究報告》一種，現已出版十輯。民國 50 年國史館與黨史會
為紀念開國五十年，陸續出版《開國五十年文獻》21 巨冊，
為治中國現代史重要之史料叢刊。民國 70 年為紀念建國七
十年，黨史會在國史館、教育部、中央研究院近代史研究
所、政大國際關係研究所等機構合作支持下，並召開中華

民國建國史國際學術討論會，參加中外學者達一百五十餘人，其規模之大，單就中國現代史範圍言，實係空前。

此外，尚有故宮博物院；自遷臺後亦陸續整理清代歷朝檔案史料，先後出版有《舊滿州檔》、《宮中檔》等珍貴史料。臺灣省文獻委員會；對臺灣史料的整理與研究，亦極有貢獻，其所刊印之專著及定期雜誌《臺灣文獻》均為治臺灣史之重要參考資料。

近三十年來，中華民國史學研究之重大成就，另有一項值得注意者，是臺灣史資料之刊布與研究成果之豐碩，其最有貢獻之機構除省文獻委員會外，尚有臺灣銀行經濟研究室，該室除將各種有關臺灣之資料作有系統之整理與刊布外，並出版臺灣經濟史論文集，使臺灣史研究，特別是關於經濟史之研究，成就輝煌，為中外學者所稱道。

近年來，在臺灣之史學研究，無論就史料之整理與出版或專題研究之推展，其成就均較任何時期為進步，並因受歐美史學潮流之影響，其趨向已由僅注重政治史、外交史或軍事史而轉變為注重社會史、經濟史及小區域之研究，在方法上極注重科際整合與集體研究，這些情況均顯示中國史學研究已在過去傳統之基礎上，與西方史學之觀念及方法相融合，進入較科學、較進步的新境界。[20]

（二）社會科學

政府遷臺初期，社會科學中發展最快速亦最有成就者首推民族學。臺灣因土著民族保存之原始文化極多，且交通發達，便於實地

---

[20] 林能士，〈學術研究〉，《中華民國文化發展史》，第二冊，頁 897-902。

工作，入山不深，原始資料即俯拾皆是。因有地利之便，使得民族學在臺灣的發展氣象蓬勃。

　　民族學者從事於臺灣土著民族及其文化的田野考察，足跡及於全島及外島各族。參與機構包括臺大、中研院及臺灣省文獻會等，初期舉行之田野工作有數十次之多，茲略述民國 38 年至 46 年間對臺灣土著九大族之重要田野調查工作及其研究成果：

(1)泰雅族：曾作六次調查，分別在臺中縣仁愛鄉、和平鄉、桃園縣角坂鄉、苗栗縣大安鄉、泰安鄉、宜蘭縣南澳鄉等地的泰雅族居地從事實地考察。作成的研究報告有：陳奇祿、宋文薰的〈泰雅族之陷機〉，陳奇祿的〈泰雅族日常生活〉，何廷瑞的〈泰雅族獵頭衣飾〉等多篇論文。

(2)賽夏族：曾對新竹竹東及五峰鄉、苗栗南莊鄉的賽夏族作三次調查，寫成論文者有：楊希枚的〈賽夏族的個人命名制〉、林衡立的〈賽夏族矮靈祭的歌詞〉等。

(3)布農族：對南投信義鄉及花蓮萬里鄉之布農族曾有五次調查。

(4)曹族：曾對嘉義吳鳳鄉及高雄爾雅鄉之曹族進行調查。研究成果有：衛惠林、林衡立的〈曹族志〉，衛惠林的〈曹族之社會組織與親族制度〉、〈曹族三族群之氏族組織〉、〈阿里山曹族的部落組織與年齡分級〉，林衡立的〈阿里山曹族之財產制度〉、〈阿里山曹族語之間接被動語態〉、〈阿里山曹族獵首風俗的革除〉等論文多篇。

(5)魯凱族：曾對分布在高雄多納鄉、屏東霧臺鄉及臺東縣的魯凱族做調查，寫成論文者有：任先民的〈魯凱族大南社的會所〉、陳奇祿的〈屏東霧臺魯凱族民族學調查簡報〉、〈魯

凱族的家族和婚姻〉及〈霧臺魯凱族的農耕方法和農耕儀式〉
等篇。

(6)排灣族：曾作六次調查，對象包括屏東縣瑪家、泰武、來義、
三地、春日、獅子各鄉的排灣族。研究成果有李亦園的〈來
義鄉排灣族中箕模人的探究〉、〈來義鄉白鷺等村排灣族的
家族構成〉、任先民的〈記排灣族的雕壺〉、林衡立的〈排
灣族之團主制度與貴族階級〉及張耀錡的〈排灣族之生命禮
俗〉等多篇論文。

(7)卑南族：對居住在臺東卑南鄉的卑南族作兩次調查，由衛惠
林、陳奇祿、何廷瑞作成〈臺東卑南鄉南王村民族學調查簡
報〉。

(8)阿美族：對分布在臺東縣及花蓮縣的阿美族作了四次調查。
研究成果有：衛惠林的〈臺灣東部阿美族年齡階級制度初步
研究〉及凌純聲的〈南勢阿美初步調查報告〉。

(9)雅美族：曾兩次調查居住在蘭嶼的雅美族，後一次是較大規
模的調查，為期兩個月。研究成果發表為論文的有：陳奇祿、
任先民、林明漢的〈蘭嶼雅美族人類學資料〉，鮑克蘭的〈蘭
嶼雅美族初步調查紀要〉、〈蘭嶼雅美族的武器〉、〈蘭嶼
雅美族的三個世系的故事〉、〈蘭嶼雅美族的財富誇示禮物
交換與禮食分配〉等多篇，衛惠林、劉斌雄並寫成《蘭嶼雅
美族的社會組織》專書。[21]

民國 58-59 年間，中研院民族學研究所鑑於民族學在理論研究
與實際應用上的探討，均有重大發展，因而在研究工作上亦作了調

---

[21] 凌純聲，〈民族學〉，李熙謀主編，《中華民國科學誌》續編（一），頁 59-70。

整，從對土著民族研究，擴展到對複雜的漢人社會文化的研究；從
單一的民族學研究，進而發展為行為科學的綜合研究。62 年度，
該所為順應研究趨向，分設三組進行研究。茲將各組研究目標說明
如後：

(1)文化研究組：A.研究臺灣各族群社會文化之變遷；B.研究
中國社會文化的結構與發展；C.建立一般社會文化的理論
體系。

(2)行為研究組：以行為科學科際整合方法研究人類文化及其行
為，並着重於現實社會問題的探討。

(3)區域研究組：該所擬擴展東南亞地區的研究。

該所從事之研究，除個人專題研究外，並加強集體研究計畫以
及當前社會實際問題的探討。至民國 69 年止，該所出版之集刊已有
50 期，專刊 34 種。[22]

近幾十年來，經濟學的發展特別迅速，經濟學著作也不斷的修
正。政府在遷臺之初，編譯經濟學書籍方面即有很顯著的成績，茲
略舉其重要者如下：

(1)普通經濟學方面　有臧啟芳編著的《經濟學》，吳克剛譯的
《經濟學概論》(Paul A. Samuelson, *Economics-An Introductory
Analysis*)，張則堯譯的《經濟學三十講》（原著為日人吉田
啟一），羅長闓譯的《新經濟學大綱》（原著為日人高田保
馬），施建生著《經濟學原理》，譯《社會經濟結構－經濟
學導論》（原書 J. R. Hicks, *The Social Framework-An-
Introduction to Economics*)。

---

[22]　《中央研究院概況》，69 年 7 月至 71 年 6 月，頁 181-182。

(2)貨幣銀行學方面　如楊承厚編著的《貨幣學概論》、林葭蕃編著的《銀行學》、何伊仁著的《貨幣銀行之理論與制度》，徐澤予編述的《美國中央銀行論》，楊樹人著的《貨幣銀行學》等。

(3)財政學方面　有李國鋤譯的《財政學》（原書 Ursula Hicks, *Public Finance*），張則堯譯的《經濟思想史》（原著為日人小泉信三）、施建生的《當代經濟思潮》、全漢昇所著《唐宋帝國與運河》及羅長闓編著的《西洋經濟史》。

此外，其他專門著作與譯作亦豐富，如趙蘭坪著《馬克思經濟學說批評》，周德偉著《人文現象的理解》，羅時實著《現代資本主義透視》及《民生主義與現代經濟趨向》，高叔康編《經濟學新詞典》，羅長闓譯《就業、利息與貨幣的一般理論》（原著 J. M. Keynes, *The General Theory of Employment, Interest and Money*），潘志奇譯《凱因斯理論入門》（原書 Alvin H. Hansen, *A Guide to Keynes*）等。

經濟發展之研究具有地域性特質，因此國內以臺灣本土經濟環境的研究亦不少；早期有邢慕寰的 *Capital Formation in Taiwan, 1951-1953.*，張漢裕的《臺灣農民生計之研究》，孟慶恩的《貨幣供給量統計及其分析》及王師復的 *The Correlation of Money and Price in Taiwan, 1953-1955* 等，近年來，中研院經濟研究所以臺灣經濟發展為主，作更深入之專題研究，範圍包括：A.探討臺灣經濟發展之問題；B.臺灣經濟預測；C.都市經濟及交通；D.人口、人力與經濟發展；E.所得分配問題；F.物價變動。該所的最終研究目標在為臺灣經濟建立一發展的模式，配合此目標所進行的集體計畫有：臺灣經濟結構分析，臺灣人口與經濟發展，臺灣所得分配，臺灣人力資

源發展之方向與策略研究，臺灣對外貿易研究，臺灣經濟發展研究及臺灣工業發展的研究等大型研究。[23]

3.心理學

有關心理學方面的研究，可分下列幾方面來敘述：

（1）介紹國外研究趨勢

劉永和譯麥菲（Gardner Murphy）原著近代心理學史的第三卷，譯名為《現代心理學體系》（41 年 9 月出版），書內容分行為主義、新聯想觀念、格式塔（Gestalt）心理學、疆域論、佛洛依德，對佛洛依德的反響等章。樊際昌在譯甘德立爾（Hadley Candril）之文中並介紹洛薩克（H. Rorschach）的墨跡測驗和麥雷（H. A. Muray）的統覺主題測驗；此兩種測驗為心理診斷的工具。《二十世紀之科學》一書中陳雪屏所撰之〈心理學〉一文，分述各國心理學研究的重心和特點，並綜合論述二十世紀心理學的研究範圍：從求同到求異，分析意識和觀察行為的並重，重視行為的生理基礎，由發生和比較的觀點考察成人的行為，和重視行為的動力等項。

（2）整理我國古代學說

陳大齊所著《孟子性善說與荀子性惡說的比較》一書，其結論謂孟子說人的本性趨於向善，但未嘗不可放失，故主張矯情化性。此種研究啟示後學從整理國故中獲取心理學的資料。

---

[23] 施建生，〈經濟學〉，李熙謀主編，《中華民國科學誌》續編（一），頁 123-132。

（3）心理學通論

倪亮所著《心理學大綱》（43 年出版），為七萬字左右的小冊子，其中對心理學作簡要通盤之介紹。蘇薌雨的《心理學原理》（43年出版），是以公允之態度介紹各家最新的研究與正確的理論，對於心理反應的生理基礎和神經系統各部門，尤有詳細的敘述，是一優良的大學心理學教科書。

（4）智能測驗的試用

關於普通智慧測驗已大規模試用的有艾險舟修訂的《非語文的團體智慧測驗一二兩類》，艾險舟與李亞白合編的《人員分類測驗》。其後又有侯璠的《非文字智慧測驗》、黃堅厚與石堯動訂正的《乙種非文字智慧量表》、韓幼賢、熊惠英等多人先後採用《古－安非文字智慧測驗》（*Kulman-Anderson Non Verbal Intelligence Test*）。

綜觀以上各種研究，有兩個共同趨向，第一個趨向是在測驗智慧、性向、能力。所用的測驗題材，多半儘量避免文字訓練影響，而欲測出人類真正基本能力的差異。第二個趨向為大家或多或少對於心理因素分析感到興趣，希望根據長期的實驗，累積的資料能對人類智慧定義、內容和人類心能的組織得一徹底的解答。關於特殊能力的測驗，有蘇薌雨、張肖松、鄭發育、宗亮東等在臺肥第五廠所作的工友心理測驗，另有程法泌在空軍方面、路君約在海軍方面、徐正穩在陸軍方面、顧吉衛、曹沾德在國防方面，配合需要作了很多普智和性向測驗，希望一方面能對於心理原理得有證驗，一方面對於實際問題的解答能有所貢獻。

（5）投射測驗的應用

一般研究心理學的人士或是受了唯智的影響偏重智慧的探討，或是受了行為主義派的啟示而對於動作、能力的反應測驗感到很大興趣。此兩種研究趨勢，加以統計方法的進步，使得心理測驗幾乎瀰漫心理學領域。而心理測驗又揉和複雜的心理學理論：比如重視內心感情生活、幼年心理、本能、知覺整體、學習領悟及動力說等等，隨之又發生了新動向；測驗的題材舉凡被試的預期、慾望、興趣、煩悶、焦慮、幻想、抱負等深沉複雜內心生活，都被併合作整體的診斷，所用測驗稱為投射測驗。在臺灣最早有臺大考古系、心理系及附屬醫院精神病科幾位教授將洛薩克墨跡測驗，對城市居民和高山族分別試用，以比較因文化背景不同而產生的心理反應的情形。

（6）測驗的綜合應用

行政院國軍退除役官兵就業輔導委員會，於民國 45 年曾約請臺大心理系對於退役士兵作心理智能檢定，以對士兵轉業作精確客觀的考慮。此項工作所用測驗有乙種非文字智慧量表、美國明尼蘇達大學所用「空間關係測驗」（Minnesota-Spatial Relation Board Test）、有班氏「視－動完形測驗」（Bender, Visual-Motor Gestalt Test）。此工作對於社會是一項重大服務，對於心理學的學理探討，能得實地試驗，於研究上獲益尤多。[24]

---

[24] 倪亮，〈心理學〉，李熙謀主編，《中華民國科學誌》續編（一），頁 29-41。

4.社會學

　　社會學介紹到中國相當晚，在諸多學科中算是新興的一門社會科學。抗日戰爭勝利，各大學復員，社會學正值發展之際，而大陸淪陷。

　　政府來臺初期，社會學者人數不多，以致發展上相當困難；基礎雖稍薄弱，却是朝著穩健發展的方向努力。在研究成果上，分為五方面略述之：(1)普通社會學：有龍冠海的《社會學講話》與《社會學概要》。(2)人口：主要有陳正祥與段紀憲合著《臺灣之人口》、龍冠海編《中國人口》、巴克來著《臺灣人口研究報告》（1954年美國出版，次年由中國農復會譯成中文）。(3)農村與都市社會學：有朱辛流的《農村社會學》、張金鑑等著《各國市政》。(4)勞工：有張天開的《勞資關係概論》、陳國鈞的《勞工立法》。(5)社會行政：有朱辛流的《社會行政概論》、包華國編的《中國社會政策》、張鏡予的《社會安全制度》。

　　有關社會調查與研究方面：

(1)臺灣農村社會經濟調查　係由美國農村調查專家雷柏爾氏領導中國農村復興聯合委員會調查人員，實地調查臺灣 16 個鄉鎮農村的社會經濟狀況所作之描述。以選樣的方式，共調查了 1,176 戶農家，所得結果寫成〈臺灣目前之農村問題與其將來之展望〉報告（42 年出版，有中英文二版）。

(2)都市社會經濟調查　此項調查係臺灣大學與美國國外業務總署駐華共同安全分署合作，由雷柏爾指導，臺大教授全漢昇與陳紹馨協助，在臺灣各地區、城鎮，以分層選樣法，擇出若干例子從事實地調查。調查結果，編寫成《臺灣之都市與工業》（43 年出版，有中英文二版）。

(3)漁村考察報告　有謝徵孚所寫〈漁村歸來〉之報告，作者曾深入臺灣十五個漁村作了 87 戶漁家訪問，又實地調查九個魚市場和十六個漁會，對於漁民生活狀況報導相當詳盡，並提出幾項改善漁村生活的具體意見。

(4)日本社會保險考察報告　係由謝徵孚、史尚寬、俞慈民、梁佑增等於民國 41 年同赴日本調查後所提之報告書，內容為考察戰後之日本安全制度及其實際業務情形。

(5)山地社會之調查研究　有《蘭嶼雅美族》（45 年出版），該書為陳國鈞至蘭嶼島從事調查十餘天而寫成之報告，內容包括歷史沿革、地理環境、人口現象、社會組織、經濟狀態、文化教育、風俗習慣、日常生活等。

據資料顯示，至民國 67 年，社會學界所進行的研究工作，重點在於三方面：(1)青少年調適問題之研究；(2)電視對兒童的影響之研究；(3)達成社會建設的途徑之研究。[25]至於臺灣社會學發展方向問題，社會學家曾不斷提出檢討，龍冠海即具體指出發展方向應為：

(1)注意社會學理論的體系之建立。

(2)注重中國社會文化現象和實際社會問題的研究，包括 A.社會思想；B.社會制度；C.社會變遷；D.文學與美術的社會學研究；E.文化社會學的研究；F.社會心理；G.社區研究；H.社會問題。

(3)注意社會研究法的改進。

(4)與有關學科合作。

---

[25] 楊懋春，〈兩年來中國社會學社的活動〉，《中國社會學刊》，第 4 期，頁 176-177。

(5)促進社會學書籍的編譯。

目前中國的社會學正朝著上述方向努力，向建立中國的科學社會學的目標邁進。[26]

（三）自然科學

1.地理學

地理學範圍廣泛，若要獨立其學術領域，則必得捨棄其他相關學科的地理資料，比如地質學、氣象學、農林水利、經濟……等方面的研究。今以地形學、氣候學、區域地理學、通論地理學四項目的研究成果，來介紹臺灣地理學發展梗概。

（1）地形學方面

丁驌所著《中國地形》一書，係討論中國地形方面的經典著作，作者經十年搜集資料和實地考察，於撤退到香港後寫成，民國 43 年出版。（書近三百頁，附地圖、切面圖、立體地形剖面圖和實地地形素描等七十四幅）該書有兩大論調：

A. 主張在一定空間之中，各種地形是互相關連的。這種關連在空間方面互相影響，在時間上互相作用，使地形的發育能得到進展。

---

26 龍冠海，〈社會學〉，李熙謀主編，《中華民國科學誌》續編（一），頁 43-58；林能士，〈學術研究〉，《中華民國文化發展史》，第二冊，頁 921-930。

B. 地形循環並非一成不變；相反地所謂循環者，不過是平面上看螺旋的進展而已。

丁氏並著〈論動態觀點〉一文，指出研究某一區域的地形必須考慮到其空間關係，如果忽略了空間關係，就不能夠了解某一區域的地形發育。這種地形學的新觀念導引後來從事地形學研究者走入正確的方向。

沙學浚於民國45年發表〈西北高原黃土的分布和景觀〉一文，是研究中國西北黃土地形之權威著作，文中見解頗具特色者三：

A. 提出尚書禹貢篇中所載的「壤」字，是黃土專有的形容詞。

B. 黃土埋沒原有的地形很深，平原地方尤甚於山地；平地黃土堆積的厚度各地不一，往往表面有很大的起伏與原有的地形不相符合。

C. 黃土區域內可分為大地形與小地形兩類：大地形由堆積作用而成，小地形則由雨水及河流侵蝕而成。

（2）氣候學方面

《臺灣氣候誌》一書，成於民國43年，為臺灣省氣候學方面巨著，作者蔣丙然根據《誌書》的體例編述，內容包括臺灣之地理環境、氣候區域與氣候分類，每月氣候之分析、氣候與森林之分布、高山氣候、氣候要素之週期、氣候因子週年演變之循環、臺灣各河流域雨量流量及供給灌溉水量、臺灣氣候與臺灣昆蟲生活史及其分布。

王益厓著〈臺灣之氣候區〉一文，將臺灣氣候區分為北部、南部、中部、高山四大氣候區。每區之下又分為主型和各種變型。該文以兩論點見長：A.氣候區界的確定；例如以大安溪與立霧溪作為

北臺灣與中臺灣的氣候分界線，因為這條分界線是東北季風雨向南分布所及最大之範圍；B.臺灣氣候與大陸氣候的聯合比較，文中指出長江流域的華中氣候是大陸性的中國型，北部臺灣的氣候是海洋性的中國型。

薛繼壎於民國42年發表〈應用氣候學綱要〉一文。文中對於氣候資料與其應用對象之分析，資料之處理，均有扼要的解釋，對應用氣候學在我國的發展，頗有貢獻。

（3）區域地理學

孫宕越於民國40年前後發表介紹法英美等國地理學術之文甚多，分期刊載於《新思潮》月刊。並在《學術季刊》第1卷1期上發表〈海南島〉一文，為中國區域地理學方面之佳作。

民國44年，張其昀主編之《新方志學舉隅》出版，是中國區域地理學研究方面之示範工作，全書分十一章，計有地質、氣候、地形（上、下）、相對地勢、土壤、土地利用、產業與資源、聚落、區域地理及歷史地理，該書並有三大特點：A.各章均為地理學者根據實際調查之資料、與普通之方志不同。B.特重地點之表現，與舊志體例不同。凡耕地、森林、荒地、道路、房屋之分布，填繪於圖，加一解釋，並具建議。C.相對地勢一章，在中國地理區域研究方面為一創舉。

此外，沙學浚於民國45年發表〈四川盆地之典型景觀〉一文，是一篇綜合實地觀察而加以解釋的描述，內容真切而富趣味。鄭資約在大陸時所著《南洋諸島地理誌略》（36年出版），曾為我國政府向菲律賓抗議侵佔我國南沙群島主權之有力資料。來臺後鄭氏又撰〈宜蘭縣自然環境與農業〉一文，是小區域研究之代表著作。

（4）通論地理學

鄒豹君於民國 45 年著成《地學通論》一書，文長三十萬言，附圖甚多，是地理學方面較為完善的一本大學教科書。該書共分三編：上篇專述地理學觀念，中下兩篇分述自然地理學與人文地理學。[27]

2. 數學

清末西方自然科學傳入，相繼蓬勃發展。至民國初年，數學方面的發展較其他科學緩慢，主要是由於數學的理論性與過於抽象，實用價值偏低，以致受到民間與政府普遍的忽視。直至民國 36 年，中研院數學研究所正式成立於南京，全國性的數學研究中心始告建立。

政府遷臺後，臺灣大學、清華大學、師範大學及淡江學院等先後設立數學研究所，中研院數學所亦在臺復所，各研究單位在數學領域上繼續邁進。

民國 54 年，由臺灣大學主辦，清華大學及中央研究院合辦的「數學研究中心」成立，以延攬人才，促進學術交流，推展數學研究及培育數學人才為急務，其第一期計畫是促進數理邏輯、數學分析、代數學、微分幾何及應用數學之研究及教學。第二期的目標是純粹與應用數學並重，應用數學的專題是研究非線性偏微分方程、多量體問題、最小曲面等項與工程技術有關之專題及機率學、統計學、計算機數學等等。[28]近些年來，純粹數學的研究仍以數學邏輯、微分幾何、李氏群論、偏微分方程、奇異積分及拓樸學為主。應用數

---

[27] 鄒豹君，〈地理學〉，李熙謀主編，《中華民國科學誌》續編（一），頁 207-234。
[28] 《中華民國第三次教育年鑑》，頁 937-938。

學的進展則相當大，清華大學於民國 61 年將數學研究所內的應用數學組改為應用數學研究所，目的在對工商業、交通、軍事與社會上之其他實際問題，提供數學上的分析與解答，以有助於國家之經濟與國防建設。中研院數學所下也設立統計數學組與電算機數理組，研究多變因子分析電腦之建立、無參數統計推論及實際應用及計算機系統軟品、大系統疏矩陣之軟品、統計預測方法分析實例、多重決策理論等。[29]

　　國科會每年支助研究計畫多項，對推動臺灣學術發展有莫大之助益，以民國 69 年度為例，其支助數學之研究計畫即有三十項，茲摘述較重要之研究成果，以略窺臺灣數學界集體研究的動向：

（1）純粹數學方面

　　A.對合代數之研究：由數學研究中心李白飛主持，針對具第二類對合之單純環中，與斜對稱元素作李氏運算不變之加法群，詳加研究而得以分三類，此結果可應用以解決有限維單純代數中投射元之直線性組合之問題。B.複變流型上的函數理論：由數學研究中心呂輝雄主持，由黎曼曲面之曲率性質探討複變流型之函數理論。C.關於擬凸流型的研究：由數學研究中心賴東昇主持，研究發現擬凸流型的協同調群在同樣的假定下也等於有限維群，初步結果與日人中野教授連名發表在 Math. Japonica, Vol.24, No.6（1980）。D.李群上指數函數之引數：由數學研究中心賴恆隆主持，利用實係數單純李氏代數構造之部份特性，得到頗有意義的結果，即單純連結李氏群其指數函數之引數為有限的必要條件。

---

[29] 《中華民國年鑑》，65 年度，頁 635。

（2）應用數學方面

A.實驗設計中直交表之應用：由數學研究中心姚景星主持，本計畫涉及 2^n、3^n 型直交表，以通信調查國內最大二百家民營企業及五十三家公營企業實驗計畫實施情形，並作整理解說以供工商界參考。B.數值漸近法在流體力學的應用：由數學研究中心施思明主持，利用數值漸近法做關於粘性不可壓縮流體表面波之數值計算。C.基於間距非參數型方法的理論研究及應用：由數學研究中心黃文濤主持，以密度函數的估計量著手，作非參數型問題研究。[30]

3.物理學

物理學為所有工程科學的基礎學問。民國初年新文化運動，以科學救國為口號，各大學為適應時代的需要，大事充實理學院，中國物理學之發展即肇始於此時。[31]以科學發展的歷史而言，物理學實應先他學而成立，但在中國則適得其反。其原因有二：一因此類科學需要複雜的實驗設備，而我們的學校及研究機關多苦於設備的不充足；二因物理學的題材是世界共通的，故我們樂於利用他人已有的成就，而不發生迫切研求的需要。[32]民國初期，各大學設有的物理系，設備甚為簡陋，課程亦欠完備。中國第一個物理研究機構，為民國 17 年成立於上海的中央研究院物理研究所，當時研究範疇，

---

[30] 《行政院國家科學委員會年報》，69 年度，頁 12-13。

[31] 林能士，〈學術研究〉，《中華民國文化發展史》，第二冊，頁 967。

[32] 任鴻雋，〈五十年來的科學〉，潘公展主編，《五十年來的中國》，頁 195，重慶，勝利出版社，民國 34 年 5 月。

側重電磁學、X 光學和地球物理三方面,所內並兼設儀器製造廠,以供應國內各學校的需要。[33]

　　政府遷臺以後,中研院物理所於民國 51 年在南港復所,由吳大猷任所長,下分原子核物理組、固態物理組、地震研究組;使用的儀器有液態氮氦製造機、微波光譜儀、電子自旋共振光譜儀、紅外線分析儀及中子產生器等,將物理學研究領入一個新的境界。清華大學的物理研究所於 55 年設立,注重高級物理研究人才的培養,而且對原子科學有特殊的研究,是近代中國原子科學家的搖籃。在清華的實驗室有加速器、低溫物理、中子物理等實驗室,並備有各式新型儀器。[34]

　　民國 65 年,國科會除支援物理學一般研究外,對固態及應用物理等加強支援。在固態物理方面,研究雷射光散射,半導體物理性質,及鐵淦氧化之物梅氏效應等。在應用物理方面,研究晶體振盪儀之電路設計及製造真空光學鍍面及以離子布植法製造金屬氧化物半導體場效電晶體等。[35]近年來,國科會更普遍的支助科學研究,以 68 年度為例,該會支助之研究計畫有 39 項。茲擇要敘述如下:

(1)理論物理方面

　　對高能物理與量子場論的研究,有左右宇稱(Chiral symmetry)對魅量子數的推廣,以群論 SU(4) × SU(4)探討純量魅介子;對統計力學的研究,有對於任意空間維度及各方向交互作用範圍不同之

---

[33] 任鴻雋,〈五十年來的科學〉,頁 195-196。

[34] 林能士,〈學術研究〉,《中華民國文化發展史》,第二冊,頁 968-969。

[35] 《行政院國家科學委員會概況》,民國 65 年 7 月,頁 9。

艾辛模型求出其臨界溫度、磁化率指數及臨界熵；對原子分子物理的研究，研究重離子在離子體局限中的反應，計算質子－矽及質子－鍺對電子捕獲的截面積，討論比度定律（scaling law）等。

（2）原子核物理方面

對原子核反應之實驗研究，利用低能量阿伐粒子（Eα=1-2MeV）之拉塞福反向散射研究金屬薄膜的物理性質及其在熱處理時之擴散與反應，其結果對半導體元件之設計製造提供重要參考資料；在理論研究上，以原子核殼層模型研究 N=50、51 及 52 等同中子異荷素之低位能譜，計算電磁躍遷率，以了解此等原子核之結構等等。

（3）固態物理及應用物理方面

A.在離化晶體內正電子消滅之研究；B.矽與鍺中似氫雜質；C.太陽電池之研究；D.光敏探測器之製造；E.積體光學；F.非連續性薄膜濾透現象之研究；G.四氮大環與銅所成錯鹽之晶體結構。

4.化學

政府遷臺初期，化學研究工作發展的概況，可分四方面敘述：

理論化學及無機化學方面，潘貫利用 E・M・F・的測定，研究多价電解質的熱力學性質；又與同事另利用電位滴定及極曲線測定，研究若干化學物質的理論化學性質，如水解常數的測定及錯離子的形成等。林渭川利用高頻率電振動使苯蒸氣產生發射光譜而加以分析。此外，張苕旭在研究 8-羥基喹啉（8-hydroxy Quinoline）和各種可變价的金屬離子所形成的錯離子亦頗有成果。

　　分析化學方面：陳茂英研究出一種方法，使許多性質極為相似的離子完成分離手續；蘇仲卿及何芳陔二人利用 anthrone 反應作五碳醣和糠醛（furfural）的微量測定。

　　有機化學方面：林耀堂致力於臺灣扁柏精油、紅檜心材的抽出物及梢楠抽出物的研究；葉炳遠研究共軛不飽和酮添加反應所生的產物，並且試圖把這些產物轉變成其他衍生物；陳發清則從事於鹵代花黃素的合成研究，製成許多花黃素及花色素醇的各種化物的鹵代產物；張儀尊在研究琥珀酸酯的二鈉衍生物和鹵化物的作用上亦頗有成果。

　　生物化學方面：陳尚球研究人體中均衡的維生素含量，劉盛烈研究人類髮脂，何芳陔等研究各種不同情況對於覃類結實的影響。[36]

　　民國 55 年，由臺大化學研究所主辦，中研院化學研究所及清大化學研究所合辦之「化學研究中心」成立，第一期研究期限是 57 年至 61 年。主要研究項目是從物理化學、有機化學、生物化學、放射化學、分析化學、無機化學等部門中選出 38 個題目加以研究。第二期的項目與第一期相同，只是添加藥物化學一項，期限仍為五年。歷年來發表論文已有數百篇之多。[37]

　　目前國內化學研究，是兼顧理論化學與應用化學，以中研院化學所為例，其研究工作涵蓋：有機化學、物理化學、食品化學以及海洋化學四項。

[36] 張儀尊，〈化學〉，李熙謀主編，《中華民國科學誌》續編（一），頁 147-154。
[37] 《行政院國家科學委員會概況》，民國 68 年元月，頁 52-53。

（1）有機化學

A.合成三萜環及其應用於全合成相關化合物之研究；B.苄基麻黃鹼鹽酸鹽之合成；C.取代之 3-碸環戊烯在合成上之應用；D.擔體碳化二亞胺之研究；E.有機高分子上鐵錯合物之製備。

（2）物理化學

A.異相觸媒反應；B.固相表面之光譜特性研究；C.均相觸媒反應；D.環磷醯胺衍生物的構造分析；E.1,3-雙氰丙烷與四氯化鈦的構造分析。

（3）食品化學

A.澱粉中直鏈澱粉分子結構之研究；B.組成澱粉及交鏈澱粉粉絲之製備及其品質之研究；C.仙草膠凝膠機構之探討；D.數種天然澱粉各項理化性質之探討。

（4）海洋化學（包括環境分析化學）

A.臺灣海域化學與生物相互關係之研究；B.粒狀性物質之生物地球化學反應；C.貝類偵測計畫，沿海化學物質改變；D.臺灣南北部核能電廠及興達火力發電廠運轉後對該等海域生態環境之影響進行評估。[38]

5.生物學

茲分植物學與動物學略述如下：

---

[38] 《中央研究院各研究所工作報告》，民國 69 年 7 月至 70 年 5 月。

（1）植物學

我國植物科學的興起，是在民國 10 年以後的事，先進國家當時已偏重生理生態的實驗研究，而我國則停滯在十六世紀起步的階段，一切都要從頭做起。由於幅員遼闊，物種繁多，各地植物的採集、定名、與分類等工作，較易引起多數植物學家的興趣，所以研究植物分類的學者特多，而從事生理、生態等實驗研究的人較少。[39]而臺灣的植物調查由於日據時代的努力，對標本的收集已相當豐富。植物誌方面，有早田文藏所著《臺灣植物圖譜》10 卷及山本由松所著的續篇 5 卷，奠定研究臺灣植物良好的科學基礎。

政府遷臺初期的植物學家，在形態學方面有沈毓鳳、樊恭矩等；解剖學方面有吳志英；生理學方面有駱君驌、李亮恭、易希道及吳嘉熹等；生態學方面有李順卿；遺傳學方面有李先聞、于景讓、趙傳纓；分類學方面有李惠林、劉棠瑞、耿煊、侯定；普通植物學方面有謝循貫及楊寶瑜等。

臺灣大學早期的研究方向偏重於分類方面，由李惠林領導，尤其注重各科植物的地理分布，研究論文有臺灣南部之植物、山茶科植物、臺灣之海藻……等。其後又由李順卿領導，研究方面兼及植物生態及形態等方面，研究論文有臺灣菇婆芋之研究，食用蕉的小孢子發育過程，天竺屬之類緣與木材解剖等。均發表於〈臺灣大學植物學系研究報告〉。

在師範大學方面，由李亮恭領導，研究方向偏重於植物生理方面，研究論文有香蕉果實背地性的研究，光對於晚香玉香油合成之

---

[39] 李亮恭，〈植物學〉，李熙謀主編，《中華民國科學誌》續編（一），頁 168。

影響，抗生素對於綠藻繁殖的影響，光線對於地下莖生長之影響等。[40]

　　近些年來，植物學的研究發展，在農作物的改良上極具成效，中央研究院植物所、臺灣省農業試驗所居其首功；臺灣大學植物研究所的研究重點在對稻米的育種及品種改良；臺灣糖業研究所對土壤及甘蔗有特殊研究。其他如大豆抗病及早熟、小麥之育種、玉米蛋白質品質改良、愛文芒果及無子西瓜、溫室香瓜的培植、柑桔慢性衰弱症、稻熱病菌、甘蔗葉枯病的防治都是新的研究成果，對農業有實際上的重大幫助，並且引起外國派專人來臺學習。[41]

（2）動物學

　　我國對於動物學的研究，在民國成立後才陸續開始，17 年至 26 年間迅速發展；大陸淪陷後，動物學者來臺頗多，茲分類列舉臺灣動物學界初期的研究成果於後（民國 38 年-45 年）：

　　A. 動物形態學：余錦泉研究肌肉解剖及動脈等；巫啟華在人體神經解剖貢獻頗多；梁序穆對於組織學，陶心治對於昆蟲形態研究頗有心得。

　　B. 遺傳學：徐道覺研究人體細胞及遺傳，張正欣研究放射遺傳。

　　C. 生理學：柳安昌研究平滑肌、內臟肌，方懷時研究飛行心理，彭明聰研究蛇毒的生理作用，高逢田研究呼吸心理。

　　D. 生態學：繆端生研究昆蟲生態，劉發煊研究底棲、海洋魚類之漁場，唐允安對於湖沼，朱祖佑對於海洋氣象，皆頗有研究。

---

[40] 李亮恭，〈植物學〉，頁 171。
[41] 《中華民國科技研究摘要》，民國 67 年。

此外，在鳥學方面，有蘇君瑩鳥的早期胚胎之研究，陳兼善且將臺灣產的鳥類 404 種做成檢索表；在爬蟲類學方面，王慶讓與王友燮發表臺灣省爬蟲類誌；在魚類學方面，陳同白研究淡水魚之養殖，袁柏偉研究魚類生活史，繆端生主持吳郭魚研究的集體計畫，陳兼善發表臺灣魚類誌及臺灣魚類中英日名對照表等。

近年來，臺灣省傳染病研究所陳錦生、鍾水麟及林義男研究糠蚊，臺灣省水產試驗所東港分所卞伯仲、廖一久對烏魚人工繁殖，李正森、梁順榮及廖一久對蝦類育種及虱目魚魚苗都有特殊研究。其他如中央研究院動物研究所李文蓉、周延鑫及林飛棧對臺灣主要害蟲的防治，國防醫學院生物形態研究所毛壽先、陳本源對臺灣海蛇，臺灣省水產試驗所劉嘉剛、劉富光、蔡碧心、丁雲源對蝦、牡蠣、鰻魚的養殖皆有專門而深入的研究，這些都是利用原來本地的水產加以研究或改良，對臺灣的漁民及養殖業皆有直接的幫助。[42]

四、結語

在中央政府遷臺初期，喘息甫定，百事待舉，最重要的是先求社會的安定，次謀輕工業的開展。當時財政十分拮据，未遑顧及教育與學術之發展。政府在經過內憂外患的歲月後，勵精圖治，終於逐漸站穩了腳步。民國 48 年成立長科會，56 年 8 月，長科會改為國科會；又於 56 年春，在國家安全會議下成立科學發展指導委員會（簡稱科導會），這是蔣中正總統決心發展科學的具體表現，政府

---

[42]　《中華民國科技研究摘要》，民國 66 年；林能士，〈學術研究〉，《中華民國文化發展史》，第二冊，，頁 992-999。

從此開始致大力於科學發展，教育、學術界人士同感振奮！對整個社會以及經濟的進展，影響甚大。接著由於電子工業迅速進展，經濟猛速成長，大幅提高了教育、學術方面的預算。在安定的環境中，自然有利於學術的發展，所以成績斐然。

（原載：教育部主編，《中華民國建國史》，第五篇，戡亂與復國（四），第七章，第三節，學術研究之成就，頁 1711-1765，民國 80 年 4 月，臺北，國立編譯館出版。民國 97 年 10 月修訂）

國家圖書館出版品預行編目

民國教育學術史論集 / 陶英惠著.-- 一版.
-- 臺北市：秀威資訊科技, 2008.12
　　面 ；　　公分. -- (史地傳記類；PC0063)
BOD 版

ISBN 978-986-221-127-4 (平裝)

1.教育史　2.學術研究　3.中華民國

520.933　　　　　　　　　　　　　　　97022807

史地傳記類　PC0063

民國教育學術史論集

作　　者 / 陶英惠
主　　編 / 蔡登山
發 行 人 / 宋政坤
執行編輯 / 藍志成
圖文排版 / 陳湘陵
封面設計 / 陳佩蓉
數位轉譯 / 徐真玉　沈裕閔
圖書銷售 / 林怡君
法律顧問 / 毛國樑　律師
出版印製 / 秀威資訊科技股份有限公司
　　　　　台北市內湖區瑞光路 583 巷 25 號 1 樓
　　　　　電話：02-2657-9211　　　傳真：02-2657-9106
　　　　　E-mail：service@showwe.com.tw
經 銷 商 / 紅螞蟻圖書有限公司
　　　　　台北市內湖區舊宗路二段 121 巷 28、32 號 4 樓
　　　　　電話：02-2795-3656　　　傳真：02-2795-4100
　　　　　http://www.e-redant.com

2008 年 12 月 BOD 一版
定價：440 元

讀　者　回　函　卡

感謝您購買本書，為提升服務品質，煩請填寫以下問卷，收到您的寶貴意見後，我們會仔細收藏記錄並回贈紀念品，謝謝！

1. 您購買的書名：_____

2. 您從何得知本書的消息？

　　□網路書店　□部落格　□資料庫搜尋　□書訊　□電子報　□書店

　　□平面媒體　□ 朋友推薦　□網站推薦 □其他_____

3. 您對本書的評價：(請填代號　1.非常滿意 2.滿意 3.尚可 4.再改進)

　　封面設計____　版面編排____　內容____　文/譯筆____　價格____

4. 讀完書後您覺得：

　　□很有收穫　□有收穫　□收穫不多　□沒收穫

5. 您會推薦本書給朋友嗎？

　　□會　□不會，為什麼？_____

6. 其他寶貴的意見：_____

　　_____

　　_____

　　_____

讀者基本資料

姓名：_____　年齡：_____　性別：□女 □男

聯絡電話：_____　E-mail：_____

地址：_____

學歷：□高中(含)以下　　□高中　　□專科學校　　□大學

　　　□研究所(含)以上 □其他_____

職業：□製造業 □金融業 □資訊業 □軍警 □傳播業 □自由業

　　　□服務業 □公務員 □教職　 □學生 □其他_____

To：114

台北市內湖區瑞光路 583 巷 25 號 1 樓

秀威資訊科技股份有限公司　　　收

寄件人姓名：

寄件人地址：□□□

(請沿線對摺寄回,謝謝!)

秀威與 BOD

BOD（Books On Demand）是數位出版的大趨勢，秀威資訊率先運用 POD 數位印刷設備來生產書籍，並提供作者全程數位出版服務，致使書籍產銷零庫存，知識傳承不絕版，目前已開闢以下書系：

一、BOD 學術著作—專業論述的閱讀延伸
二、BOD 個人著作—分享生命的心路歷程
三、BOD 旅遊著作—個人深度旅遊文學創作
四、BOD 大陸學者—大陸專業學者學術出版
五、POD 獨家經銷—數位產製的代發行書籍

BOD 秀威網路書店：www.showwe.com.tw
政府出版品網路書店：www.govbooks.com.tw

永不絕版的故事・自己寫・永不休止的音符・自己唱